本书获得国家语委重点项目
"东南亚华社语言景观调查及资源库建设"(ZDI125-37)资助

语言治理与国家治理研究丛书

主编◎李宇明　　执行主编◎王春辉

# 东南亚华人社会语言景观研究

Linguistic Landscapes of Southeast Asia Chinese Communities

祝晓宏　著

中国社会科学出版社

## 图书在版编目(CIP)数据

东南亚华人社会语言景观研究 / 祝晓宏著. —北京：中国社会科学出版社，2024.5

(语言治理与国家治理研究丛书)

ISBN 978 – 7 – 5227 – 3549 – 8

Ⅰ.①东… Ⅱ.①祝… Ⅲ.①华人社会—社会语言学—研究—东南亚 Ⅳ.①H0 – 05

中国国家版本馆 CIP 数据核字（2024）第 091041 号

| | |
|---|---|
| 出 版 人 | 赵剑英 |
| 责任编辑 | 单 钊  彭 丽 |
| 责任校对 | 刘 健 |
| 责任印制 | 王 超 |

| | |
|---|---|
| 出　　版 | 中国社会科学出版社 |
| 社　　址 | 北京鼓楼西大街甲 158 号 |
| 邮　　编 | 100720 |
| 网　　址 | http://www.csspw.cn |
| 发 行 部 | 010 – 84083685 |
| 门 市 部 | 010 – 84029450 |
| 经　　销 | 新华书店及其他书店 |
| 印　　刷 | 北京明恒达印务有限公司 |
| 装　　订 | 廊坊市广阳区广增装订厂 |
| 版　　次 | 2024 年 5 月第 1 版 |
| 印　　次 | 2024 年 5 月第 1 次印刷 |
| 开　　本 | 710×1000  1/16 |
| 印　　张 | 17.75 |
| 插　　页 | 2 |
| 字　　数 | 248 千字 |
| 定　　价 | 95.00 元 |

凡购买中国社会科学出版社图书，如有质量问题请与本社营销中心联系调换
电话：010 – 84083683
**版权所有　侵权必究**

# 语言治理与国家治理研究丛书

## 学术委员会

**学术委员** 陈新仁　戴曼纯　杜　敏　郭龙生　郭　熙
　　　　　　黄德宽　黄少安　黄　行　李学军　梁晓波
　　　　　　刘海涛　刘朋建　刘晓天　罗　骥　屈哨兵
　　　　　　苏新春　孙吉胜　王立军　王　敏　文秋芳
　　　　　　徐大明　徐　杰　杨尔弘　余桂林　张日培
　　　　　　张治国　赵蓉晖　赵世举　赵守辉　赵小兵
　　　　　　周建设　周庆生

## 编辑委员会

**主　　编** 李宇明
**执行主编** 王春辉
**编　　委** 陈丽湘　董洪杰　董　洁　杜宜阳　樊小玲
　　　　　　方小兵　方　寅　韩江华　韩亚文　何山华
　　　　　　赫　琳　黄立鹤　惠天罡　贾　媛　姜国权
　　　　　　李秉震　李　佳　李英姿　刘楚群　马晓雷
　　　　　　莫　斌　裴亚军　饶高琦　沈　骑　宋　晖
　　　　　　孙学峰　完　权　王海兰　王　辉　王莉宁
　　　　　　王宇波　徐欣路　禤健聪　姚　敏　俞玮奇
　　　　　　袁　伟　张慧玉　张　洁　张天伟　祝晓宏
**秘　　书** 巩向飞　梁德惠

# 总序

## 语言治理助力国家治理
——"语言治理与国家治理研究丛书"

语言是人类表情达意与认知思维的最主要的符号系统,是人类文化最重要的创造者、负载者、阐释者和传播者。语言的运用、学习和研究构成了语言生活,语言治理就是语言生活治理。

语言治理是语言政策与规划研究的当今发展。语言治理有四个重要维度。

第一,语言规划的基本问题。如语言关系及语言地位规划,语言本体规划,语言教育、测评及语言能力规划,语言数字化及语言技术应用等。这些基本问题,有传统的也有新形势下的新发展,有国内的也有涉及国际的。

第二,领域语言生活。语言生活是分领域的,语言治理必须解决领域语言生活问题,促进领域语言生活的发展。领域的划分有粗有细,可以适时调整,在国内可以根据国家各部委的分工为参照,在国际上可以根据政府间国际组织的设置为参照。

第三,区域语言生活。语言生活不仅分领域,也分区域,语言治理也应注意解决区域语言生活问题,促进区域语言生活的发展。在国内,可以分县域、省域、跨省域等,在国际上可以分国别、跨国区域乃至全球。

第四,语言生活各主体的作用。语言治理的重要理念是鼓励语言生活各主体之间协商互动,不仅有自上而下的国家治理,也有自下而上的社会意向,还有语言生活各主体之间的横向互动。

语言生活涉及社会的方方面面,语言治理是国家治理的有机组成部分。正确认识语言治理与国家治理之间的关系十分重要。领域语言生活、区域语言生活的治理,也是领域生活、区域生活的治理,也是促进领域发展和区域进步的重要工作。语言规划的基本问题,件件都是国家事务,涉及民族团结、国家统一、公民素养、社会进步。语言生活各主体作用的充分发挥,更是离不开国家的治理状况与治理方略。从事语言治理者要胸怀家国,明了语言治理的国家意义;而国家治理也应有语言意识,甚至说应有语言觉悟,善于通过语言治理来进行国家治理。

语言生活研究、语言治理研究具有学术与实践的双重品格,研究成果既要推进语言治理的社会实践,促进语言生活的进步,也要形成中国语言规划学的学科体系、学术体系和话语体系。学界提出的语言规划六大理念,即构建和谐语言生活、促进社会沟通无障碍、提升公民和国家语言能力、全面精准开展语言服务、保护开发语言资源、发掘弘扬语言文明,便是中国语言规划学的重要成果,也是学术与实践双重品格的体现。

"语言治理与国家治理研究丛书"的编纂出版,旨在全面深入地研究语言治理的理论与实践,探讨语言治理与国家治理间的密切关系,致力于构建一个具有包容性、开放性的学术共同体,充分发挥学术"旋转门"的作用。打破学科壁垒,拆除社会藩篱,将不同学科专家的智慧和力量聚结一起,将学者、管理者、社会工作者的智慧和力量聚结一起,促进理论与实践的密切结合,促进语言治理与国家治理的密切结合。

在全球化的时代背景下,语言治理和国家治理已经超越国界。因此,需要从中国睁眼看世界,时时关注世界各国状况,汲取国际经验,为中国的发展提供借鉴;也需要让世界正眼看中国,积极与国际学术界互动,分享中国在这方面的实践和学术思考,听取他们的判断和意见；同时也应当以中外事实为对象，发展具有普遍解释力的学术体系，用学术眼光来客观地看待全世界。

李宇明

2024 年 2 月 19 日

序于惧闲聊斋

# 序

## 中华语言文明域外公共空间传承互动研究的重要成果
——序《东南亚华人社会语言景观研究》

语言景观正在受到越来越多的青睐,成为一个新的交叉研究领域,相关研究学术成果呈井喷式增长。这一新的研究领域主要关注语言在公共空间中的呈现与运用,以及语言与文化、社会、历史、政治等方面的关系。中国之外,东南亚是全球华人最多、最集中的地区,其语言景观的构成、功能、形成与演变过程等更是学人们津津乐道的话题,但并未见到系统的研究成果。当晓宏送来《东南亚华人社会语言景观研究》(以下简称《景观》)书稿索序时,我很为他高兴,也很为南洋华语研究取得的新进展高兴。据我所知,该书应是目前国内外第一部研究东南亚区域(我和一些东南亚华人朋友更喜欢称之为"南洋")语言景观的专著,我相信它一定会是一部很精彩的著作。晓宏这几年承担了国家语委重点项目"东南亚华社语言景观调查及资源库建设",已经发表了一批成果,一些论述此前我也曾经看过。接到他的正式书稿后,我又花不少时间通读了一遍。不出所料,书中内容丰富,材料鲜活,新见不断,呈现方式灵活多样,是近年来对这一问题深入探索的重要学术著作。它为我们描述了南洋华人社会语言景观的多维面貌,揭示了语言景观背后所隐藏的丰富内涵。我知道,它得益于南洋这片多元文化汇聚的热土上丰富复杂的语言景观，更得益于作者深入缜密的观察思考，精益求精的分析描写。

我和晓宏相识始于他 2002 年考入南京大学读研究生。二十多年来，他潜心社会语言学和海外华语研究，不断展现出敏锐的观察力和对理论的追求。他对围绕语言问题的调查一直抱有着浓厚的兴趣。本科阶段，他就做了巢湖方言调查；硕士阶段，他开始在徐大明教授的指导下做城市语言调查，我们还曾一起到内蒙古对包头话的语音变迁进行追踪，我到现在依然清楚地记得，在长达二十几个小时的绿皮火车上，我们畅谈各种语言故事；博士阶段，他选择新加坡华语语法变异作为博士论文选题，专程到新加坡体验生活。再后来，我们还一起到马来西亚和菲律宾，进一步展开对全球华语语法和海外华语传承口述历史访谈。与此同时，他近年来一直关注各种语言景观，国内的公益广告、全民健身海报、结婚广告的"复活"，等等，都是他跟我津津乐道分享的话题。晓宏学术态度严谨，善于理论思考，问题分析细致，重视一手资料，他做南洋华人社会语言景观，应该是得心应手的。

然而，"以一本书来领略东南亚华人社会语言景观的方方面面，可谓是一次并不轻松的'文字旅行'"，作者在书稿的最后一部分这么写道。的确，一方面，东南亚华人分布广，华人社区复杂多样，历史跨度差别大，各国语言政策不一，祖语生态不同，华语景观在东南亚不同国家、不同华社、不同场景的分布不均衡，系统全面进行调查难度实在太大；另一方面，表面看来，语言景观只是一种空间呈现，但背后的政治、经济、文化等因素无时无刻不在发挥着作用，想理出清晰的纹理脉络，没有扎实的理论功底，更是难上加难。作者不避繁难，在很多方面都做出了可贵的探索。纵观全书，我想有以下几个特点需要特别提及。

# 一　视野开阔

本世纪以来，学界对海外华语的认识不断加深，大体经历了工具、资源、遗产到文明的的过程。华语景观在这些方面都有所体现。晓宏这部著作以语言资源理念为主线，将华语景观看作具有不同所属的语言资源，挖掘他们在不同方面的价值，证明了华语景观的功能不是单一、固定、独立的，而是多维、综合、可变的。它体现在交际、服务、认同、文化、教育、审美、记忆、经济、政治等各个方面。例如，一个华语商业广告牌能传递信息，也有经济功能；一块华文路牌能传递信息，也有服务功能；一幅华语节庆海报能够装点氛围，也有情感功能。相同的广告牌、路牌、海报，从商业场景迁移到博物馆或政务场合中，可能就转而具有了记忆、文化和政治功能。广告牌、建筑牌、路牌等语言景观的功能无法脱离具体语境而存在，它必须配合实体和图像共同发挥作用。晓宏对这些问题层层展开，娓娓道来。让人进一步认识到华社语言景观资源的价值和意义，尤其是对华语传承规划和实践的价值，激励人们重视华语景观资源的保护、开发和应用。它还展现了华人社区如何在全球化浪潮中坚守自己的文化根脉，传承与创新并举，让我们认识到，可以依托语言景观的窗口效应，通过华语使用来考察相关地区的语言生态和空间建构等情况。华语在东南亚华社语言景观中的能见度和显著度，是衡量华语活力和华社空间认同的重要依据，考察语言景观中华语的相对频次、组合类型、位置顺序、大小、字体等方面，来了解东南亚华社语言景观中的华语活力和华社认同，以及华人社会与当地社会的互动、语言文化接触、语言文明对话对当地华人语言生活所带来的深远影响，等等。

## 二 焦点突出

语言景观研究既涉及形式，也涉及内容，牵涉面极广，调查容易走马观花、浮光掠影，成文则容易蜻蜓点水、面面俱到，也容易以偏概全。每个国家都有自己的语言国情，每个华社也有自己的语言社情。如何聚焦各个国情社情，展开华语景观研究，是对研究者的重要考验。华语景观是地区华语生态的窗口。晓宏抓住现实语言问题这个"牛鼻子",把纷繁复杂的语言景观作为一个视角,观察现实语言问题的表现、特征,分析成因,提出相应对策。书中谈及的华社语言生态、语言变异、语言认同、语言教育、语言经济、语言传承等,都是当今社会语言学的重要课题。从问题出发,从观察到调查再到分析,形成了一些颇具启发意义的认识,如:新加坡华语生态位堪忧;马来西亚和泰国华语景观变异具有不同的特点,前者具有创造性,后者具有习得性;华语景观在这些国家具有认同、记忆、经济、教育等多重价值,等等。作者发现,华语景观比较丰富、多样的地区,华语活力就稍强,华语生态相对良好。中国南方3大方言与现代汉语交相辉映,移民带来的新语言元素与传统语言相互融合,与其他民族的交流也催生了独具特色的语言现象和创新。多视角认识和发掘其资源价值,以此启发规划思路,服务华语传承与传播。南洋地区是海外华语传承成功的范例。一个时期以来,我们致力于海外华语传承历史经验的总结,认识到华语景观作为传承重要路径的功能。在华语作为祖语的传承和维营中,公共空间的语言景观绝非可有可无,其作用不可替代。

## 三  理念开放

近年来,晓宏积极投身语言生活派的活动,学习劲头十足,语言理念也在不断更新。这部著作中处处体现着他对学术的追求。他广泛学习、参考了国内外有关东南亚及华社研究的一些著作,把"语言与社会"两方面进行了较好的结合,提出了一些新的概念和表述。例如,把华语景观的创设看成语言红利和语言福利、华语景观存在语境依赖规则和语境超越现象、语言景观跟语言具有同构性,等等。这些思考显示出作者在理论探索上的尝试。华语的生态观、资源观、遗产观和文明观,都在书中得到了体现。语言文明是当前正在发展的一大语言哲学理念。作者积极吸收这一理念,将华语景观看成是中华语言文明域外传承传播的具体体现，阐发了汉字、拼音、语类语言景观等方面的价值。这就大大拓宽了海外华语景观的研究视域。作者把语言景观放在更为广阔的社会背景下加以考察，联系社会因素对这些地区的语言景观本身进行说明。学术求真，也贵善。正是积极拥抱这些向善的语言理念，作者在论述华语景观资源时常常不自觉流露出对中华语言文明的自信，对海外华语资源的珍视和热爱。我想，这也是作者和相关团队不辞辛劳、甘之如饴地辗转境内外开展华语资源调查的原动力。

## 四　方法多元

当前，语言景观研究发展迅速，采集数据方法更新很快。作者总体上采用了描写主义方法论，在大量数据分析的基础上，通过分析语言景观的"结构、分布、功能"，来把握东南亚华社语言景观的特点。但在具体研究中又综合应用多种方法，主张既要有"定量的统计"，也要有"定性的凝视"。双向比较是晓宏近年来特别热衷的方法，在海外华语本体研究方面已经取得不少成果。在本书，他不时拿东南亚华语景观跟国内的中文景观进行双向比较，不仅注意"你有我无"的情况，还看"你有我有、我有你无、我多你少、我少你多"等现象，拓宽了比较的深度。这是华语研究从一味寻找特点转向寻找特点和共性相结合的重要尝试，可以作为其他社会科学学科的研究新思路、新方法的探索的参考。例如，海外华人社会语言生活有其独特的重要的价值和意义，但是对于中华文明栖息者或传承者而言，只有将东南亚华社语言放在整个中华文明的历史经纬中才能看出其语言战略意义和价值。对比不同地区的语言景观，有助于展示华人社会与当地社会的相互影响和融合过程。

## 五　材料说话

有材料才好说话。晓宏研究南洋华语景观，从变异、分布、功能三个维度，全面深入调查，材料丰富。书中各章，除了以表格数字展示语言景观的特色，也都有一些个案语言景观图片的多角度解读，增强了该书的细节和深度。历史和现实的比较，新老唐人街的比较，包括不同语码的比较，汉字使用的比较，各种各样的当地汉字，等等。我去这些国家多次，也注意到了这些华人社会的语言景观，但晓宏搜集材料之丰富，实在让人眼界大开。在提及印尼华语景观演变时，搜罗分析了不少荷兰殖民时期的历史语言景观。对菲律宾的研究则发现，各类招牌，如路牌、建筑牌、商业招牌中使用拼音，华社已经有近百年的传统，几乎已经成为一些老字号的重要符号标签。我还特别留意书中对一些细节的关注。例如，从材质来看景观。作者发现，私人标牌大部分是华社自己所作。同样是路牌，华人可能多是手写华语，官方是刻印官方语言，权威性不同。国语或官方语言景观分布的材质可以从纸片到塑料、亚克力板、金属、电子显示屏等任何生活中的材质。这些都在展示，语言景观是语言生态的窗口。

　　作为一部兼具学术价值和实践意义的著作，《东南亚华人社会语言景观研究》给我们带来不少启示，不同的读者会也有自己的所得。但毫无疑问的是，它不仅拓展了语言景观研究的领域，丰富了人们对东南亚华人社会的认知，更是对人类文明交流互鉴、多元共生的别样诠释，为跨文化交流和互动提供了理论支撑和实践指导，将成为研究东南亚华人社区和语言景观的重要参考。随着社会的快速发展，各种历史语言景观正在消失，我们需要珍视，需要继续抢救和挖掘。中华语言文明生生不息，海外华社语言"矿藏"无限，有志者必有所得，期待作者在未来取得更多的成果。

　　是为序。

郭熙<br>
农历甲辰年正月初二日<br>
完稿于羊城九一斋

# 目录

绪 论 …………………………………………………………… (001)

**第一章　语言景观视角下新加坡华语生态规划**………… (027)
 第一节　新加坡华语生态争议 ………………………… (027)
 第二节　语言景观与语言生态的关系 ………………… (029)
 第三节　新加坡语言景观调查 ………………………… (030)
 第四节　新加坡语言景观中的华语生态 ……………… (037)
 第五节　新加坡华语规划启示 ………………………… (042)

**第二章　马来西亚华人社会语言景观的多样性与创造性**…… (045)
 第一节　认同的边界：吉隆坡"唐人街"语言景观 …… (046)
 第二节　记忆的维护：槟城华人社会语言景观现状
     及其成因 ……………………………………… (059)
 第三节　多元文化共存：沙巴、砂拉越语言景观 …… (071)
 第四节　语言景观中马来西亚华语的变异性及其创造性 …… (076)
 小结及启示 ……………………………………………… (091)

**第三章　语言景观视角下泰国华语使用及其变异**………… (092)
 第一节　语言景观与语言变异 ………………………… (092)
 第二节　泰国华语研究简述 …………………………… (093)
 第三节　泰国曼谷华语景观中的语言变异类型 ……… (094)

小结及建议 ……………………………………………… （109）

**第四章　印度尼西亚华语景观探查** ………………………… （111）
　第一节　印度尼西亚华语景观概况 …………………………… （112）
　第二节　印度尼西亚唐人街语言景观变异 …………………… （114）
　第三节　三语学校华语景观应用 ……………………………… （147）
　第四节　华人文化公园华语景观设计 ………………………… （156）
　第五节　印度尼西亚华语景观的分布规律 …………………… （169）

**第五章　菲律宾华语景观的传承与融合** …………………… （172）
　第一节　华人社会语言生活 …………………………………… （173）
　第二节　唐人街语言景观与华语维持 ………………………… （179）
　第三节　华文媒体语言景观的变异与融合 …………………… （192）

**结　语** ……………………………………………………………… （209）

**附录Ⅰ　认识语言景观的多重功能** ………………………… （228）

**附录Ⅱ　关于语言景观研究若干问题的思考** ……………… （233）

**参考文献** ………………………………………………………… （237）

**后　记** ……………………………………………………………… （267）

# 绪 论

东南亚是世界华侨华人最为集中的地区。综合《华侨华人研究报告（2020）》和联合国经济和社会事务部统计司的估算，截至2017年，东南亚华侨华人总数约4100万（包括300多万的新移民及其眷属），约占东南亚总人口的6%。[①] 整体而言，在一个人口处于少数的地区，东南亚华人社会在所在国经济社会发展中占据了举足轻重的地位，为东盟区域各国发展做出了巨大贡献，打造出闻名于世的"华商"形象。与经济成功相对的是，作为地区的少数族群，东南亚华人社会也在维护和传播族语文化方面付出了巨大努力，同样取得了举世瞩目的成就。

遗憾的是，他们在这方面的成就和付出并未得到所在国应有的承认和重视。历史上，东南亚各国政府几乎都曾对华人社会的语言文化采取过打压的政策，直到今天，一些国家仍在通过各种手段限制华语的使用和学习，致使有的国家华文媒体逐渐萎缩，华文教育陷入困境，华语传承时有阻断，特别是年青一代的华语意识趋于淡漠。但是，不屈不挠的东南亚华人群体为了保留和发扬祖语文化，

---

① 庄国土：《21世纪前期世界华侨华人新变化评析》，载贾益民、张禹东、庄国土主编《华侨华人研究报告（2020）》，社会科学文献出版社2020年版，第14页—第23页。联合国经济和社会事务部统计司：《世界统计手册2017年》，第28页，https://unstats.un.org/unsd/publications/pocketbook/files/ZH-world-stats-pocketbook-2017.pdf。

仍在继续着各种努力：他们兴办各类华文学校，创建各种华文媒体，举行各项华文活动，或在家庭场合使用华文进行交流，或在工作领域应用华文进行交际，或在公共空间设立华文标牌传达信息，从而形成了多姿多彩的华人社会语言生活。

研究东南亚华人语言生活可以有不同的视角。从领域来看，既可以观察华人社区语言使用和家庭语言规划，也可以考察华文媒体的语言应用，既可以考察华文教育领域的语言政策和语言教育活动，也可以观察公共空间的语言使用。以形态来说，可以研究华语口语使用，也可以研究华语书面语使用，或者综而行之。

公共空间的语言景观是语言生活的视觉表征。东南亚华人社会的语言景观，既是数百年来华人社会语言生活的客观记录，也是海外华语资源宝库的重要部分；同时，它还是东南亚国家多语文化系统中不可分割的一部分，具有重要的实用价值和文化价值。相对于转瞬即逝的口语来说，它的存在形态比较稳定，容易获取。现在，越来越多的学者倾向于认为，语言景观就是一个五彩缤纷的万花筒。[①] 所以说，观察东南亚华人社会的语言生活，从语言景观入手可能是一个直接且绝佳的窗口。基于这样的考虑，本书拟调查研究东南亚华人社会语言景观。

**一 研究目的**

东南亚华人社会语言景观研究，聚焦的是这一地区语言景观中的华语和华语使用，或称为华语景观。华语、华语使用和华语景观是华人社会的标志性特征。一个华人不用华语或许还能称作华人，华人社会完全不用华语、不见华语标识则是难以想象的。按照言语社区理论，人口、地域、设施、互动、认同是形成言语社区的五要素，由此来看，华语、华语使用和华语景观都是判断华人社会的金

---

① Van Mensel L., Vandenbroucke M., Blackwood R., "Linguistic Landscapes", in García, Ofelia, Nelson Flores and Massimiliano Spotti, eds., *Oxford Handbook of Language and Society*, Oxford University Press, 2016, p. 427.

标准。当然，严格来说，华人社会语言景观不等于华语景观，华人社会语言景观还包括其他语种景观，华语和其他语种景观共同构成多语景观，这是华人社会语言景观的特色所在；并且有的地方，其他语种景观还占据极高的比例，造成有的华人社会似乎名不副实。但是总的来说，华语景观仍然是华人社会语言景观的核心，它决定着华人社会的语言生态和精神气质，需要重点关注。

从更广阔的意义来说，东南亚华人社会语言景观是华人更是人类宝贵的语言资源。作为语言资源，它就涉及"确认收集、保护传承、开发应用"等课题。目前，中国一些学者提出要对海外华语资源进行抢救性整理并已付诸行动，其中就包括海外华语景观资源。①这是华语研究领域对语言资源理念的一大推进。但是，从现实情况来看，东南亚华语景观资源仍然存在基本家底不清、损耗流失严重、价值意义模糊、保护维持困难、规划行动落后等问题。鉴于这样的局面，本书的研究目的主要定位在三个方面。

（一）掌握东南亚华人社会语言景观现状

普遍来说，东南亚华人群体经历了华侨、华人再到华族的演变过程。在这当中，华侨华人的身份经历了不同程度的本地化和再华化，这是一个华人不断适应当地、落地生根的过程，也是华人社会语言状况发生变迁的过程：华人社会从主要使用南方方言，过渡到"方言＋所在国语言"或"方言＋殖民者语言＋所在国语言"，再到"方言＋所在国语言＋华语＋殖民者语言"的多语社会。华人社会的语言景观，也大致经历了中文标识到多语标识的变化。

在共时平面上，我们可以看到东南亚华人社会语言景观既存在相当地一致性，也存在很大的地区差异。

首先，从语言结构层面来看这种差异。语言结构包括语言景观中的语码组合和语码倾向、语言变异、语用特点。具体来说，由于不同国家华人社会的融合程度和现代化程度不一，当前各国华人社

---

① 郭熙、刘慧、李计伟：《论海外华语资源的抢救性整理和保护》，《云南师范大学学报》（哲学社会科学版）2020年第2期。

会的语言景观究竟是以华语标识为主,还是以所在国语言标识为主,抑或是英语标识为主;语言标识的类型、用字、用词、用语存在哪些变异和特点等等,东南亚国家可能会有不同的表现,即使在一国之内,不同地方也可能表现出不同的结构特点。

其次,从分布形态来看这种差异。社会语言学家库尔马斯认为,"语言景观为研究城市化社会中的语言提供了一个视角,研究对象是语言及其变体在城市里的多维分布,而不是传统方言学所研究的语言变体的地域分布"。[1] 他所说的多维分布,实际上包括地域、社会和语体的分布。例如,华语标识多集中于城市唐人街,政府机关则极为罕见,在华商店铺、华文媒体、华人建筑、华文学校等较常见。要更深入地摸清华语景观的分布状况,就需要从地域、社会和语体等多层面进行调查。

通过语言结构、分布样态等多层次的调查,我们希望把握东南亚华人社会语言景观的总体状况及个体特征,在此基础上考察源流和成因,分析研判各国华人社会的语言环境和语言生活。

(二)认识东南亚华人社会语言景观功能

保护和开发东南亚华人社会语言景观资源,关键是要认识、挖掘和激发语言资源的价值。可以说,面对华语景观资源的流失,东南亚大部分国家和地区的华人社会还没有形成足够的重视,更遑论积极地行动。价值因功能而存在,充分认识华人社会语言景观资源的功能,是锚定其价值、转化为行动的前提。

学者们一般把语言景观的功能分为信息功能和象征功能两类,这是一种比较粗放、简单的分类。我们曾提出,要认识语言景观的多重功能,包括且不限于交际、服务、认同、文化、教育、审美、记忆、经济、政治等功能。[2] 例如,一面华语商业广告牌能传递信息,也有经济功能;一块华文路牌能传递信息,也有服务功能;一

---

[1] [德]弗洛里安·库尔马斯:《文字与社会导论》,阎喜译,外语教学与研究出版社2018年版,第36页。

[2] 祝晓宏:《认识语言景观的多重功能》,《中国社会科学报》2017年10月25日。

幅华语节庆海报能够装点氛围，也有情感功能。进一步来看，相同的广告牌、路牌、海报，从商业场景迁移到博物馆或政务场合中，因为场景的转换和限定，可能就转而具有了记忆、文化和政治功能。此外，广告牌、建筑牌、路牌等语言景观的功能无法脱离具体语境而存在，它必须配合实体和图像共同发挥作用。所以说，语言景观的功能不是单一、固定、独立的，而是多维、综合、可变的。以此进行观察，可能就会充分认识到东南亚华人社会语言景观资源的价值和意义。

功能因使用而凸显，认识华语景观的功能，就需要调查语言景观中的华语使用情况，通过华语使用状况来反映华语景观资源的价值。可以依托语言景观的窗口效应，通过华语使用来考察相关地区的语言生态和空间建构等情况。华语在东南亚华人社会语言景观中的能见度和显著度，是衡量华语活力和华人社会空间认同的重要依据，我们的研究将通过考察语言景观中华语的相对频次、组合类型、位置顺序大小、字体等方面，来了解东南亚华人社会语言景观中的华语活力和华人社会认同情况。

在多语社会，公共空间是语言竞争比较激烈的领域，也是语言政策容易左右的领域。第二次世界大战以后，除新加坡外，东南亚各国政府都在不同程度上对华人实行同化政策，其主要措施包括限制华文教育和公开场合使用华语华文。① 通过考察华语景观情况，分析其表现、成因和影响，可以观察各国华人社会的语言意识和所在国语言政策及其实施情况，语言竞争和语言接触情况，也可以总结在一个多民族国家维护与传承华语的经验教训。

（三）启发全球华语规划

华语不只是华人群体或中国的，也是世界的。李宇明提出，要让人类社会更好地分享汉语这一公共产品，是中国的时代课题，是全球华人、全球汉语使用者的时代课题，也是国际社会的

---

① 梁英明：《战后东南亚华人社会变化研究》，昆仑出版社2001年版，第41页。

一个课题。① 从公共产品的属性而不是意识形态的立场来看待华语，有利于各方利益。从法理来说，东南亚华人社会语言景观是华人社会的资源，也是所在国的资源。当地华人社会有权利，也有必要针对公共空间华语进行合理规划，而所在国也有权通过一些政策法律来对华语景观进行调节。但是，目前我们可以看到，各国华人社会在华语景观规划方面基本上还处在一个自为的阶段，不仅语言意识上较为淡薄，更缺乏系统地保护和应用计划，而所在国政府机构对于华语景观大部分是以约束和限定为主。在这种局面下，很难想象华语景观资源能够得到保护乃至复兴。在华语规划问题上，海外华人社会和有关国家需要更加开阔的视野和务实的态度。

从文化根性来说，东南亚华人社会语言景观以汉字和华语为核心载体，很大程度上跟中华语言文化同根同脉，它可以算作中华语言文化的海外变体。中文兴，则海外华语兴，中文或中华文化国际传播为华语的功能拓展重新注入了动能，将华人社会语言景观纳入全球华语规划的视野之内，开展功能规划和声望规划，可以有望破解语言资源流失的难题。当然，各国华人社会语言景观状况不同，具体的规划方向和策略应该是不同的。我们在语言景观现状和功能调查的基础上，将会获得相应的启示。

在语言管理的理论框架内，语言景观作为公共空间的话语实践，一般被认为是隐性语言政策。也就是说，透过语言景观这扇窗口，我们大致可以看到东南亚国家的语言政策和华人社会语言意识之间的博弈。例如，华语景观资源丰富的地区，所在国语言政策是否更为宽松，而华人社会的祖语维持意识是否更为强烈，语言政策和语言景观到底是何关系？不仅可以透视语言政策，而且还可以透过语言景观视窗来诊断祖语传承、语言教育、语言认同、语言变异等状况。

概而言之，关于东南亚华人社会语言景观研究的目的可概括为

---

① 李宇明：《世界汉语与汉语世界》，《中山大学学报》（社会科学版）2021年第3期。

四个方面：如何、何为、为何、为谁。"如何"在于掌握语言景观现状怎么样的问题，"何为""为何"在于认清语言景观有什么功用以及为什么如此的问题，而"为谁"在于语言景观规划目标的问题。

**二 研究背景**

为了确定本项课题的研究重点和研究方法，有必要回顾一下语言景观的相关研究及其兴起的学术背景。

（一）国内外相关研究综述

1. 东南亚华人社会语言生活研究

本书所开展的东南亚华人社会语言景观研究是在"语言生活"的范畴下提出来的。

语言生活是一个内涵非常丰厚的学术概念。它指的是运用、学习和研究语言文字、语言知识、语言技术的各种活动。[①] 近十多年，中国语言生活研究在理论和实践上展开了多方面的探索，取得了许多成果，已经初步形成一个在学术理念、方法模式和研究旨趣上具有高度共识的学术共同体，语言生活研究也成为中国社会语言学内最有生命力的学术领域。[②]

全球华人同根同语，中国语言生活研究大大激发了海外华人社会语言生活研究。21 世纪以来，针对东南亚华人社会语言生活调查研究逐渐增多。例如，李如龙《东南亚华人社会语言研究》（北京语言文化大学出版社 2000 年版）、徐大明《新加坡华社语言调查》（南京大学出版社 2005 年版）、郭熙《华语研究录》（商务印书馆 2012 年版）、鲜丽霞、李祖清《缅甸华人语言研究》（四川大学出版社 2014 年版）、王晓梅《马来西亚华人社会语言研究》（商务印书馆 2021 年版）、刘华《东南亚华人社区华语生活状况研究》（暨南大学出版社 2021 年版），等等。这些研究成果涉及不同国家和

---

① 李宇明：《语言生活与语言生活研究》，《语言战略研究》2016 年第 3 期。
② 郭熙、祝晓宏：《语言生活研究十年》，《语言战略研究》2016 年第 3 期。

地区，研究方法各异，主要采用问卷调查、观察法、语料库法来收集材料，为了解东南亚华人社会语言生活状况奠定了良好的基础。

平心而论，开展东南亚华人语言生活田野调查存在不少困难，正因如此，以往研究多偏向华语本体层面，主要依托书面文献进行描写与分析（集中在词语、语法层面），针对东南亚华人社会各领域的语言使用现状，特别是公共空间语言使用调查很少。东南亚华人社会语言生活调查需要在研究视角和方向上有所突破。

2. 国外语言景观研究

近30年，西方社会语言学在对多语社会语言状况的调查过程中，逐渐兴起了一种新的研究方法或研究领域——语言景观研究。

语言景观最为流行的定义指的是："公共路牌、广告牌、街名、地名、商铺招牌以及政府机构公共标识所使用的语言，这些语言共同构成了一个特定区域、地区或都市街区的语言景观。"[1] 这个定义是列举式的。随着技术的普及，语言标识所赖以存在的物质材料不断发生变化，如移动广告牌、电子展板、网站网页、网络视频等；加上认识的变化，人们自然就把涂鸦、文身、招贴、明信片、文化衫、横幅、产品包装、媒体语言乃至声音气味等在内的多模态语言都作为语言景观加以研究。这就大大拓宽了语言景观研究的对象和范围。

语言景观研究发展非常迅速，最近10多年相关成果呈爆发式增长。据西班牙社会语言学家 Gorter 在文献管理工具平台 Zotero[2] 上的整理统计，截至2023年7月31日，各类文献条目已经达到1453条，可谓蔚为大观。从一个语言现象发展到一个学术领域或学术方向，语言景观研究大致经历了三个阶段：萌芽期（1997年之前）、探索期（1997—2007年）和发展期（2008—2017年）。[3]

---

[1] Landry R., Bourhis R. Y., "Linguistic Landscape and Ethnolinguistic Vitality: An Empirical Study", *Journal of Language and Social Psychology*, Vol. 16, No. 1, 1997, pp. 23-49.
[2] 网址为 https://www.zotero.org/groups/216092/linguistic_landscape_bibliography。
[3] 徐茗：《国外语言景观研究历程与发展趋势》，《语言战略研究》2017年第2期。

划定这三个阶段,不只是依据研究成果的增速,更重要的还包括研究对象的明确、方法的革新、范围的扩大、平台的创建以及目标理念的发展。

萌芽期以两项以色列社会语言学研究为代表。一是20世纪70年代 Rosenbaum、Cooper 和 Fishman 三位学者对西耶路撒冷 Keren Kayemet 街上英语使用的调查①,结果表明,罗马文字在私人标识中比在公共标识中更常见。二是90年代初 Spolsky 和 Cooper 两位学者的耶路撒冷语言调查②,将语言标识按功能、材质和语种进行分类。这两项研究的意义在于关注城市语言标识,揭示了官方语言政策的弹性和标识的类别、设立原则,特别是把英语的流行解释为"势利的吸引力"(snob appeal)③,成为世界英语研究的共识。

探索期以一些奠基性研究为代表。Landry 和 Bourhis 首次界定了语言景观的概念,明确其信息、象征功能,并探讨了它和语言活力的关系。Scollon 夫妇提出解读公共标识意义的"地理符号学"理论④,Reh 提出多语标识里文本信息的四种关系模式⑤,Backhaus 提出语言标识"源起、受众、语言文字接触机制"研究框架。⑥ *International Journal of Multilingualism*(《多语国际杂志》)2006 年第 1 期推出四项语言景观专题研究:Ben-Rafael 和 Shohamy 等学者发现语言景观是建构以色列公共空间的符号资源,并分为自上而下和自下

---

① Rosenbaum, Y., Nadel, E., Cooper, R. L., & Fishman, J. A., "English on Keren Kayemet Street", in Fishman, J. A, Cooper, R. L, & Conrad A. W. eds, *The spread of English*, Newbury House, 1977, pp. 179 – 196.

② Bernard Spolsky & Robert L. Cooper, *The Languages of Jerusalem*, Oxford: Clarendon, 1991.

③ 郭熙解释新加坡华人"自愿放弃华语"转向英语时,有一个类似但更概括的说法:"在这个充满'势利眼'的世界上,语言的使用也一样'嫌贫爱富'。"参见郭熙《多元语言文化背景下母语维持的若干问题:新加坡个案》,《语言文字应用》2008 年第 4 期。

④ Scollon, R., & Scollon-Wong, S., *Discourses in Place*, London, UK: Routledge, 2003.

⑤ Reh, M., "Multilingual Writing: A Reader-oriented Typology—with Examples from Lira Municipality (Uganda)", *International Journal Sociology of Language*, Vol. 170, 2004, pp. 1 – 41.

⑥ Backhaus, P., *Linguistic Landscapes: A Comparative Study of Urban Multilingualism in Tokyo*, Clevedon, UK: Multilingual Matters, 2007.

而上两类；Backhaus调查了东京官方和非官方标识的差异；Huebner调查发现曼谷的主要外语标识正从汉语变成英语；Cenoz和Gorter通过荷兰和西班牙语言景观比较，发现少数民族语言政策存在重要差异。这一阶段提出的理论概念和分析模式对后续影响很大。

发展期以"语言景观研讨会"和《语言景观国际杂志》两个平台诞生为标志。从2008年到2023年，语言景观研讨会（Linguistic Landscape Workshop）连续举办14届，会议成果基本上都已编纂成论文集出版。2015年，《语言景观国际杂志》（Linguistic Landscape：International Journal）诞生，刊物旨在致力理解公共空间语言多种形态的动机、使用、意识形态和竞争，倡导理论基础、学科背景和方法的多样化。[①] 与此同时，更多社会语言学和跨学科刊物发表这方面的研究成果。此外，课程培训、教材出版、课题项目、学位论文与日俱增。

最为重要的是，这一阶段各种理论框架竞现，如Spolsky将语言景观纳入其语言政策框架中的"语言实践"范畴[②]，Ben-Rafael等人提出语言景观建构的"权势关系、充分理性、自我凸显、集体认同"四项原则[③]，Shohamy将语言景观视作语言生态竞技场[④]，Leeman和Modan进行的语言景观商品化分析[⑤]，Blommaert倡导的语言景观民族志方法论[⑥]等。在方法层面，定量统计、民族志、实

---

[①] ［西班牙］杜克·戈特：《西方语言景观研究学术简史》，方小兵译，《语言战略研究》2020年第4期。

[②] ［以色列］博纳德·斯波斯基：《语言管理》，张治国译，商务印书馆2016年版，第92—126页。

[③] Ben-Rafael, E., Shohamy, E. & Barni, M., "Introduction: An Approach to an 'Ordered Disorder'", in E. Shohamy, E. Ben-Rafael, & M. Barni eds, *Linguistic Landscape in the City*, Bristol, UK: Multilingual Matters, 2010, p. xix.

[④] Shohamy, E., & Waksman, S., "Linguistic Landscape as an Ecological Arena: Modalities, Meanings, Negotiations, Education", in E. Shohamy & D. Gorter eds, *Linguistic Landscape: Expanding the Scenery*, New York, NY: Routledge, 2009, pp. 313-331.

[⑤] Leeman, J., & Modan, G., "Commodified Language in Chinatown: A Contextualized Approach to Linguistic Landscape", *Journal of Sociolinguistics*, Vol. 13, 2009, pp. 332-362.

[⑥] Blommaert J., *Ethnography, Superdiversity and Linguistic Landscapes: Chronicles of complexity*, Multilingual Matters, 2013.

验法等都得到应用。这些都大大扩大了语言景观话题的影响力，显示出该领域的积聚和扩张趋势。

纵向来看，当前语言景观研究呈现"语言标识范畴扩大、公共空间范围拓展、理论解释多学科化、研究方法多样化"趋势，特别值得注意的还有"研究主题多样化"和"研究理念的多样化"趋势。关注的主题越来越多：多语、英语传播、少数族群语言、空间、认同、全球化、语言政策、语言冲突、语言意识、语言学习、语言经济、真实性，等等，不少议题已经溢出语言学边界。研究理念至少也有两种：一是把语言景观看成一种视角，从语言景观看英语传播、社会语言状况、民族语言活力、语言政策、语言竞争等；二是把语言景观看成资源，描写语言景观中的变体表现，分析标识的空间塑造、认同建构、社会秩序、教育功能等。

3. 中国语言景观研究

中国语言景观研究可分为两个阶段：（1）广告招牌语研究阶段；（2）语言生活研究阶段。

第一阶段，对城市街道商业招牌、广告、匾额、招贴及海报等标识语言做了大量调查。研究取向有三：一是调查公共标识的中文书写、用词用语是否有误[①]；二是考察标牌语的修辞和社会文化心理[②]；三是调查城市标识语中英文译写的失范现象。[③] 这些调查重在发现语言问题，改善语言环境。

第二阶段，受到语言生活理念的推动，发展非常迅速。主要成绩在于：一是介绍和评述工作，为我们了解国际学术动态提供

---

① 例如，邢欣主编：《都市语言研究新视角》，北京广播学院出版社 2002 年版；张斌、于漪等《给城市洗把脸》，上海文化出版社 2004 年版；郑梦娟：《当代商业店名的社会语言学分析》，《语言文字应用》2006 年第 3 期。

② 例如，吴礼权：《口号标语的政治修辞学分析》，《江苏师范大学学报》（哲学社会科学版）2021 年第 1 期；李洪彩：《店名文化传播研究》，知识产权出版社 2018 年版。

③ 例如，杨永林、程绍霖、刘春霞：《北京地区双语公共标识的社会语言学调查——理论方法篇》，《语言教学与研究》2007 年第 3 期。

了不少讯息;① 二是个案调查,范围涉及北京、上海、广州、澳门以及部分西部地区城市;② 三是理论思考,考虑城乡规划中的语言景观问题。③《语言战略研究》杂志还推出两期专栏。这些研究具有较强的问题意识和应用倾向。

国内语言景观研究为三种语言规划观念所驱动。一是语言工具观,主要是查找语言景观中的外语译写失范问题;二是语言权利观,主要是调查城市亚社区、亚族群语言景观中的语码倾向;三是语言资源观,在全球化和城市化背景下思考标牌的文化经济价值和教育学习价值,等等。从发现问题、保障权利到促进服务,反映了中国语言景观研究理念的多样化。

语言资源观是国家语言战略的重要理念。《国家语言文字事业"十三五"发展规划》指出,"要加强语言资源建设。树立语言资源是国家重要的文化资源、经济资源和战略资源的意识"。中国语保工程进入深度语保阶段。语言资源研究从论证语言的资源性质到

---

① 例如,尚国文、赵守辉:《语言景观的分析维度与理论构建》,《外国语》(上海外国语大学学报)2014年第6期;尚国文、赵守辉:《语言景观研究的视角、理论与方法》,《外语教学与研究》2014年第2期;孔珍:《国际语言景观研究现状与发展趋势分析》,《中南大学学报》(社会科学版)2018年第2期;张蔼恒、孙九霞:《语言景观研究进展:地方主体的空间实践》,《人文地理》2019年第4期。

② 例如,徐茗:《北京市语言景观调查研究》,上海三联书店2020年版;田飞洋、张维佳:《全球化社会语言学:语言景观研究的新理论——以北京市学院路双语公示语为例》,《语言文字应用》2014年第2期;祝晓宏、卢俊霖、罗晓春等:《北京、上海、广州城市公益广告语调查》,《中国语言生活状况报告》2015年版;巫喜丽、战菊:《全球化背景下广州市"非洲街"语言景观实探》,《外语研究》2017年第2期;俞玮奇、王婷婷、孙亚楠:《国际化大都市外侨聚居区的多语景观实态——以北京望京和上海古北为例》,《语言文字应用》2016年第1期;徐红罡、任燕:《旅游对纳西东巴文语言景观的影响》,《旅游学刊》2015年第1期;聂鹏、木乃热哈:《西昌市彝文语言景观调查研究》,《语言文字应用》2017年第1期;杨金龙、梅德明:《新疆双语教育模式的理性选择与过渡——一项基于语言景观的实证研究》,《语言文字应用》2016年第4期;张媛媛、张斌华:《语言景观中的澳门多语状况》,《语言文字应用》2016年第1期。

③ 例如,李宇明:《城市语言规划问题》,《同济大学学报》(社会科学版)2021年第1期;李小云:《语言文字与乡村振兴》,《语言科学》2022年第5期;石琳:《旅游语言景观的设计与规划——基于文化资本论视角》,《社会科学家》2021年第2期;陈睿:《城市语言景观和谐六维透视》,《江淮论坛》2016年第5期。

划分语言资源的类型，再发展到对语言资源功能的认识①。在这样的时代背景下，海外华语资源包括华语景观开始引起注意和重视。

4．海外华人社会语言景观研究

海外华人主要分布在东南亚和欧美地区，海外华人社会语言景观研究成果总量虽然不多，但也是主要集中在这两个地区。

东南亚华人社会语言景观属于语言生活研究范畴，是中国语言生活研究的自然延伸。21世纪初，曲彦斌《中国招幌辞典》收录"国外唐人街的招幌"②，已注意到海外华人社会语言标识。实地调查则以郭熙对马来西亚槟城华人社会语言生活的观察为始③，其中包括匾牌、长联和华文报等方面。此后，王晓梅、刘慧等人对马来西亚、印度尼西亚等地华人社会语言景观开展调查④，调查场景主要是唐人街和佛堂，调查方法以定量为主，主要是从语言景观来看华人认同、语言状况。

欧美华人社会语言景观研究的理论背景则更为多元。例如，对美国华盛顿特区唐人街语言景观调查，Leeman、Mordan 和娄佳分别采用了文化地理学理论和场所符号学理论理论⑤；Leung 和 Wu 的

---

① 李宇明：《中国语言资源的理念与实践》，《语言战略研究》2019年第3期。
② 曲彦斌主编：《中国招幌辞典》，上海辞书出版社2002年版，第199页。
③ 郭熙：《马来西亚槟城华人社会的语言生活》，《中国社会语言学会》2003年第1期。
④ Xiaomei W., Chern K. Y., Riget P. N., et al., "From Monolingualism to Multilingualism: The Linguistic Landscape in Kuala Lumpur's Chinatown", in Wei Li ed, *Multilingualism in the Chinese Diaspora Worldwide*, Routledge, 2015, pp. 177 – 195; Wang X., Riget P. N., Supramani S., "Constructing Identities Through Linguistic Landscape: A Comparison between Chinatown and Little India in Kuala Lumpur", in Asmah, Haji Omar and Norazuna, Norahim, ed., Linguistic minorities: Their existence within larger communities, Publisher: University Malaysia Sarawak, 2017, pp. 120 – 142；刘慧：《印尼华族集聚区语言景观与族群认同——以峇淡、坤甸、北干巴鲁三地为例》，《语言战略研究》2016年第1期；Jazul M., Bernardo A., "A look into Manila Chinatown's Linguistic Landscape: The role of Language and Language Ideologies", *Philippine Journal of Linguistics*, Vol. 48, 2017, pp. 75 – 98.
⑤ Leeman J., Moydan G., "Commodified Language in Chinatown: A Contextualized Approach to Linguistic Landscape", *Journal of Sociolinguistics*, Vol. 13, No. 3, 2009, pp. 332 – 362; Lou J. J., "Chinese on the Side: The Marginalization of Chinese in the Linguistic and Social Landscapes of Chinatown in Washington, DC", in Shohamy, Elana Goldberg, Eliezer Ben Rafael and Monica Barni, eds., Linguistic landscape in the city, Multilingual Matters, 2010, pp. 96 – 114.

费城唐人街语言景观研究采用了传承语识字教育①；William 对英国利物浦唐人街和 Zhao 对巴黎唐人街语言景观调查采用地理符号学理论和场所理论②等。研究发现，唐人街华语景观和华人族群并不存在一致关系，多数华语景观只是发挥象征作用。

此外，东南亚语言景观研究多有涉及华语情况。例如，针对新加坡、马来西亚、印度尼西亚、泰国、菲律宾、文莱等调查③，在商场、小贩中心、宗教场所、建筑等各类场景都发现存在华语景观，虽然不如英语常用，但华语的功能是为了表达华人身份。

总体来看，海外华人社会语言景观研究偏向以唐人街为调查对象，选点比较单一，忽视其多样的空间分布和功能潜势，特别缺乏对于区域华人社会语言景观的综合调查和整体把握。差异当中蕴含共性，尽管东南亚内部华人社会、华语状况也存在地域差异，"但与欧美等地区相比，东南亚华人语言使用有其总体特征"。④ 整体

---

① Leung G. Y., Wu M. H., "Linguistic Landscape and Heritage Language Literacy Education: A Case Study of Linguistic Rescaling in Philadelphia Chinatown", *Written Language & Literacy*, Vol. 15, No. 1, 2012, pp. 114 – 140.

② Amos H. W., "Chinatown by Numbers: Defining an Ethnic Space by Empirical Linguistic Landscape", *Linguistic Landscape*, Vol. 2, No. 2, 2016, pp. 127 – 156; Zhao F., "Linguistic Landscapes as Discursive Frame: Chinatown in Paris in the Eyes of new Chinese Migrants", *Linguistic Landscape*, Vol. 7, No. 2, 2021, pp. 235 – 257.

③ Shang G., Guo L., "Linguistic Landscape in Singapore: What Shop Names Reveal about Singapore's Multilingualism?", *International Journal of Multilingualism*, Vol. 14, No. 2, 2017, pp. 183 – 201; Tang H. K., "Linguistic Landscaping in Singapore: Multilingualism or the Dominance of English and its Dual Identity in the Local Linguistic Ecology?", *International Journal of Multilingualism*, Vol. 17, No. 2, 2020, pp. 152 – 173; Leimgruber J. R. E., "Ltineracy Immobilised: The Linguistic Landscape of a Singaporean Hawker Centre", *Linguistic Landscape*, Vol. 4, No. 2, 2018, pp. 178 – 199; Manan, Syed Abdul, et al., "Politics, Economics and identity: Mapping the Linguistic Landscape of Kuala Lumpur, Malaysia", *International Journal of Multilingualism*, Vol. 12, No. 1, 2015, pp. 31 – 50; Coluzzi P., Kitade R., "The Languages of Places of Worship in the Kuala Lumpur area: A Study on the 'Religious' Linguistic Landscape in Malaysia", *Linguistic landscape*, Vol. 1, No. 3, 2015, pp. 243 – 267; Huebner T., "Linguistic Landscape: History, Trajectory and Pedagogy", *Manusya: Journal of Humanities*, Vol. 19, No. 3, 2016, pp. 1 – 11; Coluzzi P., "The Linguistic Landscape of Brunei", *World Englishes*, Vol. 35, No. 4, 2016, pp. 497 – 508.

④ 郭熙、李春风：《东南亚华人的语言使用特征及其发展趋势》，《双语教育研究》2016 年第 2 期。

来看，在东南亚，华语是一种非典型少数民族语言，华人社会华语应用更加活跃，类型功能多样，华语景观丰富多彩，商场、学校、宗教场所、会馆、博物馆等都是华语景观能见度较高的场所。

华语能够凝聚人心，建构华人社会，这一点恰如孔飞力所说：华人聚集圈形成的过程主要缘于语言的原因，对于大多数中国移民而言，共同的语言证明具有重要的凝聚力。[①] 当华语具有更大的价值、更高的能见度，无疑将会进一步强化华人社会认同。客观来说，中国的发展和中文的普及将为华语价值提升，为华语传承和传播注入新的强大动力。

"一带一路"倡议和《区域全面经济伙伴关系协定》（RCEP）的推进，将使中国—东盟命运共同体更加团结发展，也将促进大华语区深度交流融合，中华语言文化的域外传承与传播应有新的更大的气象。中华语言文化在海外要实现代际传承、横向传播，不仅要进入所在国教育系统被学习，还要深入当地社会生活有所用。华语生活状况如何，如何让华语深度参与语言生活，这是新时代中文国际教育和华语规划的新命题。

不同国家、不同华人社会华语境况是不同的。本书将从语言景观的视角入手，以语言资源理念为指导，从变异、分布、功能三个维度，全面深入调查研究东南亚华语景观资源状况，多视角认识和发掘其资源价值，以此启发规划思路，服务华语传承与传播。

（二）语言景观研究兴起的学术背景

语言景观研究为什么会兴起？它的学术背景是什么？翻阅现有的论著、教材，很难找到令人满意的回答。

一般认为，语言景观研究是属于社会语言学或是应用语言学的分支。中国语言生活派则将语言景观归入语言生活研究的范畴。但是，当前出版的社会语言学著作和教材里，基本上还没有及时添加语言景观方面的内容。这是因为，语言景观作为一个前沿的研究方

---

① ［美］孔飞力：《他者中的华人：中国近现代移民史》李明欢译，黄鸣奋校，江苏人民出版社2016年版，第370页。

向,它并不是从语言学内部的社会语言学和应用语言学自然而然发展出的一个学术支系,而是有着多方面的学术源头。这些源头有的可以追溯到符号学、社会学、地理学、文化学、传播学和哲学等人文社会学科。认真梳理既往的学术脉络,我们认为,语言景观研究兴起有着深刻的学术思潮背景,它是很多学科交叉、转向而形成的一个新兴学术领域。

稍稍回顾20世纪人文社会科学思潮,可以发现"转向"是一个关键词。学术领域曾经出现过很多转向,诸如语言学转向、后现代转向、身体转向、视觉转向、话语转向,等等,不一而足。转向,意味着学术方向的转变,也意味着学术范式的转型。旧有的学术方向和学术范式遭遇了各种困难和"瓶颈",不同学科的人员都在寻求突破,他们都感到了拓宽学术边界、寻找新的研究交叉点的必要。就语言景观研究而言,至少跟三个转向有关。

1. 空间转向

空间转向是20世纪西方学术思想界的重要动向之一。空间转向的特点在于,许多人文社会学科开始认识和关注空间的重要意义,并将空间理论和地理学的方法运用到文学、文化学、社会学、政治学等领域。比如,法国哲学家列斐伏尔《空间的生产》(商务印书馆2022年版)一书认为空间是实践的产物,他的"空间实践、构想空间和生活空间"理论风靡至今,Trumper-Hecht's 语言景观研究直接套用了该理论框架[①];英国文化学者迈克·克朗《文化地理学》(南京大学出版社2005年版)一书中的第四章就专门讨论文学作品中的空间问题。

空间转向也发生在语言学领域。语言在哪里?结构语言学认为,语言在个体身上;形式语言学认为,语言在大脑里;而社会语言学认为,语言在社区之中。社区是一群人的集合,它有着明确的

---

① Trumper-Hecht, N., "Linguistic Landscape in Mixed Cities in Israel from the Perspective of 'Walkers': The Case of Arabic", in E. Shohamy, E. Ben-Rafael and M. Barni, eds., *Linguistic Landscape in the City*, Bristol: Multilingual Matters, 2010, pp. 219–234.

地理空间或是虚拟空间。实际上，空间或地理在结构语言学那里，一开始就拥有重要的地位。结构语言学非常关心语言的空间差异，研究语言的地域变体，出现了地理语言学、方言学等学科，但是它的研究对象还是个人语言，通过描写不同地方的个人语言系统，来看标准语在横跨地区时所产生的变异，以个人语言系统代表共时方言来重构语言的历史演变与层次。当然，由于绝大部分方言没有文字形态，研究所依据的材料主要是口语。社会语言学以言语社区为单位，调查研究社区语言，重视活的口语，这是它的特点。当代城市语言调查也是关心城市里人们的言语交际和语言使用。但是总体来说，社会语言学延续了结构语言学的传统，仍然把语音、词汇、语法等结构单位作为研究对象，研究语言结构变异与变化。即使是对于招牌语、广告语、路名这些现在已经归入语言景观研究的材料，仍然是偏重微观的结构分析。所以，无论是结构语言学还是社会语言学，研究的都是空间中的个人或一群人的口语。语言是一个多模态系统，除了口语，还有文字、图像和体态语等。空间本身以及空间里的文字文本并没有得到语言学家们应有的重视和系统的考察。

空间问题在语言学领域得到重视，是语言规划与语言政策兴起之后的事情。早期语言规划学者致力于帮助新建立的后殖民国家确立和统一国语。随着英语对世界各地语言格局的冲击，很多少数族群语言濒临危险。为了语言复活，语言规划学者想出了很多办法，包括有意识地增加空间标识。例如在威尔士，为了维持威尔士语活力，效仿自然湿地保护区，政府给威尔士语划出专门的保护区，规定在学校里孩子们必须学习威尔士语的时限，并且在公共空间竖立威尔士语的路牌、标牌、广告牌，增加该语言的能见度。这些措施对于保护威尔士语起到了一定的积极作用，威尔士安格尔西岛一个小镇就凭借一个欧洲最长地名标牌而吸引世界各地游客。同样，在一些发展中国家，为了更快地实现城市现代化，吸引外国顾客，政府和民间纷纷设置包括英语在内的多语标牌，正如北京、上海、广州这些大都市所展示的那样。英语在发展中国家公共空间获得了大面积的"占有率",以至于政府有时又不得不出台政策加以限制,公共空间英语景观成了衡量一个国家语言政策的晴雨表。对语言景观的更多关注也意味着语言政策研究的"视觉转向"。[1]

全球化趋势使人们对于公共空间的语言问题空前重视。全球化大大压缩了物理距离,使人员往来密切,商品流动频繁,人们的时空感也随之发生了变化。在吾国吾土,可以通过添加异国语言元素,来制造异域情怀;在异国他乡,可以通过复制祖籍国的语言景观,来创造一种想象的祖国和原乡氛围。人们开始认真审视自身所处的环境和空间,特别是空间中的语言。城市规划的前提是,不同的空间具有不同的功能,空间是可以规划的。语言规划的前提则是,不同空间的语言具有不同的功能,空间语言也是可以规划的。政府空间和商业空间、旅游空间和教育空间,具有不同的定位和性质,当中出现的语言类型应该有所不同。例如,马来西亚槟城街头拥有很多壁画和铁画语言景观,以此代表或塑造城市形象。

随着语言规划研究的深入,人们还发现语言景观与语言意识形态存在关联。语言意识形态指的是对于语言的价值观。福柯、哈贝马斯的相关思想是语言景观研究的认识论基础。[2] 哈贝马斯把公共空间看成人们理性交往对话的场域,福柯则把空间看成权力秩序的象征,极端的像监狱这样的空间,犯人无时无刻不处在权力的监控之下。这两位学者关于空间的思想启发后来者,空间语言既有沟通效应,也能反映复杂的权力关系。沉默是反沟通的,何以沉默是金?这种口语性的缄默反映在空间结构上,就是语言标识稀缺的场

---

[1] Marten H. F., Van Mensel L., Gorter D., "Studying Minority Languages in the Linguistic Landscape", in Durk Gorter, Heiko F. Marten, Luk Mensel. eds, *Minority Languages in the Linguistic Landscape*, London: Palgrave Macmillan UK, 2012, p.9.

[2] 尚国文、赵守辉:《语言景观的分析维度与理论构建》,《外国语》(上海外国语大学学报) 2014 年第 6 期。

景往往隐喻更为昂贵和某种特权①,这一点比较奢侈品店和一般商店语言景观的密度可以明显看出。"多语路标上的语言顺序体现了人们的语言选择,这也成了宣告谁是城市主人的一种符号"②,同理,城市角落牛皮癣广告和胡乱涂鸦难登大雅之堂,在于它们代表的是一种亚文化噪声,只能为主流文化所排斥。通过观察空间语言,我们可以蠡测某种语言的效能,也能看出被遮蔽的语言意识形态,而语言意识形态进一步则是语言政策的结果。

2. 视觉文化转向

语言景观兴起的第二个背景跟视觉文化转向有关。视觉文化转向是一种文化研究范式的转型。景观社会的来临,使文化研究从文本的凝视转为对于视觉奇观的追求。全社会无所不在的图像景观每日每时地刺激着人们的视觉器官,视觉感官对于新奇景观的追求水涨船高,反过来刺激人们对于图像的追逐消费也达到了前所未有的程度,出现了所谓的视觉消费和注意力经济。特别是因为新技术的崛起,看景观和景观制作一方面变得越发廉价,另一方面人们看什么、怎么看也被资本和商家所控制,变得越来越不自由。炫目的广告牌、惊艳的海报、花哨的展览以及琳琅满目的绘本都在宣告一个读图时代的胜利,用一句后现代的话语来说,就是图像和视觉文化正在控制人们的注意力,控制着这个社会。图像以及围绕图像的文字,变成我们这个社会无法回避的文本。当人们把目光投向公共空间的各种招牌之后,势必也会不得不注意招牌中的语言文字。

人类从口传文化发展到视觉文化,文字始终扮演着绝对重要的角色。随着技术的进步,手绘图像演变为可以复制的印刷图像和声音影像,文字的角色并未得到像一些人所夸饰的那样沦为配角。事

---

① Thurlow C., Jaworski A., "Silence is Golden: The 'Anti-communicational' Linguascaping of Super-elite Mobility", in Jaworski, A., and Crispin Thurlow eds. *Semiotic Landscapes*: *Language*, *Image*, *Space*, A & C Black, 2010, pp. 187–218.

② [以色列]博纳德·斯波斯基:《语言管理》,张治国译,商务印书馆2016年版,第99页。

实上，文字、声音和图像共同构成的多模态景观共同参与构成了我们这个时代的文化景观，既然语言景观本质上是文字景观，那么要认识这个时代的文化景观，语言景观自然会成为人们瞩目的焦点。

3. 话语转向

语言景观兴起的第三个学术背景是话语转向。首先在语言学领域，人们对于语言研究的单位从结构主义语言学的语音/音位分析、句法成分分析，转向对于交际话语的关注。一旦人们转向话语研究领域，就进入了真实语言交际的研究。话语可以是一段话，也可以是一段文本，所以话语分析和篇章分析的研究对象都是大于句子的单位。话语分析继承了结构主义传统，研究话语结构，将话语分为话步和话论，从话题链的组织和推进来重建话语过程。由于关注真实交际中的话语，人们也重视话语的产生背景和实际效果，诞生了批判话语分析。广告文本、新闻篇章、演讲稿和求职书等，都是语言学家的研究单位，人们试图联系更广阔的社会背景来挖掘话语中隐藏的真实意图，反思文本的倾向性。批判话语分析扩大了语言学研究的对象。其拥有的一套技术程序迅速扩展到其他学科，在人文社科领域产生了广泛影响，例如文学研究中的互文性分析，传播学中的话语学派，社会学中的话语分析，等等。话语转向，从而带动了人们将关注到的对象从语言的语音和句法单位，上升到文本层面和符号层面。随着社会符号学和多模态话语分析的流行，话语分析潮流进一步推动了语言景观研究的产生和兴盛。

纵观语言景观10多年的发展及兴起的学术背景，可以看出其浓厚的跨学科特色。

文化地理学、视觉文化研究、批判话语分析等学科都对其兴起产生了巨大的推动作用，为其发展提供了丰富的理论源泉。Nash在题为"语言景观是必要的吗？"[①]的论文中，批判性地指出语言学绝不是语言景观研究唯一的相关领域，正如社会语言学不能只考

---

① Nash J., "Is Linguistic Landscape Necessary?", *Landscape Research*, Vol. 41, No. 3, 2016, pp. 380–384.

虑语言而不管社会，语言景观研究也需要对所有相关领域进行整体考虑。这些讨论启发我们，对于东南亚华人社会语言景观的研究不能采取单一的理论视角和研究方法。鉴于形成华人社会语言景观复杂的历史和现实背景，有必要采取多元方法论。

### 三　研究方法

#### （一）多重理论视角相结合

东南亚各国国情、语情皆不相同。华人社会身处不同的语言大环境，也在积极营造族群的语言小环境。在语言生活的过程中，各国华人社会有着不同的利益诉求，也会面临不同的现实问题。例如，马来西亚华人社会多年来为了维持华语和华文教育奋力拼争，他们把华语传承看成争取母语权，在马来西亚多元语言文化的背景中时常受到政府政策的挤压；新加坡华人社会分化成华语言语社区和英语言语社区，"脱华人英"几乎成为难以遏制的趋势；印度尼西亚华人复兴华文教育在受到30多年的重挫后始终步履蹒跚；泰国和菲律宾传承中华语言文化更多的是内生动力不足。不同国家、不同华人社会的语言生活，不可能强行要求一致。

针对各国华人社会的关键性语言问题，可以联系语言景观从不同的理论视角进行观察研究。例如，新加坡华人社会的当务之急就是华语水平滑坡和华语应用式微的问题，语言生态堪忧；马来西亚华语传承也面临着政策压力和后续乏力的态势；泰国和菲律宾华语快速传播，需求比较旺盛，却面临着语言环境不足、华语变异丛生的问题；印度尼西亚华文教育虽在复兴，但政治局势不稳，华人社会内部分化严重，华语能见度很低。面对这些不同的问题，可以考虑从语言生态、语言政策、语言变异、语言认同和语言学习资源等多重视角展开研究。而这些视角可以选择使用语言景观研究不同的理论框架和相应方法。例如Spolsky的语言管理框架，以语言景观考察城市语言生态[1]；Scollon 夫妇的"地理符号学"语言景观分析框架[2]，关注语言景观中的语码取向、字刻、置放等要素；Huebner 优化的"SPEAKING 交际模型"语言景观分析框架，考察语言形式、语境、创作动机及受众反应等[3]；Ben-Rafael 等学者的"凸显自我、充分理性、集体认同、权势关系"四条语言景观构建原则[4]；Backhaus 的语言景观研究"设立者、源起和语言文字接触机制"三框架。[5]

当前语言景观研究，作为一个跨学科的领域，呈现着理论假说竞现的态势，我们也可以通过本项研究检验这些理论。例如 Spolsky 和 Cooper 提出设立标识的三个原则[6]：（1）书写者必须熟悉所用的语言；（2）采用目标读者喜欢的语言；（3）采用自己的或希望被理解的语言。他们把原则（1）作为必要条件，其他两个作为充分条件。这在一般情况下是有解释力的。不过，在东南亚华人社会，我们看到一些场景华语标识越来越多，而从标识质量来看，制作者的语言能力却很难说是达标的。如何理解这样的现实，需要更深入的调查分析。

（二）纵横双向比较法相结合

要考察东南亚华人社会语言景观的特色，中国语言生活及语言景观自然是其比较的背景。在这方面，全球华语语法研究已经积累

---

[1] Spolsky, Bernard, *Language Management*, Cambridge University Press, 2009.

[2] Scollon, Ron. and Scollon, Suzie W., *Discourses in Place: Language in the Material World*, Routledge, 2003.

[3] Huebner T., "A framework for the Linguistic Analysis of Linguistic Landscapes", in Shohamy, Elana, and Durk Gorter, eds., *Linguistic Landscape: Expanding the Scenery*, Routledge, 2008, pp. 78 – 95.

[4] Ben-Rafael E., Shohamy E., Hasan Amara M., et al., "Linguistic Landscape as Symbolic Construction of the Public Space: The Case of Lsrael", *International Journal of Multilingualism*, Vol. 3, No. 1, 2006, pp. 7 – 30.

[5] Backhaus, P., *Linguistic Landscapes: A Comparative Study of Urban Multilingualism in Tokyo*, Clevedon, UK: Multilingual Matters, 2007.

[6] Spolsky, B., and Cooper, R. L., *The Languages of Jerusalem*, Clarendon Press, Oxford, 1991, pp. 81 – 84.

不少宝贵的经验。我们在开展新加坡华语语法变异、马来西亚华语语法和印度尼西亚华语语法研究时，采用的就是纵横双向比较法。所以，在和中国语言景观横向比较时，不仅要考察东南亚华人社会常见的特色语言标牌，看到"彼有我无"的现象，还要注意相对于中国语言景观，华人社会没有哪些语言景观，注意"我有彼无"的现象，思考"缺位"的原因。例如，东南亚华语标识中常用多语并置或综排、繁体字、方言拼音、左向书写，多见佛堂宫观、宗乡公会、堂号义山等标牌，这是中国大陆语言景观所少有的；除此之外，中国大陆语言景观中常见的标语口号、公益宣传、营销广告语等又是东南亚华语景观中少见的。在具体的用字、用词和语法层面的差异则更为多见。这些差异形成的原因只有通过深入地共时和历时比较才有可能得到合理的解释。

华人社会语言景观既有经历过社会变迁而发生更换的实例，也有历经岁月保存完好的传统样本。历时语言景观的对比考察，才有可能将共时平面上华语景观的来龙去脉揭示清楚。传统和嬗变都是社会语言状况变化的晴雨表，我们将华人社会语言景观的现状与历史在时间的纵轴上相比较，可以看出语言生活的变化。

（三）定量统计与定性分析相结合

语言景观研究的一般方法是按照社会语言学研究的程序，随机抽样、拍照取材、分类整理、标注信息，然后做定量和定性的分析。在语言景观研究当中，综合运用定量与定性的方法，二者互相促进，是一种理想的工作方式。[①] 在本书中，我们将定量和定性方法作为工作程序。

首先，在定量方法阶段，将根据各国城市具体情况，采用判断抽样法、地图抽样法、随机抽样法等方法确定调查地点和调查对象，收集语料并分类整理。Backhaus 所进行的东京语言景观调查，将语言标牌分为9类：包含的语言、语言组合模式、官方和非官方

---

[①] Blackwood, Robert., "LL Explorations and Methodological Challenges: Analysing France's Regional Languages", *Linguistic Landscape*, Vol. 2, No. 1, 2015, pp. 38–53.

语言、地理分布、文字译写、语言组合顺序、特殊语言用例、新旧版本语言标牌巩固共存情况。参照他的分类，我们对收集的标牌信息按照10个大类进行分类标注，包括场所、内容、标牌主体（官方标牌/私人标牌/机构标牌）、标牌类型（招牌/招贴/海报/路牌/建筑名/匾额/菜单/志铭）、语种数量（多语/双语/单语）、语言语义关系（语义对译/半译/无关）、字体（类型/位置/大小/颜色/数量）、风格（手写/印制）、标牌材质（横幅/塑料/木制/石刻/纸张）、特殊语言项目等。然后，将所有文本信息按类编码，导入 Excel 软件后，对数据信息进行批量处理统计。

其次，在定性方法阶段，我们还将结合观察法、访谈法、文献法（新闻报道和历史档案）和民族志等方法，分析标识的上下文语境、功能和意义，详细了解标牌制作的社会背景信息。娄佳认为，语言景观研究的民族志方法，关键是要了解清楚每张照片的细节和语境信息，研究人员需要通过与所在社区的深度接触来获得对于研究对象的深入了解。[①] 她对美国华盛顿唐人街语言景观民族志调查表明，华语招牌存在翻译错误以致被边缘化，是由于社区规划缺乏政治资源，参与规划的华二代群体也缺乏必要的华语交际能力。[②] 同理，通过我们的前期调查发现，对于印度尼西亚雅加达新唐人街"潘佐兰广场"这幅单语标识，如果不了解项目开发商安达集团传播中华文化的设计理念，不结合印度尼西亚地方政府对于发展旅游经济的宽松政策，将会发生误判。

**四　调查范围与全书框架**

（一）调查范围

东南亚华人社会语言景观出现在不同的国家、地区、城市和场

---

[①] Lou J. J., "Linguistic Landscape and Ethnographic Fieldwork", in Mallinson, Christine, Becky Childs, and Gerard Van Herk eds., *Data Collection in Sociolinguistics*, Routledge, 2017, pp. 94 – 98.

[②] Lou J. J., "Chinese on the side: The marginalization of Chinese in the Linguistic and Social Landscapes of Chinatown in Washington, DC", in Shohamy, Elana Goldberg, Eliezer Ben Rafael and Monica Barni, eds., *Linguistic Landscape in the City*, Multilingual Matters, 2010, pp. 96 – 114.

景,理想的调查范围当然是要覆盖所有相关场合,但很显然这是不可能做到的。跟其他社会科学调查类似,语言景观调查也同样存在抽样和代表性问题:"不可能在一个城市或一个地区拍摄所有语言标识的照片,但重要的是要建立标准来提高所分析语言标识的代表性。一种可行的办法是选择不同国家和城市里面具有相同特征的区域或街道,并分析所有标志。"按照这样的思路,我们重点调查、收集了东南亚10个国家、17个城市、10类场景、10种类型的语言景观图片,情况如下:

(1)国家(10个):新加坡、马来西亚、泰国、印度尼西亚、菲律宾、老挝、越南、缅甸、柬埔寨、文莱。

(2)城市(17个):新加坡,吉隆坡、槟城、沙巴、古晋,曼谷,雅加达、泗水、万隆、棉兰,马尼拉,达沃,万象,河内,仰光,金边,斯里巴加湾。

(3)场景(10类):华人聚集区(唐人街、华人新村、工业园区)、主干街道、商业场所(商场、食阁)、交通枢纽、文化机构(会馆、寺庙、博物馆、纪念馆)、旅游景点、华文学校、医院诊所、墓园义山、政府机构。

(4)类型(10种):路牌、建筑名、招牌、广告牌、菜单、节庆牌、指示牌、匾额、楹联、墓志。

综合运用实地调查法、网络民族志、文献法等方法,共获取语言标牌5441幅。在这个基础上,我们按照统一的技术规范,对收集到的语言景观图片进行整理分类、字段设计,标注入库,初步建成"东南亚华社语言景观资源库",以期实现检索利用。

各国语言标识数量和总数,如表0-1所示。

表0-1 东南亚华社华语标识调查统计表(N=5441)

| 国家 | 新加坡 | 马来西亚 | 泰国 | 印度尼西亚 | 菲律宾 | 老挝 | 越南 | 缅甸 | 柬埔寨 | 文莱 |
| --- | --- | --- | --- | --- | --- | --- | --- | --- | --- | --- |
| 数量 | 1614 | 1830 | 852 | 451 | 295 | 145 | 99 | 77 | 71 | 7 |

从表 0-1 可知，华语景观数量比较可观的国家是新加坡、马来西亚、泰国、印度尼西亚和菲律宾。其他中南半岛的几个国家和文莱华语景观数量较少，不足为观。当然，由于疫情的关系，我们未能实现前往以上五国开展实地调查的计划，这也是造成样本量较少的重要原因。在客观条件允许的情况下，这样的遗憾将来应该会得到弥补。

因此，本书将主要基于前 5 个国家的数据开展专题性研究。

（二）全书框架

按照华人社会的规模、华语景观的数量和类型，本书主要对新加坡、马来西亚、泰国、印度尼西亚、菲律宾 5 个国家 10 来个城市的华人聚集区语言景观进行重点考察，根据不同华人社会语言景观所展现出的特点，以及各国语言政策的特点，分别从语言生态、身份认同、社会记忆、语言变异、语言传承等角度进行专题研究。

各章分专题报告了这些国家华人社会语言景观的现状、特点、成因以及规划启示。不仅如此，我们还尽量梳理现有的语言景观研究现状与相关学术资源，为开展同类研究提供参考。

按照上面的设想以及我们所做的工作，全书框架主体分为以下几部分。

绪论

第一章：语言景观视角下新加坡华语生态规划

第二章：马来西亚华人社会语言景观的多样性与创造性

第三章：语言景观视角下泰国华语使用及其变异

第四章：印度尼西亚华语景观探查

第五章：菲律宾华语景观的传承与融合

结语

# 第一章

# 语言景观视角下新加坡华语生态规划[①]

## 第一节 新加坡华语生态争议

语言生态失衡是当今人类的共同处境。按照 Haugen 的界定，语言生态是指任何特定语言与所在环境的相互作用关系。[②] 实际上，正是由于环境的作用，世界语言生态问题愈演愈烈。不仅是少数族群存在语言濒危之虞，在有些国家和地区，主体族群也面临着语言转用和语言维护的问题。新加坡就是一个典型的个案。

在新加坡，华语生态状况尚有不少争议。华语是四种官方语言之一，华人人口约有 350 万人，占总人口 75%，新加坡是华人占比最高的国家，华人在政治、经济、文化等层面，都占据主导地位。按道理，华族的共同语——华语在新加坡也会占据主导地位，理想的华语生态应该是：华语应用频繁广泛，华语传习生机勃勃。然

---

[①] 本章主要内容曾发表于《中国语言战略》2022 年第 1 期。收入本书后略有修改。

[②] Haugen, E., *The Ecology of Language*, Stanford：Stanford University Press, 1972.

而，现实却并非如此。单就家庭领域主要用语而言，英语早已超过华语，使用华语和方言比例逐年下降。① 关于新加坡华语生态基本有两种意见。一是认为华语境况正在恶化，前景堪忧。证据有：用英语来教华文，年轻人不会用华语来表达日常概念，已不存在华文教育等。② 二是认为华语依然富有生命力，前景也令人乐观。理由是：华人家庭用语中华语使用比率有所上升，中国崛起和大中华文化圈是有利因素；一批新生代精英华人擅长华语，特别是现任政府领导层重视华语；新华人移民持续增多。③

对新加坡华语生态为什么会出现两种相反的意见？这里既有情感的因素，也有评估角度的问题。本书提出另外一个评估的视角：语言景观。语言景观是语言生态的视觉表征，公共场所的语言景观是观察语言生态、语言政策的重要窗口。在日常生活中，人们对周遭的语言景观容易熟视无睹，或许只有当其改变时才有所反应。例如，2017年南洋理工大学一个食堂被管理层禁用中文标识，要求更换成英文招牌，引起轩然大波。新加坡某些医院内标识均以英文书写，致使华人老者就医不便，也被媒体热议。这些情况既是新加坡语言政策和语言意识在公共领域的反映，也折射出华社群体对华语处境的焦虑，说明语言景观的确事关语言生态。

因此，有必要调查新加坡华语景观实态。本书首先梳理语言景观与语言生态的相关研究，再以新加坡语言景观调查为例，评估新加坡的华语生态，并提出对于新加坡华语规划的思考。

---

① Vaish, V., "The Linguistic Ecology of Singapore", in Vaish, V. ed., *Translanguaging in Multilingual English Classrooms: An Asian Perspective and Contexts*, Singapore: Springer, 2020.

② Gupta, A. F., "The Language Ecology of Singapore", in Hornberger, N. H. ed., *Encyclopedia of Language and Education*, Boston, MA: Springer, 2008, pp. 99 – 111；郭熙：《新加坡中学生华语词语使用情况调查》，《华文教学与研究》2010年第4期；蔡明宏：《基于语言生态平衡考量的新加坡华语升沉探微》，《东方论坛》2014年第3期。

③ 郭振羽：《新加坡华语再生的契机》，《联合早报》2013年10月12日；Siemund, P., Schulz, M. E. & Schweinberger, M., "Studying the Linguistic Ecology of Singapore: A Comparison of College and University Students", *World Englishes*, Vol. 33, No. 3, 2014, pp. 340 – 362.

## 第二节 语言景观与语言生态的关系

语言景观一般指的是公共场所的标牌、路名、建筑名、广告牌、招牌等，随着认识的变化，人们开始把说明书、菜单、涂鸦、移动标牌和网络语言等都纳入语言景观范畴。语言景观研究的关键问题有两个：一是语言景观反映事实上的语言政策，主要是通过标识中几种语码的位置、顺序、大小以及是否出现等来研判语言政策[①]；二是语言景观体现相关语码的活力，主要是通过标识中的语码信息来评估具体语言的生态位（niche）。语言景观研究意涵丰富，突破了招牌语研究聚焦语用问题的思路，也拓宽了海外华语研究等社会语言学分支研究范围。[②]

在理论层面，Gorter[③]认为语言景观可以作为语言市场、语言融合、语言生态、语言多样性或语言状况这些概念的近义词；之后干脆宣称，语言景观实际上就是一种语言状况、语言生态。Hult[④]也认为语言景观可以用作调查语言生态系统中某个语言特定生态位的工具，Spolsky[⑤]则将公共语言标牌纳入其语言管理框架，认为语言景观研究可以用作探索和定位城市多文字生态的工具。就此而言，语言景观是语言生态的组成部分。借鉴 Spolsky 的理论框架，我们认为，可以将语言景观、语言使用、语言教育和语言学

---

① Tan & Peter, K. W., "Singapore's Balancing Act, from the Perspective of the Linguistic Landscape", Sojourn: Journal of Social Issues in Southeast Asia, Vol. 29, No. 2, 2014, pp. 438 – 466.

② 王晓梅:《语言景观视角下的海外华语研究》,《云南师范大学学报》（哲学社会科学版）2020 年第 2 期。

③ Gorter, D. ed., Linguistic Landscape: A New Approach to Multilingualism, Clevedon/Buffalo/Toronto: Multilingual Matters LTD, 2006; Gorter, D., "Linguistic landscapes in a multilingual world", Annual Review of Applied Linguistics, No. 33, 2013, pp. 190 – 212.

④ Hult, F., "Language Ecology and Linguistic Landscape Analysis", in Shohamy, E. & Gorter, D., eds., Linguistic Landscape: Expanding the Scenery, London: Routledge, 2009, pp. 96 – 144.

⑤ Spolsky, B., Language Management, Cambridge: Cambridge University Press, 2009.

习、语言政策、语言态度或语言意识形态等共同构成语言生态。

在实践层面，Tang①调查新加坡30个地铁站的语言景观，获取1555张语言标识，结果发现63%为英语单语标牌，其功能主要是服务经济发展、种族和谐与沟通，公共空间华语呈现向英语转移的趋势；形式上的语言政策与语言生态一致，事实上的语言政策则体现英语的扩散。之后，他运用经济学的"啄食顺序"理论来概括新加坡的语言生活格局，指出英语在新加坡扮演着全球和地方双重身份角色，新加坡有走向单语国家的倾向。② Shang和Guo③则专门考察了新加坡邻里商业中心的店名语言景观，发现英语流行于所有类型的店名；华语虽是多语店名的优势语码，但主要出现在一些古早店名中，其他两种官方语言少现于店名。从店名景观的语码差异，可以看到新加坡4种官方语言活力各有差异，文章认为，这种语言活力差异主要是缘于官方语言政策、人口结构、族群与文化认同等社会因素。

可见，以往研究已经涉及华语生态问题，但专注点多在英语，而华语在语言景观中的地位和功能到底如何，并不是很清楚。另外，相关调查取样较为单一，没有关注到多种场景的语言景观。因此，通过较大范围语言景观调查来考察华语生态是可行的，也是必要的。

## 第三节　新加坡语言景观调查

### 一　调查目标与调查方法

语言景观研究旨在考察"某个属地或区域公共与商业标牌上语言的可见性与凸显性"，换言之，语言景观调查的重点是，考察目

---

① Tang, H., "Linguistic Landscaping in Singapore: The Local Linguistic Ecology and the Roles of English", Master's Programme: Language and Linguistics, Lund University, 2016.

② Tang, H., "Linguistic Landscaping in Singapore: Multilingualism or the Dominance of English and Its Dual Identity in the Local Linguistic Ecology", International Journal of Multilingualism, Vol. 17, No. 2, 2020, pp. 152–173.

③ Shang, G., & Guo, L., "Linguistic Landscape in Singapore: What Shop Names Reveal about Singapore's Multilingualism?", International Journal of Multilingualism, Vol. 14, No. 2, 2017, pp. 183–201.

标语言在语言标牌中的能见度和显著性、功能意图和语言竞争等情况。能见度即目标语言出现的数量和频次，显著性为目标语言与其他语言的相对位置、排列顺序、体积大小以及材质等。本项调查即希望通过收集、整理、分析语言景观中的华语使用频率、组合类型和功能等情况，来推断华语的活力和生态状况。

我们在新加坡的乌节路、中央医院、小印度、牛车水、滨海湾、纽顿小贩中心、樟宜机场、榜鹅等地进行了语言标牌的采集，这些地区属于商业中心、医疗机构、族群社区、旅游景点、交通枢纽、生活中心等，具有一定的空间代表性。调查时间是2017年5月和2018年5月两个时间段，对于出现华语的标牌，我们都会拍照记录，机构内外显见的标识也都尽量收集，共拍得1614块语言标识。全部标识按"地点+设立者+标识内容+标识类型+语种数+语言类型+主体语言+语言关系+字体+材质+风格+其他"字段编码，输入Excel统计处理。

以下从设立主体、空间、优势语码、标识类型四个方面来分析语言景观中的华语使用。

## 二 调查结果

### （一）不同设立主体语言景观中的华语使用

根据Backhaus[①]的分类，我们将语言景观分为政府和非政府两类，其中华语使用情况如表1-1所示。

表1-1　　　　　　不同设立者标识的华语使用情况

| 语言类型 | 标识总数（块） | 百分比（%） | 政府 | | 非政府 | |
| --- | --- | --- | --- | --- | --- | --- |
| | | | 数量（块） | 百分比（%） | 数量（块） | 百分比（%） |
| 英 | 843 | 52 | 311 | 37 | 532 | 63 |

---

① Backhaus, P., "Multilingualism in Tokyo: A Look into the Linguistic Landscape", *International Journal of Multilingualism*, Vol. 3, No. 1, 2006, pp. 52-66.

续表

| 语言类型 | 标识总数（块） | 百分比（%） | 政府 | | 非政府 | |
|---|---|---|---|---|---|---|
| | | | 数量（块） | 百分比（%） | 数量（块） | 百分比（%） |
| 华 | 54 | 3 | 8 | 15 | 46 | 85 |
| 华—英 | 407 | 25 | 182 | 45 | 225 | 55 |
| 华—英—马 | 92 | 6 | 62 | 68 | 30 | 32 |
| 华—英—淡 | 34 | 2 | 3 | 9 | 31 | 91 |
| 华—英—日 | 15 | 1 | 1 | 6 | 14 | 94 |
| 华—英—马—淡 | 144 | 9 | 135 | 93 | 9 | 7 |
| 华—英—马—日 | 25 | 2 | 19 | 76 | 6 | 24 |
| 合计（块） | 1614 | 100 | 721 | 45 | 893 | 55 |

可以看到，华语单语标牌数量只占总数的3%，英语单语标牌占52%，就此来说新加坡是一个独尊英语的国家并不过分。华语单语标牌之少，在于只有华语不足以应付公共场合的需求，政府的语言政策也不鼓励华语单独出现。标牌的设立主体也反映了这一点：85%的华语单语标牌是非政府设立的，政府设立的单语华语标牌比例极低（占政府单语标牌总数的2.5%）。

在双语景观中，华—英双语标牌数量比例最高，占总数的25%，非政府所设华—英双语标牌占比略高于政府华—英双语标牌（55%＞45%）。英—马、英—淡、华—马、华—淡、马—淡双语景观在本次调查中未见。这可能与我们的调查地点没有包括马来人聚集区有关，但也说明，作为四种官方语文的马来语、淡米尔语，它们每一种都无法做到与英语"平起平坐"，一起来执行语言功能。华—英双语景观在新加坡多语景观中，占据主导地位。

四种官方语言标牌数量并不多，占总数的9%，绝大多数是政府设立（93%），非政府领域极少（只有7%）。这种反差说明，政府推行的四种官方语言实际上并非具有同等的交际价值，四语同现更多的是一种象征意义。另外，三语和四语标牌中都出现了不少日语元素，这跟新加坡是最受日本游客喜爱的国家有关。

从表 1-1 纵向来看，华语多语标牌上总有英语，但未必有其他语言，这意味着华语和英语有很强的伴随性。这种伴随性目前来看还是单向的，即英语可以脱离华语单独存在，而华语却不能没有英语而单独出现。在华人餐馆几乎每一项华语标识都配有英文，但是一些标识（如清真标识"no pork, no lard"）却不配华语翻译。如此安排也就默认了这样的事实，新加坡华人是可以不通过华语来获得公共信息的。

（二）不同空间标识的华语使用情况

公共空间是现代政府语言管理的对象，也是不同群体语言生活的场所。公共空间存在不同的语言景观，在于各类空间定位和功能不同，它们既是政府语言规划所致，也是不同群体语言实践的结果。表 1-2 是 8 类空间里华语使用的情况。

表 1-2　　　　　　　　不同空间华语使用情况

| | （空间）总数（块） | 空间地点 | | | | | | | |
|---|---|---|---|---|---|---|---|---|---|
| | | 机场（%） | 乌节路（%） | 滨海湾（%） | 牛车水（%） | 纽顿（%） | 小印度（%） | 中央医院（%） | 榜鹅（%） |
| 英 | 843 | 5.5 | 34.5 | 12.0 | 2.8 | 1.3 | 10.4 | 25.5 | 7.9 |
| 华 | 54 | 3.7 | 9.3 | 9.3 | 48.1 | 16.7 | 3.7 | 0 | 9.3 |
| 华—英 | 407 | 2.5 | 9.1 | 8.4 | 32.9 | 21.9 | 6.1 | 2.5 | 16.7 |
| 华—英—马 | 92 | 4.3 | 31.5 | 9.8 | 3.3 | 9.8 | 17.4 | 0 | 23.9 |
| 华—英—淡 | 34 | 0 | 5.9 | 2.9 | 0 | 0 | 88.2 | 0 | 2.9 |
| 华—英—日 | 15 | 0 | 46.7 | 33.3 | 13.3 | 0 | 0 | 0 | 6.7 |
| 华—英—马—淡 | 144 | 19.4 | 13.2 | 12.5 | 11.1 | 5.6 | 6.9 | 19.4 | 11.8 |
| 华—英—马—日 | 25 | 32 | 16 | 12 | 16 | 8 | 8 | 0 | 8 |
| 总数（块） | 1614 | 98 | 394 | 176 | 209 | 129 | 173 | 253 | 180 |

表 1-2 显示，乌节路和中央医院、滨海湾英语单语标牌最多，而牛车水和纽顿小贩中心英语标牌最少。从城市功能来看，乌节路

是新加坡购物中心，国际名牌商店林立，这一带也驻扎着各国使领馆；中央医院是新加坡规模最大、国际化程度最高的公立医院。在这些空间里，英语是工作语言，书面语和口语语码选择具有一致性，英语单语成为语言景观的主要类型，自在情理之中。滨海湾是新加坡旅游商业金融中心，鱼尾狮、金莎酒店、滨海湾花园等都在这个地区，英语单语标识多体现了政府要将此地打造成国际化旅游胜地的决心。

牛车水和纽顿小贩中心华语单语标牌最多，英语单语标牌最少。牛车水是新加坡的唐人街，会馆、书店、歌台、建筑、美食、服饰等中华文化元素随处可见，华语景观也充分参与到建构华人社区的角色当中。华语单语在私人标牌上不乏其例，还能看到一些华语变异的实例，如"电力站"（音乐酒吧）"酱料没有卖"（不卖酱料）等，这些使用变异都是华语活力的见证。[①] 纽顿小贩中心是平民美食中心，里面分布着华族、马来族等商家，华族食档居多。可以看出，牛车水和纽顿小贩中心以华—英双语、华语单语为主导语言景观模式。

樟宜机场和小印度华语单语标牌最少（各有 2 例）。樟宜机场是全球最佳机场之一，缘于其现代化的设施和服务，语言景观服务在其中的作用不容小觑。机场是一国的门户，呈现出的语言景观表明了该国的语言政策，樟宜机场虽有四语乃至七语的欢迎标识语，但是在信息功能方面，仍以英语标识为多。华语单语标识仅仅出现在一些餐厅菜单上。小印度社区则以华—英—淡三语为优势语码组合模式，华语能在印度人社区占得一席之地，主要是因为该社区的建筑房屋产权多属于华人，不少商铺也是为华人所有。榜鹅为新加坡东北部尚未完全开发的新社区，此地主要标识类型为华—英双语，其次是华—英—马三语标识。为了族群融合，政府实行住宅族群配额制，新社区和每栋公寓华族不得超过84%，马

---

① 祝晓宏：《新加坡华语语法变异研究》，世界图书出版公司2016年版。

来族不得超过22%，其他不得超过12%，并且有一些配套奖励措施，如此形成了种族混居模式①，榜鹅三语景观不过是社区居住结构的一个缩影。

上述情况表明，在公共空间之内，多语景观的语种比例、类型并不是均衡的。这里面既有政府意志的作用，也是市场调节的结果。

### （三）不同空间多语标牌中的优势语码

优势语码是语言相对关系和地位的反映，可以根据标牌中不同语言的字体位置、大小、翻译情况来确定。不同空间语言景观中的优势语码见表1-3。

表1-3　　　　　　　不同空间多语标牌中的优势语码

| 优势语码 | （多语标牌）总数（块） | 百分比（%） | 空间地点 | | | | | | | |
|---|---|---|---|---|---|---|---|---|---|---|
| | | | 机场（%） | 乌节路（%） | 滨海湾（%） | 牛车水（%） | 纽顿（%） | 小印度（%） | 中央医院（%） | 榜鹅（%） |
| 华 | 230 | 32.1 | 0.9 | 2.2 | 0.9 | 57.8 | 30 | 4.3 | 0.4 | 3.5 |
| 英 | 467 | 65.2 | 9.9 | 19.3 | 14.1 | 5.4 | 7.8 | 14.6 | 7.9 | 21.2 |
| 马 | 8 | 1.1 | 37.5 | 0 | 0 | 0 | 50 | 0 | 0 | 12.5 |
| 淡 | 6 | 0.8 | 0 | 0 | 0 | 16.7 | 0 | 83.3 | 0 | 0 |
| 日 | 5 | 0.7 | 0 | 60 | 40 | 0 | 0 | 0 | 0 | 0 |
| 合计（块） | 716 | 100 | 50 | 98 | 70 | 159 | 110 | 83 | 38 | 108 |

由表1-3可知，在716块多语标牌中，以英语为主的标牌占多数（65.2%），主要分布在榜鹅、乌节路、小印度，而在牛车水和纽顿小贩中心较少。其次，以华语为主的标牌占32.1%，不到英语的一半，但相比其他优势语码仍是可观的，以马来语、淡米尔语和日语为主的标牌都占比极少，几乎可以忽略不计。这些情况说

---

① 杨莹慧、来仪：《新加坡推动各民族互嵌式社区建设的经验与启示》，《中国社会科学报》2021年3月16日。

明，在新加坡多语景观中，英语和华语是两种显著度最高的优势语言。

以华语为主的标牌主要分布在牛车水和纽顿小贩中心，其他地方分布很少。结合表1-1来看，以华语为主的多语标牌大部分是由非政府单位和私人所设，它更多地折射了华人社会对于华语的青睐和使用情况；而由政府所设的多语标牌上，如路牌、信息牌等，英语仍是优势语码，不过其总数还是要少于非政府标牌。纽顿小贩中心则主要售卖华人食物，华语为优势语码既能向华人群体有效传达信息，也能起到族群认同作用。相比而言，英语在这两个地方很难成为优势语码，但是可以看到，一旦越过这两个华人社会属地，华语为优势语码的比例出现断崖式滑落。

（四）不同标牌类型中华语使用情况

在公共空间中，华语具有不同的用途。据调查，华语主要出现在建筑机构名、路牌、店名、广告牌、信息牌、菜单等标识中。表1-4是不同标牌类型中的华语使用情况。

表1-4　　　　不同标牌类型标识中华语使用情况

| 语言类型 | 总数（块） | 标牌类型 | | | | | | |
|---|---|---|---|---|---|---|---|---|
| | | 建筑机构名（%） | 路牌（%） | 店名（%） | 广告牌（%） | 信息牌（%） | 菜单（%） | 艺术作品（%） |
| 英 | 843 | 5.9 | 12.1 | 19.9 | 20.6 | 28.2 | 11.3 | 1.9 |
| 华 | 54 | 22.2 | 5.6 | 25.9 | 9.3 | 7.4 | 14.8 | 14.8 |
| 华—英 | 407 | 11.1 | 6.4 | 20.4 | 33.7 | 19.7 | 8.8 | 0 |
| 华—英—马 | 92 | 0 | 0 | 6.5 | 6.5 | 67.4 | 19.6 | 0 |
| 华—英—淡 | 34 | 8.8 | 23.5 | 14.7 | 32.4 | 17.6 | 2.9 | 0 |
| 华—英—日 | 15 | 0 | 0 | 60 | 20 | 0 | 20 | 0 |
| 华—英—马—淡 | 144 | 1.4 | 33.3 | 0 | 4.9 | 60.4 | 0 | 0 |
| 华—英—马—日 | 25 | 0 | 48 | 0 | 24 | 20 | 8 | 0 |
| 总数（块） | 1614 | 112 | 199 | 285 | 349 | 482 | 163 | 24 |

表 1-4 显示，英语单语的使用在不同类型的标牌中都非常常见，按比例来看依次是信息牌、广告牌、店名、路牌、菜单、建筑机构名和艺术作品。在不同类型的标牌中，华语单语使用很少，特别是路牌、信息牌和广告牌占比几乎可以忽略不计。这和英语单语占据不同类型标牌形成了明显的差别。路牌、信息牌一般是由政府机构设立，是感知官方语言政策的敏感器和晴雨表，其上的英语单语远远超过华语单语，体现了新加坡官方语言意识形态的倾向性：英语是不同族际的共通语，是中立的，并不代表任一民族，而华语是指向华族的，华语单语是官方所要规避的。

华—英双语出现的标牌类型有 6 种，按比例来看，依次是广告牌、店名、信息牌、建筑机构名、菜单和路牌。广告牌和店名是为了吸引顾客的商业性标牌，上面采用哪种语言反映目标客户的语言偏好。结合上面对优势语码的分析来看，广告牌、信息牌中的双语语码，华语多是用来翻译英语。换言之，在标牌里的华语和英语，存在着主从关系，华语是为了英语能力不足的人而提供的选项。在一些华—英双语标牌上，因为设计者华语能力欠缺或者不够重视，翻译后的华语错误很多，常常闹出一些笑话。

多语出现的标牌类型，排名前三的是信息牌、路牌和广告牌，其中大部分都是官方四种语言。在艺术作品这一标牌类型中，只有单语出现，要么华语，要么英语，未见多语组合。英语艺术标识包括涂鸦、雕塑和绘画等艺术形式，而华语艺术标识主要是书法作品、楹联、墙体刻字等。

## 第四节 新加坡语言景观中的华语生态

语言的活力在于使用，对语言进行可视化的使用就会产生语言景观，语言景观需要占据一定的时空范围。通常一种语言景观占据的时空范围越大，生命力则越强。对于现代国家而言，时空都是资源，多种语言集结一时一处，会形成时空资源的争夺。在新加坡，华语景观能够占据多少时空资源、发挥哪些功能，折射出华语生态的状况。

### 一 华语景观的功能层次

考察华语景观的功能层次可以参照语言的功能层次，这是因为语言景观的功能跟语言的功能具有同构性。① 参考 Cooper②、李宇明③对语言功能层次的划分，我们可以从国语、官方工作、教育、传媒、公共服务、公众交际、商业、文化 8 个层次来观察新加坡四种官方语言景观的作用，从而得出华语景观的功能层次。观察结果发现：

（1）英文是全域覆盖，在国语到文化的全部层次都有作用。马来语虽是宪法规定的国语，但英语具有事实上的国语功能，如国庆场合也以英文演唱国歌以及出现相应的英文标识。

（2）华文是局域覆盖，在教育到文化的 6 个层次发挥作用。教育领域华文标识受限，主要分布在华文特选学校和汉语课堂，其他学校场景很少出现。传媒领域华文见于第 8 频道、U 频道，其他华文媒体普遍萎缩。华语在部分公共服务领域如医院、地铁站、道路安全场景与其他语言配合使用，公交站、邮政、银行、政务部门难见身影。华文在公众交际层次偶尔现身，如华人开业节庆等仪式性场合。商业和文化领域华文标识都很多，但经济附加值和文化层次明显不如英文。④ 高档商场、商品仍是英文标识主宰，营销广告语多是英文而非华文；华文仅限于族群文化层次活跃，国家文化层次的公益宣传标语多用英文（见图 1-1 和图 1-2）。

语言能够形塑观念。新加坡政府在塑造国民价值观时向来倚重

---

① 祝晓宏：《认识语言景观的多重功能》，《中国社会科学报》2017 年 10 月 25 日。
② Cooper, R., *Language Plannning and Social Change*, Cambridge: Cambridge University Press, 1989, pp. 99 – 118.
③ 李宇明：《语言功能规划刍议》，《语言文字应用》2008 年第 1 期。
④ 尚国文：《语言景观的语言经济学分析——以新马泰为例》，《语言战略研究》2016 年第 4 期。

**图 1-1 乌节路某金店广告语**
(A Promise of Perfection)

英文，推行公共卫生运动标语一律是用英文，在隐性语言规划层面强化英文的意识形态价值，[①] 这种做法无形中也削弱了包括华文在内的其他官方语言的价值层次。

（3）马来文在文化到国语的7个层次发挥作用，但在公共服务、公众交际、商业等层次很少单独出现，主要起象征文化作用。淡米尔文的功能层次更低，能见度最弱。

## 二 华语景观的空间分布

华语景观的空间分布包括以下两个方面。

**图 1-2 地铁文明标语**
(On your feet, offer your seats)

---

① Mooney, A., *Language, Society and Power: an Introduction* (third edition), London: Routledge, 2011, pp. 99–101.

一是华语景观在地理空间上的分布,本章第二节对此已有分析。华语单语标识在7个地方出现,华语多语标识在8个地方都有出现。从绝对数量来说,华语出现次数在牛车水是最多的,能见度最高,而在其他地方华语都有数量不等的分布;英语无论单语双语标牌在8个地方都有分布,并且在牛车水之外出现次数剧增。

二是华语在语言标牌上的分布状况,本章第三节从华语和其他语种的相对大小、顺序、位置、语义等关系,得出华语优势语码主要分布在唐人街和纽顿小贩中心,英语优势语码主要分布在乌节路、榜鹅、小印度、滨海湾等其他6处。从第四部分调查来看,在多语标牌上,英文的绝对总数要远远超过华语,具体到每一块标牌,则是英文分布数量多于包括华语在内的其他语言,无论是政府的四语标牌还是私人所设的双语标牌都是如此(见图1-1)。

比较两种优势语码在8个空间的数值离散程度(华语标准差$S_1$:45.3541 > 英语标准差$S_2$:25.0646),可以看出华语优势语码的空间分布很不均匀,而英语分布比较平均连续。在华语标识相对空缺的地方,基本都是由英语标识来填充。所以相对来说,华语景观的空间分布呈现出非连续性的"斑块"状,而英语景观分布则是连续状,其他语言则零星状分布。

**三 语言景观中的华语生态位**

综合前面的分析,可以给新加坡华语生态状况作一个判断:处于英文之下、其他语言之上的次要位置。这就是华语的基本生态位。其具体表现是,华语在功能层次上有所限制,在空间分布上呈"斑块"状样态。进而言之,在英文都能发挥作用的每一个功能层次,华语只能在局部层次上发挥作用,是一种"中阶变体"。英文的生态位覆盖华语,就意味着华语的生态位缺乏独特性,有被替代之可能。过去几十年来本地一些语言濒危的事实说明,英语完全具有取代所有其他语言成为超民族语言的实力。①

历史地看，华语经历过一个升降起落的过程，一度是行政工商和教育主体语言，但是 1966 年之后随着双语政策的推行，地位一落千丈，功能逐渐萎缩。新加坡政府以英语至上作为建国方略，以马来语为国语，而人数最多的华语只是族群母语，这是新加坡所处的区域环境不得不做出的慎重选择。这样的选择求得了本固邦宁，还帮助国家赢得了国际地位②，可以说从建国到兴国，新加坡形成了英文应用制度的路径依赖。政府高级领导人在不同场合都表达过，新加坡政治、地理和经济环境决定了华文在很长的未来都不可能成为主导语言或通用语③，这就从政策上固化了现有语言生态格局。

传统的语言生态研究追求语言间的平等，新加坡的语言现实告诉人们，这样的追求近乎乌托邦。语言平等从来都只是尊严上的平等，而非实际地位的平等。许多研究都表明，世界语言系统存在一个秩序等级：英文为超级语言，华语是区域语言。④ 新加坡华语生态不过是嵌套在世界语言生态圈内的一环而已。面对英语全方位的强势渗透，应该认清现实做好应对：既然英文在每一个功能层级几乎都是第一位的，比较合理的期待还是华语能够稳住第二语言的位置，再逐步扩大自身的生态位。政府鼓励多语多文化，实行双语教育，毕竟给华语的发展预留了可能，在华语尚不能及的生态位仍有不少规划空间。

---

① 例如，受到英语的强势影响，新加坡本地欧亚人社区曾经流行的克里斯坦语濒临灭绝。克里斯坦语是马六甲葡萄牙语和马来语等语种混合形成的克里奥尔语，其中包括来自汉语南方方言的一些词语。据统计，全世界使用人口大约只有 5000 名。参见 Cavallaro, F. & Chin, N. B., "Language in Singapore: From Multilingualism to English Plus", in Slaughter, Y. & Hajek, J., eds., *Challenging the Monolingual Mindset: A book in Memory of Michael Clyne*, Bristol (UK): Multilingual Matter, 2014, pp. 33–48；祝晓宏、刘冬仪：《当前克里斯坦语保护现状》，国家语言文字工作委员会组编：《世界语言生活状况报告（2022）》，商务印书馆 2023 年版。

② 吴元华：《务实的决策——新加坡政府华语文政策研究》，当代世界出版社 2008 年版，第 405 页。

③ 王桂茹：《李光耀：汉语绝不成为新加坡通用语言》，《光明日报》2015 年 4 月 5 日。

④ 李宇明、王春辉：《论语言的功能分类》，《当代语言学》2019 年第 1 期。

## 第五节　新加坡华语规划启示

本书通过考察新加坡语言景观中的华语使用，研判华语生态，得出以下三点启示：

一是语言规划要维持语言生态平衡。这种平衡，对和谐语言生活和国家稳定发展意义重大，是多民族、多语言国家语言管理的关键。在评价语言管理的效果时，常常会有不同的考量：有的会看它能否促进交际、凝聚认同、统一市场；有的则重视语言权利尤其是少数族群语言是否得到维护。根本而言，语言规划还是要看能否为人民带来福祉。[①] 尽管针对新加坡的语言政策仍然存在争议，但是能够实现国家安定发达，人民幸福指数靠前，语言生活和谐，这些都是很不容易的，说明新加坡语言规划整体上是成功的。

从情感上来说，关心华语前途的人都有理由希望政府可以倾力提高华语的地位，在公共场合增强华语的能见度，但是，也必须理性地权衡这样做会带来哪些后果。只是增加华语标识会不会削弱新加坡的国际化程度？其他语言会不会受到影响而导致种族猜忌，甚至引发区域关系紧张？已经有人指出，新加坡其他语言的生态位受到了华语的挤占。[②] 新加坡特殊的区域环境决定了语言管理必须有系统的思维，要评估任何干预带来的潜在的副效应，而不是单方面地进行华语规划。当然，语言生态平衡是动态的。英语对华语生态位全面的挤占，造成了语言生态局部失衡，政府需要对这种状况及其造成的华人社会焦虑有所注意，不宜再在"英语—华语"的跷跷板一端施压，导致民意沸腾，形成语言冲突。有关语言事件已经

---

[①] Mühlhäusler. P., "Language Planning and Language Ecology", *Current Issues in Language Planning*, Vol.1, No.3, 2000, pp. 306 – 367.

[②] Gupta, A. F., "The Language Ecology of Singapore", in Hornberger, N. H. ed., *Encyclopedia of Language and Education*, Boston, MA: Springer, 2008, pp. 99 – 111.

给我们发出了预警,这在当前矛盾多发的形势下是尤为需要注意的。

新加坡的英文能力是其国际竞争的一大优势,但是弥漫整个社会的英语至尊主义的意识形态也会妨碍其倡导的多元文化环境的建设,长远来看未必毫无风险。法国社会语言学家海然热对于这种独尊英语的做法不无揶揄地说道:"在语言领域,尽管依然有人在嘴上大谈多元化,但事实上这种超级专一化的后果是让我们戴上独尊英语的枷锁,被封闭在这种只在建立起全球范围内主导地位的语言之内。然而,这种主导地位与视金钱为历史进程的唯一动力的思想具有同样的不确定性。"① 适当的华语规划能够对急速的英语单语趋势有所调节,化解不确定性。

二是要加强华语的功能规划。赵守辉、刘永兵②提出要对华语的声誉和形象规划给予更大的关注,同时也强调要扩展其应用范围。在我们看来,语言只有在多领域发挥作用,声望才能切实得到全面的提高。新加坡是一个实用主义的社会,强化华语功能规划应是务实之举。

华语的功能规划即促进华语在各种领域的使用,逐步提升华语的功能层次。首先,在公共领域增设包含华语在内的多语标识。例如在公交站点、医疗机构、旅游景点、安全告示、社区场所等多语设施中适当添加华语元素。增加华语景观,提供语言服务,营造多语环境,对外有助于吸引大中华区华语用户前来消费,创造语言红利,对内可以满足本地乐龄群体、新移民的需要,释放语言福利。其次,对于公共交际和商业领域则尽量顺其自然,减少干预,而在教育、媒体层次,则应使用正确得体的华语,维护华语的形象和声望。Gorter③认为,语言景观不仅体现不同语言的社会地位,而且

---

① [法]克洛德·海然热:《反对单一语言:语言和文化的多样性》,陈杰译,商务印书馆2020年版,第99页。
② 赵守辉、刘永兵:《新加坡华族社群家庭用语的社会语言学分析》,《社会科学战线》2008年第8期。
③ Gorter, D., "Linguistic Landscapes in a Multilingual World", *Annual Review of Applied Linguistics*, No. 33, 2013, pp. 190–212.

也能塑造人们应该如何认知、使用这些语言。这就是说，在中高功能层次限制华语标识，或是上层机构敷衍、颟顸地对待华语使用，都会进一步助长年青一代华人追捧英语、轻视华语的趋势。

三是重视通过华语景观来传扬文化价值观。文化是一个民族行稳致远的压舱石，新加坡推行"英语+母语"双语教育政策，正是要发挥母语在涵养文化、塑造价值观方面的压舱石作用。2007年新加坡教育部颁布的《小学华文课程标准》提出要"广泛收集、善加利用各种教学资源"，明确"华文教学资源包括布告栏、标牌广告等"，这表明语言景观的资源价值已被纳入语言教育规划领域。今后，面向年青一代传承中华文化价值观和现代文明，需要利用更多形式生动、内涵丰富的华语景观。我们注意到，新加坡地铁投放的部分多语公益广告，就包含华语创意元素。当然，不能单凭一些语言活动或运动，也不能仅靠华文课程或者学校组织就能马上解决华语环境的缺失问题，华人家庭、社会、媒体和政府部门应该联动起来，共同努力营造华语氛围。

总而言之，语言景观不仅反映语言生态，也能重构新的语言生态。语言景观对语言行为具有"激励效应"（carryover effect）：标牌语言会影响人们对语言的理解，进而影响他们的语言行为，并逐步形成新的语言环境。为了创造更加和谐的新加坡语言环境，需要重视华语功能规划，发挥华语景观的多重功能，避免单级语言生态的马太效应。

# 第二章

## 马来西亚华人社会语言景观的多样性与创造性

一般认为,马来西亚是海外华人社会华语水平最高的国家。这不仅是因为该国华人社会保存相当完整、相对独立的华文教育体系,拥有比较成熟的华语传承制度,也因为其有着较为发达的华文媒体和庞大基数的会说会用华语的华人人口。如果把会使用华语的人称为"华语人",那么我们可以说,马来西亚是拥有最多华语人的国家。

这样一个拥有最多华语人的国家,华人社会自然拥有最多姿多彩、最丰富多样的华语景观。按理来说,一个能说华语、能看汉字的异乡人置身于其中的公共场合,可能不会会遭遇多少语言障碍和文化疏离感。然而,实际情况却是非常复杂。

从北马槟城南下,经过吉隆坡到马六甲,再到麻坡、居銮和新山,再穿过南中国海到达东马的沙巴和沙拉越,我们会看到不同的语言景观,华语景观数量时多时少,类型参差不齐,华语生态差异不小。背后原因何在?

社会语言学认为,影响一种语言影响力的关键因素有人口数量、经济实力、文化、政治和军事力量等。这大致也同样适用于一国之内不同族群语言的比较分析。根据蓝皮书《华侨华人研究报告(2018)》披露的数据,在马来西亚,华人人口比例不超过25%,

而各州各地区华人人口比例也有所差异。具体为，超过23.3%的华人人口集中在雪兰莪州，16.4%的华人集中在柔佛州，霹雳州和槟城华人超过10%，而东马华人人口较少，砂拉越和沙巴州华人总数占马来西亚华人人口的13.9%。① 以此来看，华语活力和华人人口好像没有直接的关联。因为实际情况是，槟城和东马的华语景观数量、类型和占据的空间范围都要超过雪兰莪州，特别是超过辖内的首府吉隆坡市的华语景观。

目前，尚无华人在各州经济分量中的占比。就政治力量而言，马来西亚一直奉行马来人至上的政策，华人的政治影响力有限。尽管国家语言政策强调公共场合马来语第一，但是我们已经看到，各州政府对于城市竖立语言标牌的政策有所差异。例如，槟城政府通过双语标牌法案，允许华语和马来语能够一起出现在路牌中，华语路名得以保存；雪兰莪州地方政府在2018年却要撤销马来语—华语的双语路牌，更换成马来语单语路牌；而东马的沙巴和砂拉越政府特别是旅游部门近来却纷纷表态要增加中文路牌，以吸引大中华区游客。华语景观的处境是否跟地方政府中华人的话语权或是地方政府的施政纲领有关？在有限的政策空间里，华语如何实现传承和呈现出最大的能见度？

本章主要通过语言景观调查回答如下问题：

（1）马来西亚主要城市槟城、吉隆坡、古晋华语景观状况如何？华语景观多样性的原因是什么？

（2）马来西亚华语景观中的语言文字变异情况如何？

（3）马来西亚华语景观中的语言创造力如何？

## 第一节　认同的边界：吉隆坡"唐人街"语言景观

茨厂街（Petaling Street）是吉隆坡的"唐人街"，也叫八达灵

---

① 邵岑：《马来西亚华人人口变动历程、现状与趋势分析》，载贾益民、张禹东、庄国土主编《华侨华人研究报告（2018）》，社会科学文献出版社2018年版，第278—280页。

街。它坐落在吉隆坡老城南部，巴生河东岸。1857年，吉隆坡开埠之父、华人领袖叶亚来在此率领众人开采锡矿，兴办木薯加工厂，各类行业随之兴起，大批华人移民纷纷聚集于此，劳作生活，开埠兴业，一个大规模华人社区逐渐形成。很长时间里，这里都是华人工作、贸易和生活的场所，也是吉隆坡城市拓展的中心地区。它见证了华人社会的起起伏伏，也见证了吉隆坡城市的发展。可以说，它是马来西亚国家的一个重要社区。

2015年9月16日，成千上万由马来人组成的红衫军聚集在茨厂街门口，情绪激动，高呼反华口号，大批警察围成人墙，阻止他们进入街区闹事。[1] 唐人街，作为吉隆坡华人社会的一个代表性符号，又一次首当其冲地成为异族政治攻击的对象。当有些政府官员大肆煽动制造排华情绪时，华人聚集区很容易沦为替罪羊，"排华阴影笼罩下的唐人街既是堡垒，又是避难所和收容所，还是少数民族聚居区"。[2]

茨厂街是吉隆坡华人的聚居区，是华人认同的地理空间，自然也是异族眼中的他者存在。在吉隆坡这样一个极度靠近政治旋涡的地方，茨厂街因为关涉华人族群的身份认同、集体记忆和生存利益，自然也就成为一个非常敏感的所在。

茨厂街不仅是华人认同的精神家园，还是一个特定区域内华人频繁交际与生活买卖的物质实体。在这个物质实体里，华人、华语、华人机构、华人建筑以及华语标牌都是华人社区的重要标记。如果说语言是存在的家园，语言景观就是这个家园里最为重要的地标，而从社会语言学的角度来说，这些地标就是"言语社区五要素"（人口、空间、互动、认同和设施）里最为显著的设施要素。

华人依赖这些语言景观获取信息、实现认同，他人也会凭借这些语言景观来获取信息，确认华人社会身份，实施政治上的一些目

---

[1] 欧贤安：《马来西亚警方严阵以待"红衫军"唐人街集会》，《环球时报》2015年9月26日。

[2] 韩娟编著：《华人聚居代名词——唐人街》，天津科学技术出版社2013年版，第20页。

的。基于这样的背景，本节拟从语言景观的视角，观察吉隆坡唐人街华人的族群认同、国家认同和跨国认同，借此剖解语言景观与多重认同的复杂关系。

### 一　语言景观与认同关系研究

过去几十年，人们出于各种目的来研究语言景观。例如从语言景观来看语言政策、多语制度、语言活力、语言竞争等，取得了很多研究成果，从语言景观来看多民族国家的认同情况也是一个富有成效的研究路子。

以东帝汶为例。该国是一个多民族国家，主要有土著、马来人和华人。1975年前葡萄牙殖民时期，类似英国海峡殖民时期发行"叻屿呷国库银票"，该国货币上曾经印有中文"数量+厄斯科多"（葡萄牙货币单位"盾"），就是因为当时有很多华人。2002年建国以后，国家在语言规划上进入语言权利时代，认同意识增强。Taylor-Leech调查了东帝汶的语言景观，并把它和殖民历史、国家多元文化身份联系起来加以讨论。[①] 她的调查发现，在公共标识上可以看到官方语言德顿语（Tetum）和葡萄牙语，工作语言印度尼西亚语和英语，但是却看不到本国的那些土著语言。德顿语象征着国家和社会身份，印度尼西亚语标示着讲印度尼西亚语的商人身份，他们为东帝汶的经济生活和民族文化多样性做出了巨大贡献，华语则标示着东帝汶有着大量华人以及会说华语的华人企业主，英语的使用是全球化、现代性和时尚身份的象征。

再以英国利物浦的唐人街为例。H. William Amos通过语言景观的调查来评估和定义华族空间。[②] 他的文章仔细研究了访谈数据和唐人街内所有可见的语言标识，旨在界定唐人街的边界以及其中

---

① Taylor-Leech K. J., "Language Choice as an Index of Identity: Linguistic Landscape in Dili, Timor-Leste", *International Journal of Multilingualism*, Vol. 9, No. 1, 2012, pp. 15-34.

② Amos H. W., "Chinatown by Numbers: Defining an Ethnic Space by Empirical Linguistic Landscape", *Linguistic Landscape*, Vol. 2, No. 2, 2016, pp. 127-156.

的种族身份。访谈和定量数据综合表明,唐人街店主和游人这两个群体对唐人街的位置认知虽然不完全一致,但华语景观超过54%的华语单语使用(都是手写和家庭印制的),还是可以有效揭示唐人街的华人空间身份。

在一个多民族的国家内,并不是所有的民族语言都有机会出现在公共空间的语言标牌上。语言景观上出现哪些民族语言,能够说明这些语言在该地区的活力以及它们的地位和价值。例如在我国云南丽江古城,中文是语言标牌上的主导语言,但濒危语言东巴文在一些街道上能见度也很高,"中文+东巴文+英文"的语言景观模式构成了当地极有特色的风景看点。很显然,作为一种少数民族语言,东巴文不仅具有旅游资源价值,作为当地纳西族的身份象征,同时具有重要的文化价值。[1]

就马来西亚吉隆坡来说,它也是一个多语城市。市内的语言文字包括马来语、英语、华语、泰米尔语、爪夷文等。每一种语言文字对应不同的身份认同。马来语对应国家认同,华语对应族群认同,英文对应全球身份或地方身份,泰米尔语对应印度人身份。在一个国家内,不同层次的身份有时会产生竞争和冲突,如果强行推行或取消一种语文标牌,极有可能牵扯到身份认同而引起争议。例如,政府要求马来西亚各城市招牌上增加爪夷文,就引起了许多抱怨。茨厂街直到20世纪90年代仍是华人味很浓的街区,但是如今因为外劳聚集,各种语言文化元素混杂,华人风味儿已经大不如前,以至于一些华人发出茨厂街快要沦陷的感慨,华人社区华语景观的减少已经引起了一些华人的焦虑,他们也切身感受到华语和华人认同的紧密联系。

## 二 吉隆坡茨厂街简况及语言景观调查方法

茨厂街是一条长约800米的街道,两旁商铺林立。传统上认

---

[1] 李丽生、夏娜:《少数民族地区城市语言景观中的语言使用状况——以丽江市古城区为例》,《语言战略研究》2017年第2期。

为，这一带都是华人活动范围，包括敦陈祯禄街、苏丹街、敦李孝式路、敦陈修信路所围成的区域。不过，"唐人街"核心还是在敦陈祯禄街南的一条300米长的茨厂街（见图2-1）。像世界上其他唐人街一样，茨厂街市场门口有一个巨大的中式牌楼，牌楼上盘坐两条相对的中国龙，牌楼下常年挂着几十个喜气洋洋的红灯笼。牌楼匾额上是蓝底烫金的三语（马来文+中文+英文）大字：茨厂街（匾额书写顺序是从右到左），红色门柱上写着一副对联：千摊并列赛超市，万客云聚胜赶集。

图 2-1　吉隆坡茨厂街地图

茨厂街内确实是摊位密集、游客如云。街内的各类商铺和小摊售有华人地道美食、中药药品、皮具首饰、服装鞋子以及各种名牌山寨商品。随着华人的外迁以及新城区商业体的增多,这些年茨厂街已经不复往日的辉煌。但是,每逢华人节日,特别是春节期间这里还是张灯结彩。热闹非凡,各类迎新庆祝活动都会在这里举办,很多华人也会来此置办年货。如今的茨厂街不仅是很多华人的商业场所,也是吉隆坡的一处著名景点。

我们主要在 8 条街道上展开了语言景观调查,它们是茨厂街(Jalan Petaling)、苏丹街(Jalan Sudan)、敦陈祯禄街(Jalan Tun Cheng Lock)、敦李孝式路(Jalan Dun H S Lee)、敦陈修信路(Jalan Dun Tan Siew Sin)、叶亚来街(Jalan Yep Ah Loy)、敦 Perak 街、鸡场街(Jalan Hang Jebat)。在这些街道上共调查获取 388 张标牌。以下根据这些语言标牌进行分析讨论。

### 三 调查结果讨论

#### (一) 马来语与国家认同

1957 年,马来西亚摆脱英国殖民统治,独立后的马来西亚,选定马来语作为唯一的官方国语。1963 年颁布的《马来西亚联邦宪法》152 条如是规定:

> 第 152 条:国家语言
> 第一款 国家语言既是马来语,并得如国会所制定的法律规定一般使用于任何文本上。但:
> (1) 不得禁止或阻止任何人(于任何官方用途之外)使用、教导或学习其他语言;
> (2) 本款无任何规定可妨碍联邦政府或州政府"维护其他族群语言的使用和学习"的权利。

按照宪法规定,任何个人、团体、私人或公共机构在公共场合都应该使用国语马来语;作为官方语言,马来语是行政、教育、媒体、商业和司法等领域的工作语言,各级政府通过法令和行政手段,确保所有商业领域的广告标牌上都得使用马来语。表2-1显示了唐人街店主对于国家语言政策的遵循情况。

表2-1　　　　　　茨厂街标牌上马来语使用情况　　　　　　单位:%

| 马来语 | 使用占比 | 比例 |
| --- | --- | --- |
| 总体比例 | 175/388 | 45.10 |
| 在单语中 | 25/168 | 14.88 |
| 在双语中 | 75/144 | 52.08 |
| 在三语中 | 71/71 | 100 |
| 在四语中 | 4/5 | 80 |
| 作为主体语言 | 91/388 | 23.45 |

从表2-1可以看出,在388块标识中,马来语出现175次。在单语标牌中出现25次,双语标牌中出现75次,三语标牌中出现71次,四语标牌中出现4次。按照使用比例排序,三语标牌中马来语能见度最高,其次是四语、双语和单语。

在"马来语+中文"的双语标牌中,马来语是主体语言,它们的尺寸要大于中文,位置要在中文之上。这种状况和国家语言政策是一致的。政府要求:为了突出国语的地位,各民族语言的牌匾用字,尺寸上不得大于马来文。很显然,这是对于语言的地位规划。马来西亚独立之后为了去殖民化,还陆续将原来以殖民者命名的路名改为新统治者路名,包括将英文的 Street 改为马来文 Jalan。例如茨厂街的英文名 Petaling Street 改为 Jalan Petaling,Sudan Street 改为 Jalan Sudan。关注马来西亚语言问题的人都会认识到,马来西亚对马来语的地位规划是成功的。[①] 从上述数字来看,语言规划的成功

---

① 郭熙:《马来西亚:多语言多文化背景下官方语言的推行与华语的抗争》,《暨南学报》(哲学社会科学版)2005年第3期。

离不开华人社会对于国家语言政策的支持与遵循。华人支持和遵循国家语言政策，也进一步说明了马来西亚华人社会的国家认同是很明确的。

尽管马来西亚华人社会一直在为维护华文教育而做各种各样的努力和拼争，但是华人对马来西亚的国家认同这一点是绝对不容置喙的。这正如马来西亚政府在中小学教育系统里推行数理化教学的媒介语言使用英语，广大的马来族群众追逐学习英文，我们同样也不会怀疑马来族对于国家的认同。同理，华人的马来西亚国家意识也不能因为对于祖语的传承和维护而受到质疑。存在对中国不同程度的国家认同马来西亚政客出于政治动机而拿华人的国家认同做文章，都是一厢情愿。

(二) 华语与族群身份

语言是一个族群最重要的标记，语言景观具有同样的标记民族身份的功效。Hirut Woldemariam 和 Elizabeth Lanza 调查了美国华盛顿特区的埃塞俄比亚移民社会中的语言景观，他们在"小埃塞俄比亚"的研究证实了语言景观的重要作用，不仅可以在移民社区中维持跨国身份，还可以在接受者社会中构建独特的身份。[1] 王晓梅调查比较了吉隆坡茨厂街和小印度街的语言景观，发现华人比印度人更喜欢在标牌上展示自身语言，数据暗示华人具有更加强烈的族群认同感，从而证实了华语景观在建构华人身份中的作用。[2] 当然，身份建构不仅仅是语言景观一种途径，语言和身份建构也并不是简单的单向关系。陈志明认为，能否使用华语并不是判定华人身份的标准。[3] 例如，南洋峇峇虽然都是说马来语的，华人也不承认他们是纯华人，但是他们自己还是认同华人身份，并且在文化上保留了

---

[1] Woldemariam H, Lanza E. "Imagined Community: The Linguistic Landscape in a Diaspora", *Linguistic Landscape*, Vol. 1, No. 1, 2015, pp. 172–190.

[2] 王晓梅：《马来西亚华人社会语言研究》，商务印书馆2021年版，第256—257页。

[3] 陈志明：《华裔族群：语言、国籍与认同》，《广西民族大学学报》(哲学社会科学版) 1999年第4期。

更多华人特色的传统。这个例子很好地说明了，身份认同不仅涉及客观认同，还包括主观认同。如果华裔主观上不把自己归为华人，华人族群对他们或许就不好再以华人属性来论。

就茨厂街华人来说，他们主观上是否认同华人，这是毫无疑问的。不认同华人的，可能早就搬离这个区域，至少在户外标牌上就会表现出来不再使用华文或者减少使用。而在客观上，游客特别是中国游客来到茨厂街，很大一部分原因就是认为"唐人街"会有很多中文招牌，可以找到华人社会的感觉。相反，在一个华人比重不小的社会如果看不到中文标识，就会让一些中国游客觉得语言上不够"友好"。表2-2是茨厂街语言景观中的中文使用情况。

表2-2　　　茨厂街语言标牌上的中文使用情况　　　单位:%

| 中文 | 使用占比 | 比例（总数388） |
| --- | --- | --- |
| 作为主体语言 | 165/388 | 42.53 |
| 在单语中 | 91/168 | 54.16 |
| 在双语中 | 110/144 | 76.39 |
| 在三语中 | 69/71 | 97.18 |
| 在四语中 | 4/4 | 100 |
| 在五语中 | 1/1 | 100 |

如果华语代表的是族群认同，那么方言代表的则是地方认同或族系认同。在吉隆坡通行的方言主要是粤方言，还有福建话和客家话。这些方言元素在中文标牌上都以方言拼音和方言词的形式体现出来。调查显示，在茨厂街的275个汉字标牌上，只有3个标牌是粤语拼音，1个标牌是福建话拼音，汉语拼音也只有1个。数量如此少的拼音招牌，说明只有个别店主想要通过方言拼音来证明他们的族系身份。随着华文教育在华人社会的扎根，方言的传承面临着不小的挑战。就在茨厂街上，华人成立了一个集地方美食和方言戏曲文化于一体的方言乡音博物馆。繁体字的"乡音馆"单语招牌和仿古建筑似乎在提醒华人社会，在保持族群身份的同时，不应忘记

方言及其所联结的地方身份和历史记忆,见图2-2。

**图 2-2 吉隆坡茨厂街乡音馆**

字体也可以关乎认同。繁体字在中国台湾、中国香港、中国澳门以及马来西亚等境外华人社会通行,简体字在中国、新加坡是主要用字。在调查的 275 个汉字标牌上,简体字标牌有 84 个,占到 30.55%,繁体字标牌 177 个,占总数的 64.36%,繁简字混合的有 5 个,占 1.82%。在一条街道和一块标牌上,同时出现繁体字和简体字,这种现象在其他华语世界是不多见的。王晓梅认为,这似乎表明了马来西亚华人的一种愿望,希望通过这些语言使用特征保留、坚持其"纯正的或传统的"华人身份。[①]

(三)语言景观与空间边界

如前所述,一般人将茨厂街作为唐人街的中心地带,而将敦陈修信街、苏丹街之外的地区作为唐人街的外围。换言之,从茨厂街往外延伸,越远的空间华人社会的元素越少,唐人街的风格越淡。这同样可以通过语言景观中华语和其他语言的使用情况看出来。如果说茨厂街内中文招牌密集,那么茨厂街外中文招牌数量则会减

---

① 王晓梅:《马来西亚华人社会语言研究》,商务印书馆 2021 年版,第 250 页。

少,大小、类型、规模上也比不上茨厂街;再往外,中文招牌则越来越少,几乎到了需要"寻找"的地步。茨厂街大门是一个非常明显的标记,确证了大门之内是一个华人的空间,外国游客可以放心无疑地在里面买华人社会的商品,也可以在里面感受中华语言文化。但是出了茨厂街,越过几条街道,这种语言文化的独特感受就会削弱。

表2-3列出的是四条街道上四种语言在标牌上的出现情况。

表2-3　　　　　　四条街道标牌上四种语言出现情况　　　　　　单位:块

| 地点 | 标牌总数 | 马来文 | 英文 | 中文 | 淡米尔文 |
|---|---|---|---|---|---|
| 茨厂街 | 388 | 175(45.1%) | 222(57.2%) | 275(42.53%) | 34(8.8%) |
| 叶亚来街 | 67 | 56(83.6%) | 13(19.4%) | 9(13.4%) | 5(7.5%) |
| 敦陈修信街 | 78 | 68(87.2%) | 18(23.1%) | 10(12.8%) | 6(7.8%) |
| 敦Perak街 | 145 | 128(88.3%) | 54(37.2%) | 11(7.6%) | 3(2.0%) |

从表2-3来看,中文在茨厂街的出现比例最高,达到42.53%,而在叶亚来街、敦陈修信街和敦Perak街上,中文标牌依次递减。与此相应的是,马来文的使用频次越来越高,最高达到88.3%。这体现了马来西亚国家语言政策在吉隆坡公共领域的执行情况。英文的使用比例也呈现递增趋势。需要说明的是,敦Perak街是双向四车的主干道,路面宽阔,上面是高架桥快速路,两旁建筑物都非常高大,英文标牌数量超过中文标牌,体现了商家和政府需要打造国际化的城市形象。

四条街区的中文景观也略有差异。在茨厂街、叶亚来街上,还有不少单语中文景观,然而在敦Perak街上,都是"中文+马来文"和"中文+马来文+英文"的多语中文景观,只有1例中文单语景观(创立于1955年的老字号南洲茶餐厅)。在中文景观的功能类型上,茨厂街周边显得更为多元,除了关帝庙、仙四师爷庙的单语中文景观外,还有尊孔国民型华文中学的"中文+马来文"双语景观，甚至还有"中文+英文"双语交通提示语"慢行"。其他街道的中文招牌功能类型非常单一，只有中文商业招牌。

Landry 和 Bourhis 认为，公共空间的标牌语言状况揭示了特定环境下不同族群的相对地位和权势。表 2-3 也反映出淡米尔文的使用能见度极低，并且越往唐人街外越低。对于语言景观中淡米尔文很少的现象，王晓梅解释为，印度人有很多保留自身语言文化的途径，例如宗教、服饰、美食、音乐、舞蹈等，所以他们在通过语言景观来维护族群语言活力方面的决心不是很强。其实，华人也不缺这些文化途径，例如前述的乡音馆就是结合中国南方美食和方言戏曲以及其他华人文化来维护族群语言的例证。何以华人就比印度人更加重视族群语言维护呢？最重要的原因恐怕还是人口因素。华人在马来西亚人口结构中占据1/3，在政治、经济等方面都拥有举足轻重的力量，这就格外引起当政者的警惕，进而对华人社会及其语言文化施加更大的压力。哪里有压迫，哪里就有反抗，尤其是各种压迫威胁到民族根基时，语言抵制就有了强大的动力。很显然作为只占总人口7%的印度族群并不会感到这份压力，自然也就不会有如此大的反弹力来保护族群语言文化。也正是印度族群人口数量少，在公共场合也没有必要增设很多淡米尔文的语言景观。

从四条街道中文标牌数量、类型、功能减少的情况，可以看出语言景观与华人空间边界之间存在着关联：马来文招牌比例上升，中文招牌比例下降，意味着华人空间和身份的淡化。在敦陈修信路上，华文书店学林书局拥有30年的历史，"元和堂""余生堂"还有服饰店、水果店、西餐馆等，都用中文招牌，这是区别于其他社区的重要标记。尽管并不存在一条明确的空间边界，标出一边是华人社会，一边是非华人社会，但是中文景观的多寡和类型的丰富与否确实可以作为确定华人言语社区的重要参数。

实际上，大部分华人是拒绝接受"唐人街"称号的，"他们认为唐人街是产生于西方世界、带有贬损意义的产品，可是吉隆坡，乃至整个马来西亚到处都是华人社区"。① 据不完全统计，整个马来西亚有将近500个华人新村，很多城市都有华人聚集区的存在。在西方语境中，"唐人街"是政府建构少数族群社会的一个手段，从某种意义上是为了边缘化华人社会。既然华人是吉隆坡的开埠功臣，也是当今吉隆坡城市发展的主体力量，就无须刻意划出一个特殊的"唐人"社区。然而，政府改造唐人街却有着政治和旅游经济的多重考量，外国人也认定茨厂街就是唐人街。围绕着茨厂街的身份认定，华人社会和政府进行了多年的抗争，最后终于成功拒绝外加的"唐人街"名号，这个历史近两百年沉浮的社区，入口处拱门到底没有刻上"唐人街"三个字。② 可以看出，华人社会的自我身份认同和政府以及其他外部力量的他者认同构成了错位，虽然后者起到了实质性的决定作用，但是华人围绕着"唐人街"这个符号的抗争、对自身空间权益的博弈却令人感动，成为祖语规划的一个典型案例。

**四 两点结论**

茨厂街是吉隆坡的唐人街。这个街区随着传统华商的外撤、其他外劳的进入，正在经历前所未有的变化，中文景观的数量、类型和功能也可能会发生相应的变化。不管怎样，茨厂街语言景观给我们观察华人社会语言生活提供了一个独特的样本。从本节的调查分析，我们可以得出以下两点结论：

（1）华人社会的认同是多元的。中文景观是族群认同的象征，马来语景观则是国家认同的象征，英语景观是全球化身份和地方身份的象征。茨厂街是一个小型的多语多文化社会，华语、中华文化是该社区的主流，以中文景观为主体的多语景观是观察这个多语文

---

① 王保华、陈志明编：《唐人街》，张倍瑜译，华东师范大学出版社2019年版，第403页。
② Lu Riming, "No Chinatown, Please!": "Contesting Race, Identity and Postcolonial Memory in Kuala Lumpur", *The Journal of Architecture*, Vol. 17, No. 6, 2012, pp. 847 – 870.

化社会动态形成的最佳窗口。

（2）茨厂街的语言景观是华人空间的象征，中文景观所构成的街区是华人族群认同的边界。在一个多语社会里，公共空间使用族群语言是标记族群身份的直接手段。族群语言文化既需要来自政府的支持，更离不开华人社区持续不断地付出和经营。

## 第二节 记忆的维护：槟城华人社会语言景观现状及其成因

槟城州是马来西亚13个联邦州之一，位于马来亚半岛西北部。1786年，英国海军上校莱特迫使吉打州苏丹将槟榔屿租借给英国东印度公司，在英国的殖民统治下，槟城被开发为最早的远东商业中心。200多年来，槟城逐渐发展成为一个集贸易、工业、电子制造业和旅游服务业为支柱产业的全马第三大城市。州首府乔治市是马来西亚重要的港口城市，拥有"东方之珠"的美誉。独立以来，槟城的最高行政长官（首席部长）一直由华人担任。

槟城旅游资源丰富。乔治市内分布着升旗山、极乐寺、观音庙、孙中山基地纪念馆、邱公司、张弼士故居、姓氏桥、娘惹博物馆、颠倒博物馆等名胜古迹。由于城市古迹得以完整地保留，槟城首府乔治市同马六甲市于2008年7月共同被联合国教科文组织列为世界文化遗产，7月7日这一天也成为槟城特殊的节日"乔治市世界遗产日"。

槟城乔治市区内华人店面鳞次栉比，中文招牌不可胜数。作为一个多元文化的交汇地，华人在城市发展中占据重要的位置，华人特征和中式元素随处可见，可以说，槟城本身就是一个巨大的唐人街。槟城能够成为世界文化遗产，华人社会及其语言文化发挥着并将持续发挥巨大的作用。

以中文路牌为例，马来西亚华人学者杜忠全提出，乔治市进入世界文化遗产之后，原本只在民间口头与文书（含新闻媒体）广泛使用的中文路名，逐步在乔治市古迹区的官方路牌中得以落实。[①]然而，民间路名纳入官方路牌之后，2009年下半年华人社会却爆发了繁简体字型与规范化与否的两场争议，即中文路牌是继续使用繁体字还是换成简体字，以及中文路牌是否要去方言口语化、按标准华语命名。各大媒体上发表了大量的讨论文章，政府也善听民意，鼓励各方畅所欲言。争议到了最后，政府和民间达成的一致意见是，这些中文路牌不仅涉及语言规范问题，更是城市文化遗产。

实际上，不仅中文路牌是城市记忆的一部分，包括建筑连同建筑招牌、商店招牌、广告牌、信息牌等在内的所有中文标牌都是槟城世界文化遗产的重要组成部分。因此，研究槟城的语言景观，不能不在世界文化遗产的背景下展开。

基于这样的背景，我们在这一节将主要讨论以下两个问题：

（1）槟城除了规模庞大、类型独特的古建筑，陈设于其上的语言景观有何特点？

（2）华人社会语言景观在世界文化遗产品牌乃至旅游城市创建中扮演着何种角色？

### 一　槟城华人社会语言概况

据季度槟城统计（Quarterly Penang Statistics）报告，截至2018年第四季度，槟城人口总数接近176万人，各族群人口情况如表2-4所示。

表2-4　　　　　　　　2018年槟城人口情况统计表

| 族群 | 2018年（万人） | 比例（%） |
| --- | --- | --- |
| 马来人 | 74.65 | 42.3 |
| 华人 | 69.64 | 39.4 |
| 印度人 | 16.66 | 9.43 |
| 其他 | 0.5 | 0.3 |

---

① 杜忠全：《乔治市中文路名争议课题：市民社会的初步形成》，《华研通讯》（马来西亚）2010年第5期、第6期。

续表

| 族群 | 2018年（万人） | 比例（%） |
| --- | --- | --- |
| 非马来西亚公民 | 15.23 | 8.6 |
| 总数 | 176.68 | 100 |

可以看出，华人人口达到39.4%，与马来人口数量旗鼓相当，超过马来西亚各州华人人口平均占比。槟城华人主要是来自福建沿海的后裔，由于早期移民基本上是文盲，所以长久以来，槟城华人社会的通行方言是福建话。随着人口结构的多元化和社会变迁，槟城华人社会逐渐变成一个多语多方言的社会。现在在槟城华人社会的主要语言有马来语、英语和华语，主要方言有福建话、广东话以及客家话、潮州话和海南话等。

槟城华人社会的语言状况正在由方言向华语过渡，这种语言格局的转变从公共领域蔓延到家庭领域。在公共领域，一项针对青少年群体的调查显示，福建话是巴刹（市场）主体语言，而在咖啡店、百货公司、小型超市和政府部门，华语成为主体语言[1]；与祖父辈交谈用福建话居多，但与小辈的主体语言为华语。在家庭领域，王晓梅对槟城浮罗山背县14个客家人家庭语言规划调查显示，父母有意识的家庭语言规划仅仅是针对华语和英语，由于非常重视华语和英语，而没有刻意地向子女传授福建话和客家话，导致家庭领域交际模式几乎放弃了客家话。[2] 刘慧敏等学者对槟城100位中产阶级以上华裔家庭语言使用调查表明，母亲在跟孩子交际时普遍由福建话转为华语和英语。[3] 这些调查都印证了郭熙对槟城华人社会语言生

---

[1] 许丽珊、赵亮：《马来西亚槟城州华人青少年语码转换之社会表现研究》，《南洋问题研究》2011年第1期。

[2] Xiaomei, Wang, "Family Language Policy by Hakkas in Balik Pulau, Penang", *International Journal of the Sociology of Language*, Vol. 244, 2017, pp. 87–118.

[3] Low H. M., Nicholas H., Wales R., "A Sociolinguistic Profile of 100 Mothers from Middle to Upper-middle Socio-economic Backgrounds in Penang-Chinese Community: What Languages do They Speak at Home with Their Children?", *Journal of Multilingual and Multicultural Development*, Vol. 31, No. 6, 2010, pp. 569–584.

活的观察,如果不采取及时有效的措施,福建话和客家话将会濒于消亡。①

好在人们已经开始觉知并行动起来。例如,2014年庇能福建话协会发起讲福建话运动,陈秀萌编成《槟城福建—英文字典》(吉隆坡:Sunway Education Group,2016),不懂华文书写的"香蕉人"戴日光经过10年努力,编成收词6000多条的槟城福建话网络字典;本地还开办了不少教授福建话的学校和福建话学习的网络频道②;据报道,市政府正打算将槟城福建话申报为州文化遗产。在学术研究层面,槟城福建话引起海内外学者的共同关注,出版了不少著作。③各方面的行动应该对唤起华人社会方言保护意识、保护福建话有所触动。当然,在槟城华人社会由方言向华语、英语转移的趋势下,保持福建话的活力,还需要更多努力。

需要指出的是,槟城是马来西亚最早的有遗址可考的开展华文教育的地方,1819年第一所华文私塾五福书院创办于此④,槟城还拥有现存最早的华文报纸《光华日报》,并以简体字发行。

## 二 槟城华人社会语言景观调查方法

槟城面积1049平方千米,是继首都吉隆坡和新山市之后的马来西亚第三大城市。首府乔治市,位于槟岛东北部,马六甲海峡北口,槟榔屿海峡西岸,面积23平方千米,可以Light Street(莱特街)、Beach Street(海滩街)、Pitt Street(椰角街)及Chulier Street

---

① 郭熙:《马来西亚:多语言多文化背景下官方语言的推行与华语的抗争》,《暨南学报》(哲学社会科学版)2005年第3期。
② 参见槟城福建话网站:http://penang-hokkien.gitlab.io/。
③ 周秀杰、彭雨晴:《海上丝绸之路的闽南语出版物:溯源、传承、流播》,《出版发行研究》2019年第4期;论文方面如,吴文芯:《马来西亚"槟城福建话"特征词研究》,《泉州师范学院学报》2014年第1期;王桂兰:《马来西亚槟城福建话研究》,博士学位论文,台湾师范大学,2017年;杨迎楹:《北马福建话言语社区》,《中国语言战略》2019年第1期。
④ 教总、林连玉基金、校友联总联合整理:《马来西亚华教常识手册》(第九版),林连玉基金出版2017年版,第3页。

（牛干冬街）为粗略的边界。市内街道交错，昔日的历史建筑和生活场景仍然保存完好，包括殖民政府旧建筑、华人老店铺、战前建筑、市集、庙宇、古玩店及宗亲祠堂，等等。

本项调查范围是在杂志街、槟榔律街、莱特街、海滩街四条主干道所围成的区域之内。相对于内城区，莱特街上建筑物普遍比较高大和新潮，有槟城议会大厦、马来亚银行、槟城市政厅、槟城最高法庭等国家机关，上面都是马来文，而华人机构"槟榔屿中华总商会"是"中文+英文"双语标识，"莱特街"路牌是"中文+马来文"双语标识。我们在这个区域内共调查10条主要街道，如图2-3所示。

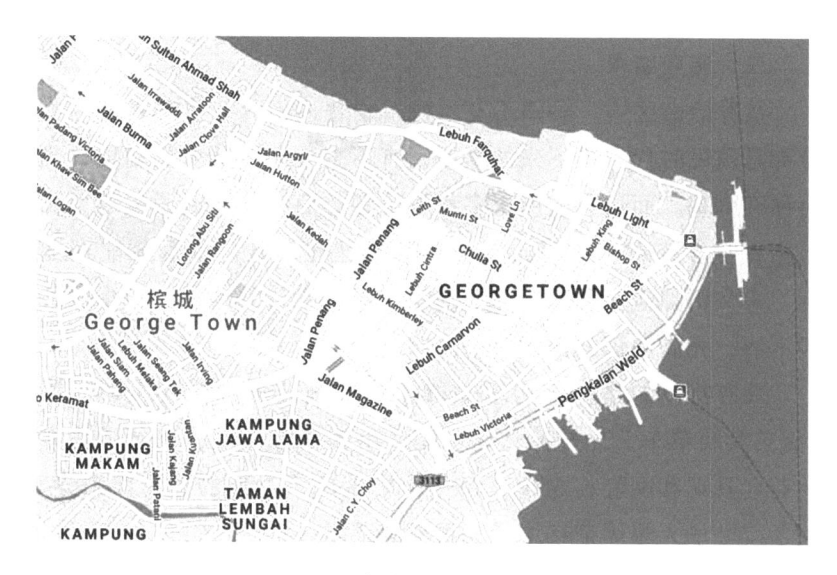

**图2-3 乔治市世界遗产区地图**

调查时间是2019年3月，对含有中文的路牌、商店招牌、广告牌、建筑名、菜牌、提示牌等进行拍照，对于骑楼以内视线不容易看到或字体较小的标识则不予考察。对于什么样的语言景观可以算作一个标牌，Backhaus[①]在东京语言景观调查时的做法可作借鉴，

---

① Backhaus, Peter, *Linguistic Landscapes: A Comparative Study of Urban Multilingualism in Tokyo*, Multilingual Matters, 2007, p.66.

他把一个标牌界定为"既定的空间框架内任何一个书面文本"。根据这样的标准，并加上后续的网络民族志调查所获材料，本项研究共获得华语标牌350个。

全部的标牌按照统一的字段加以标注，最后使用Excel加以统计。重点关注标牌的类型、标牌中的语种数、语言类型、主体语言、字体类型、字体顺序、材质等。通过统计标牌上的语言情况和主体语言，可以看出该地区的语言使用状况。而通过标牌中的字体大小、位置以及几种语言之间的语义关系可以看出哪种语言是主体语言，哪种语言是次要语言。

### 三 调查结果

在乔治市区内，马路不宽，建筑物普遍不高，且很古旧，大部分都是殖民时代保留下来的房屋，有不少是中西结合的骑楼，当地俗称五脚基。而这些房屋很多都成了各类商铺，彼此紧挨着，商铺上招牌广告牌琳琅满目，有的招牌悬挂在户外，很远就能迎面看到，中文招牌应接不暇，上面的字体经过岁月的洗礼，很多已经斑驳不清，充满浓郁的南洋风格。

最有特色的是很多房屋侧壁上的壁画艺术和铁塑漫画。诸如"姐弟共骑单车、兄妹荡秋千、爬墙小孩"等作品，已经成为槟城的著名景观和网红打卡地，每年吸引着成千上万的游客前来参观，也是槟城华人集体记忆中最为重要的部分。

构成槟城华人集体记忆的还有各类华语标牌。下面拟从华语标牌类型、街牌名、字体类型、材质类型方面报告我们的调查结果。

#### （一）语言景观的华语使用情况

按照和各类语言的实际组合情况，华语标牌有5种类型，如表2-5所示。

表 2-5　　　　　　　　槟城华语标识组合类型表

| 标识上的语言 | 总数（350 个） | 比例（%） |
|---|---|---|
| 华语单语 | 38 | 10.9 |
| 华语 + 英语 | 226 | 64.6 |
| 华语 + 马来语 | 45 | 12.9 |
| 华语 + 英语 + 马来语 | 23 | 6.6 |
| 华语 + 英语 + 马来语 + 淡米尔语 | 18 | 5.1 |
| 华语为主体语言的标识 | 238 | 68 |

从表 2-5 来看，槟城乔治市世界遗产区的华语景观存在 5 种类型。在 350 个华语标识中，华语单语标牌占据 10.9%，双语标牌占到 77.5%，三语标牌和四语标牌分别占 6.6% 和 5.1%。华人在槟城的比例为 39.4%，马来西亚整体上是个多语社会，在华人集中的乔治市内华语单语标牌能够达到 10.9% 已经非常可观，而且华语为主体语言的标识达到 68%，成为优势语码。

双语标牌是华语景观中的主要部分，其中又以"中文 + 马来文"和"中文 + 英文"为多。

这些华语单语标牌基本上是历史比较悠久的标牌，例如庙宇、会馆、商号、堂号、楹联、祝福语等。"中文 + 英文"的双语标识在历史景观中最多，如图 2-4 和图 2-5 所示。

在槟城华语景观中，还有一类特殊的中文单语标牌，就是堂号。它们记录了华人宗族的延续和变迁，也具有重要的历史文化价值。

（二）中文地名街牌

路牌不仅具有信息沟通作用，还承载着地方文化、集体记忆。槟城最有特色的语言景观中，中文地名路牌可作一类。根据杜忠全（2007）的报告，1900 年，整个城市就有完整的中文路名存在了。当时英国殖民政府想知道华人眼中的城市形象，收集、发布了一套中文路名手册 *Chinese Names of Streets in Penang*。很显然，在该

图2-4 槟城杨氏公会

图2-5 槟城龙岩会馆

文献发表之前，这套路名系统已存在了一段时期。直到现在，槟城华人还在使用这套路名系统。2008年槟州政府在乔治市安置中文路牌时，也是沿用这套民间路名系统的。

我们首先以槟榔律街、莱特街、杂志街、海滩街四条街道的路牌来说明。在这些街的十字路口入口处，都能看到路牌。槟榔律街有马来文名Jalan Penang的单语标牌，Tamil路和槟榔律街的交叉口则有"马来文+爪夷文"的双语标牌，快到牛干冬街路时则有"马来文+中文"双语路牌。在槟榔律路段上有一个丕焌路（Jalan Phee Choon）的双语路牌。

对这些路牌的观察可以发现，路牌中的主体语言还是马来文。一是在路牌中马来文的位置总是在其他语文之上，字体也大过其他语文，更为显眼；二是存在大量马来文单语路牌，但是不存在其他语文单语路牌，中文路牌上一定会有马来文居上，这是当地政府推行双语路牌的结果。目前古迹区近90%的街道设有双语路牌。按照槟州旅游发展、古迹、文化及艺术委员会主席杨顺兴的说法，其目的是在保证马来文为主体地位的前提下，方便游客和民众了解本地文化。

很显然，在大部分的"马来文+中文"双语路牌中，马来文的作用是为了维护国家语言统一的政策，而文化功能是由中文来负载的。首先，中文路牌采用的是繁体字。在2008年设立双语路牌时，华人社会面对将繁体字路牌换成简体字路牌就展开了一场大争论。最后的共识是繁体字联结的是历史文化，华人社会据此联名上书政府复用繁体字路牌。其次，路牌中的中文名称采用方言地名和殖民时代的翻译方式。例如"槟榔律"中的"律"字，没有换成"屿"；方言地名如牛干冬东街、打石街、沓田仔街等。根据杜忠全[①]的统计，槟城共有100来个方言地名，这些中文地名保留了华人社会生活和本地意识的痕迹，中文路牌的设立说明了华

---

① 杜忠全：《从乔治市中文街道的中文命名窥探：槟城市华人的"乔治市中心"意识》，《马来西亚华人研究学刊》2014年第17期。

人社会的集体记忆获得政府认同。①

2018年,雪兰莪州最高元首苏丹下令撤销辖区内的"马来文+中文"的双语路牌,换成马来文单语路牌,国家语文出版局也随后发文告表示路牌必须仅用国文书写。"一个马来文"的政策在麻坡、居銮等地已经得到当局的呼应和执行,并对华人社会商业产生了一些负面效应。比较来看,槟城政府推行双语路牌政策的决心在整个马来西亚都是独树一帜的。

(三) 华语景观中的字体类型与文字顺序

槟城通行华语以及福建话、广东话、客家话等方言,这种语言状况也反映在了华语标牌的字体当中。

从表2-6来看,繁体字和方言拼音是中文招牌中的主流。简体字和汉语拼音在槟城华人社会并不通行。另外,简繁混合体数量也很少,说明目前还没有出现繁体向简体过渡的迹象。

表2-6　　　　　　　　槟城华语标牌字体类型表

| 字体类型 | 总数(350个) | 比例(%) |
| --- | --- | --- |
| 简体字 | 8 | 2.3 |
| 繁体字 | 326 | 93.1 |
| 简繁混合 | 16 | 4.6 |
| 汉语拼音 | 5 | 3.1 |
| 方言拼音 | 156 | 96.9 |

在字体风格方面,根据我们的观察,包括槟城在内的东南亚华人社会,字体类型多是民国字体。我们认为,这可能是受到中国台湾社会字体的影响。台湾书法家刘元祥20世纪70年代创作《商用字汇》,直到现在仍风靡台湾大街小巷,成为绝大部分商家的招牌首选字体,其流行度类似于大陆"任政体"。刘体的风格是楷、

---

① 陈爱梅:《集体记忆获认同——槟城中文路牌之争》,《星洲日报》2009年11月18日。

行、隶笔法相对单调，但却非常工整，这和民国初期的招牌字很接近。大量民国风的字体，使槟城语言景观南洋风非常浓厚。

还要指出的是，槟城华人社会商业招牌字多是红色，而建筑匾额多是黄色。

（四）华语景观的材质类型

现代工业技术的发展，使语言标牌的材料有了更多的选择。观察槟城街头华语招牌，材质主要有以下六种，如表2-7所示。

表2-7　　　　　　　槟城华标标牌材质类型统计表

| 材质类型 | 总数（350个） | 比例（%） |
| --- | --- | --- |
| 现代材质 | 223 | 63.7 |
| 木质 | 36 | 10.3 |
| 柱体 | 46 | 13.1 |
| 布条 | 22 | 6.3 |
| 纸张 | 16 | 4.6 |
| 其他 | 9 | 2.6 |

从表2-7来看，槟城的现代材质占到63.7%，例如PVC等。传统材质包括木、布、纸和铁等其他类。其中最突出的是柱体广告，占到1/10。柱体广告是阳文刻录，依附于南洋五脚基建筑的特色招牌，通过建筑上面的年代可以判断，这些招牌语都很有年份，属于历史古迹中的有机分子。它们都不是店主新近才设立的，也不属于政府征收广告费用的对象。横向来看，根据新闻报道，麻坡政府2018年就在雪州路牌事件影响下，发出华人店主缴纳柱体广告费的通知，否则予以拆除。槟城能够保护这些主体广告，还是要得益于华人社会和政府的共同远见。在槟城，它们的功能主要是记录历史，展示传统风味。

（五）华语景观的历史层次

在方言学研究中，通过厘清语音的历史层次可以构拟出语言的演变规律。在语言景观中观察不同时代文字的并置，也可以看出社会语言生活的变迁。Backhaus 研究东京语言景观时，特别提出要重视语言标识的历史层次问题。在调查槟城华人社会语言景观过程中，我们也发现不同时代文字的叠置现象。例如槟榔律街上的"北京酒店"，就有两块招牌，字体不同，一个是手写书法，另一个是电脑喷绘。中文和英文的相对位置也颠倒过来。1956 年的招牌是中文在上，英文在下；而现代风格的则是中文在下，如图 2-6 所示。

图 2-6　槟城北京酒店

由此可以看出，英文在槟城公共空间地位的提升。不同年代的中文标牌记录了城市语言景观的变化，旧的招牌留存下来，也是为了更好地保留记忆，彰显传统。

路牌也是如此。路牌主要是用英文和马来文标注，但下方的中文路名反而更让人理解过往背景，如 Beach Street，马来文路名为 Lebuh Partai，但中文路名则分为六段：土库街、港仔口、中街、缎罗申街、打铁街、社尾街。土库街又称银行街，土库在闽南话中有批发的意思，这一段路早期群聚银行、批发商、进出口商等，商务繁忙；

打铁街则是早年铁匠聚集的地方；其他还有打石街、打铜仔街等。现今内容物未必与文相符，但其历史意义也随着文字被保留下来。

（六）槟城华人社会语言景观成因

槟城传统华语景观的丰盛，是槟城华人社会维护集体记忆努力的结果。在槟城有一批以修复旧建筑为业的华人建筑师，也有一些为了留存历史记忆的文化工作者，他们都为华族集体记忆的保护贡献良多。

形成槟城华人社会语言景观局面的另一个主要原因是政府对于华人社会语言实践的支持。虽然政府从来没有明白地表达出来，但是鉴于旅游业乃至社会的发展，政府肯定是看到了华语及其文化所具有的经济价值和族群整合价值。虽然政府不时面临其他族群政客就华语课题所发出的质疑，但是总能以坚持马来文为主、中文为辅，坚持多元发展的文化价值观而驳回，从而维护了华语的地位。

在坚持多元文化方面，更值得一提的是东马。

## 第三节　多元文化共存：沙巴、砂拉越语言景观

自古以来，东马和西马就非常不同。1963 年，以西马 11 州为主的马来亚联邦与新加坡（1965 年脱离联邦）、东马的砂拉越、沙巴组成了新的联邦制国家——马来西亚。合邦之后，东马仍享有高度的自治权。2006 年之前，西马人进入东马需持护照，即使现在也要填写入境表格。中国公民从西马进入东马，也需要持护照经另外通道加盖移民局官印重新入境。2019 年 3 月我们前往东马调查，在沙巴机场海关关口，就看到一幅很大的中文单语标牌"特别提醒：中国旅客请在此办理入境手续"。仅此来看，东马的语言景观就迥异于西马。

在沙巴州亚庇市存在着一个东南亚华人社会唯一的北方话社区——天津华北村。在 Bundusan 路华北村的自然村口，华北村村

长、华北同乡会会长张景程为了纪念父亲张富亮,竖起了一个"马来文+中文"的双语路牌"TAMAN Chong FOO LIONG 張富亮村"。在这条路上,也有一个"中文+马来文"双语标识"碧华莉警亭POLIS"。同样,在砂拉越州首府古晋中央警察局前面,也有一个"中文+马来文"的双语路牌"Jalan khoo Hun Yeang 漢陽街"。路牌是需要政府审批才能竖立的自上而下的语言景观,最能代表官方语言政策。从沙巴机场中文单语标牌和城市中文双语路牌,可见沙巴、砂拉越语言生态之一斑。

本节主要调查沙巴、砂拉越语言景观中的华语使用,发现东马语言景观的特色,并试图理解形成这些特色的原因。

## 一 沙巴、砂拉越华人社会语言景观中的华语使用

(一)古晋亚答街和亚庇加雅街语言景观中的语言类型

我们选取两个州的首府城市唐人街,沙巴亚庇市内的加雅街(Gaya Street)和砂拉越古晋市内的亚答街(Carpenter Street)为调查对象。由于唐人街内商铺鳞次栉比,大大小小的标牌非常密集、拥挤,为了突出能见度和显著度,调查只拍摄视线范围内较大的语言标牌,对于商铺内或者建筑物内悬挂的较小的标牌则不计在内。

我们调查了亚答街从"亲善门"牌楼到友海街这一路段,街上包括商铺、庙宇、乡会和工会组织,共获取48个标牌,标牌上马来文共出现30次、中文93次、英文76次、淡米尔文2次。中文位置基本都是在招牌中几种文字的上面。由此可知,中文是这条街上的主体语言。这种情况在西马其他城市是很难想象的。

沙巴加雅街,是亚庇市内的一条主要街道,兴建于20世纪50年代。同亚答街一样,加雅街有一个高大的牌楼矗立在门口,门楼上挂着两块木质的匾额,上有马来西亚书法家苏伯瑶先生题字:国泰民安、政通人和。门楼上并没有任何语言的"加雅街"字样,门口游览图板侧面倒是有一个全英文的标识"Gaya Street"。官方竖立的"马来文+中文"双语路牌在正门之内可以看到。这条街是一条

商业步行街，两旁华人商店、饭店林立，谷歌地图上又名"加雅街星期天市场"。一到星期天，街上更是游客如织、热闹非凡，许多商贩在路中摆摊售卖各种特产和纪念品。整条街约300米长，后半段之后中文招牌渐少。我们主要在门楼至第三十字路口这段街道上取样，只计算面积在1平方米以上的招牌，共获得60个语言标牌。结果发现语言标牌上含有6种文字，中文54例，英文40例，马来文18例，韩文和日文各3例，淡米尔文2例。从这些数字可以看出，加雅街是一个以中文为主的多语街区。

（二）两个唐人街上的华语功能比较

从马来文的出现比例来看，两条街道相差无几。两条街上路牌、提示语以及银行招牌都有马来文，有的餐馆或招聘广告只有马来文单语，显示其服务对象主体是马来人。

从建筑物和街容来看，加雅街比亚答街显得更为年轻、国际化。这一点仅从招牌上的中文字的字体、顺序、风格也可以看出来。加雅街上简体字出现30次，为全部中文的55.6%；亚答街上简体字只有2例。加雅街上还出现3次汉语拼音，而在亚答街上全部是方言拼音。"中文+英文"的双语类型标牌比例，亚答街要少于加雅街。当然亚答街只有3种语言，语种丰富程度也不如加雅街。

中文招牌在两条街道上的功能也略有差异。亚答街和加雅街上的中文标牌首先当然都是满足交际沟通的需要，但是亚答街的中文招牌偏重历史风格，其潜在对象是服务于当地华人社会。而加雅街中文招牌更为现代，其潜在的对象是服务于外来的中国游客。两个街区的差异，也表现在亚答街除了有更多的繁体字招牌，还存在当铺、柱体标识和"迎街"广告；而加雅街除了简体字和汉语拼音多外，还有许多创意图案辅助和中文特产广告。有意思的是，我们在加雅街广告招牌上还发现了中国流行语"大吉大利，今晚吃鸡"，很显然这是出于招揽中国游客的需要，如图2-7和图2-8所示。

图 2-7 亚答街"天真珠宝金行"柱体招牌

图 2-8 加雅街招牌"大吉大利，今晚吃鸡"

## 二 多元文化共存：唐人街语言景观成因

总体而言，古晋唐人街和沙巴唐人街都是以中文为主的多语社会，其中文比例要远远高于吉隆坡唐人街，中文和其他语言的组合类型也要超过其他唐人街。

东马中文的地位和功能何以会如此之高？这番景象跟东马华人对于华语的维护是分不开的。2015 年 9 月，古晋唐人街上原来写有中文字的路牌"中国街"，被当局换成新路牌后仅剩下马来文 Jalan China。华人社会于是联名上书向政府投诉，政府旋即恢复中文字。沙巴的情况类似，2017 年，沙巴州政府响应华人社会民众呼吁，设置四个中文路牌，包括"加雅街、海傍街、纪念碑路、敦法史帝分路"，如图 2-9 和图 2-10 所示。

**图 2-9　古晋"中国街"**

**图 2-10　古晋"海傍街"**

沙巴和砂拉越之所以能有今天宽松的中文环境，也离不开东马与众不同的政治环境。东马 1963 年加入马来亚联邦，在宪法中补充规定了东马特别的语言权利。《马来亚联邦宪法》第 161 条"英语和母语的使用"第五款：

> 无论第一百五十二条有何规定，在沙巴或砂拉越州通用的母语可在地方法庭，或任何地方法和习惯法的法典中使用；以及在砂拉越州，母语可在立法议会或其任何所属委员会中使用，直至州立法机关另行立法规定。

这条法律赋予了东马族群母语在公共空间的使用权。东马对于各族文化的尊重和包容，除了语言方面，还体现在各个领域。据说，沙巴很多华人餐室，就有华人、马来人和土著人共同进餐的场景。华人子弟和土著子弟在一个教室共同学习华文的场景也很多。由此看来，东马还保留了殖民时代华人和马来人、土著人友好共存的历史传统。再如，砂拉越首府有华族历史博物馆，里面收藏展览了华人先民移民婆罗洲的光辉事迹和相关物品，其中还有使用各种南方方言模拟早期华人语言生活的场景。

## 第四节 语言景观中马来西亚华语的变异性及其创造性

在全球华语圈中，马来西亚华语独树一帜。这不仅因为马来西亚拥有相对完整的华文教育体系，还在于马来西亚华语本身具有成套鲜明的特色和较为通行的使用领域。深入地认识马来西亚华语的特色，既是建构马来西亚华语主体性的要求，也是丰富现代汉语内涵和外延的基础。目前，依据书面语和少量口语等材料，马来西亚华语本体研究方面已经取得了一些标志性成果。[①]

就存在形态而言，马来西亚华语除体现为书面文献和日常口语外，也可见于各种场合的语言景观。语言景观是观察语言生活和语

---

① 李宇明主编：《全球华语大词典》，商务印书馆2016年版；郭熙主编：《全球华语语法·马来西亚卷》，商务印书馆2022年版。

言变异的直接窗口,从语言景观的视窗来看马来西亚华语变异,应该会有不一样的认识和发现。下文将基于对马来西亚 10 个城市公共标牌语的调查,从语言景观视角观察马来西亚华语变异情况。

## 一 调查方法

受持续的新冠疫情影响,在海外开展实地田野语言调查变得困难重重,线上调查成为获取资料的重要补充手段。本书将参考线上语言景观调查的方法,采取 Google Street Map 调查马来西亚华人聚集城市街道的华语景观。调查一共涉及马来西亚 13 个华人较为集中的城市:槟城、吉隆坡、麻坡、居銮、新山、太平、安顺、古晋、怡保、峇株巴辖、昔加末、加影、马六甲。采集图片的时间为 2021 年 8 月。对于上述城市主干道和唐人街上的谷歌街景上出现的华语图像尽可能截图保存,共获取华语标识 456 项。

在认真分析这些华语标识的基础上,主要报告公共场所语言景观中的华语用字、词语、语法成分和创意表达等方面的特点。

## 二 马来西亚华语景观的变异性

### (一) 用字变异

汉字是形成汉字文化圈的基石。汉字传播到域外使用,不可避免地会发生变异。曾主管全国语言文字事业的胡乔木谈道:"汉字,除中国用的汉字,还有朝鲜用过的汉字,日本用的汉字,越南用过的汉字,华侨用的汉字。日本的汉字就很复杂。这些汉字,我建议都要收集。"[①] 2013 年国务院发布的《通用规范汉字表》收录汉字 8105 个。徐新伟依据"东南亚华文媒体语料库"统计发现,东南亚华语中有 2100 个汉字不在《通用规范汉字表》内,即所谓的"表外字"。[②] 这些表外字绝大部分都是用字变异,包括普通用字

---

① 《胡乔木传》编写组:《胡乔木谈语言文字》,人民出版社 2015 年版。
② 徐新伟:《新马泰主要华文媒体非通用规范汉字略论》,《语言文字应用》2018 年第 2 期。

（繁体字、异体字、旧体字）、特殊用字（方言字、人名地名用字、别字等）和异域字（日本和字与韩文吏读字）现象。当前，收集、整理和研究东南亚华人社会的非通用规范汉字工作已经纳入海外华语资源库建设的重要内容。

东南亚华人社会使用汉字情况的复杂性，可以从语言景观中略窥一斑。广泛观察马来西亚华语标识，汉字变异实例较多，主要存在两类：

1. 地名、人名用字

（1）吡：地名用字，读 pī。例如，吡叻、吡能，分别是马来西亚霹雳州、槟城的旧称。

（2）庇：地名用字。例如，庇能，也是槟城的旧称。

（3）玅：姓名用字. 为"妙"的异体字。例如，英烈玅将军。

（4）崐：姓名用字，为"昆仑"之"昆"的异体字。例如，邱崐媖牙科。

（5）勩：人名用字，古同"劲"，意为"勤力"。例如，廖铭勩骨科专科诊所。

（6）峨：人名用字，为"塚"的异体字。例如，冠峨旅游有限公司。

2. 其他事物名称用字

（7）疋："匹"的异体字，用于计量整卷的绸布或马骡。民国以前，计量布匹用"疋"，计量马骡用"匹"。① 民国黎锦熙所编《国语词典》记录了二者的分工。1956 年《第一批异体字整理表》"疋"被"匹"取代。"疋"在马来西亚布匹商铺招牌上很常见，并且大部分是出现在柱体刻字上，显示该字的使用已经很有年头。

（8）柅：常用作"柅轮"，指的是轮胎。"柅"指挡住车轮不使其转动的木块，这里是一个俗字。例如，炳记柅轮电池。"柅"字在中国较少用。

---

① 王霞：《小议量词"匹"和"疋"》，《中国研究》（韩国）2021 年第 89 卷。

(9) 菓：常用作"西菓"，是"果"和"粿"的异体字。《全球华语词典》收录"西果""西粿"，都是指西式糕点、面包，备注使用地区为新加坡、泰国。可知是不确切的。

(10) 扞：" 焊"的俗体字，常用作"烧扞"，"扞"多出现在汽车维修店招牌中。例如，汽车烧扞厂，表明是汽车零件焊接。

(11) 剷：" 铲"的异体字。例如，强林剷坭工程有限公司。

(12) 陞：" 升"的异体字。例如，陞发洋货行。

(13) 兌：" 能"的俗体字。例如，艺兌男女美容美发院。

(14) 𥖁：指钻石。例如，金𥖁行，指"金饰店"。在现代汉语中，"𥖁"基本上是个"死字"，但是在马来西亚街头却很常见，常出现在"金𥖁""𥖁器行"等招牌上，指珠宝金器店。表示钻石的"𥖁"字在清末中国还很常用，而后沉寂，各种字典也不再收录该义项，"𥖁"后被"钻"所取代。①

有意思的是，可以在马来西亚唐人街上同一块标牌中看到"𥖁/钻"同时出现，如图2-11所示。

(二) 词语变异

词语变异是海外华语中最为常见的。新近出版的《马来西亚华语特有词语词典》② 收录本体特色词语

**图2-11 马六甲金浩金钻珠宝行/金𥖁珠宝专门店**

2182条，可谓莘莘大端。通过语言景观的窗口，我们也可以看到马来西亚华语很多词语变异的例子，观察它们在语言生活中的使用情况。以户外招牌语为例，从形式上来说，完整的招牌由"属名+业名+通名"组成，如黄氏西药房、玛念拿雅律师楼。下面分别说

---

① 徐新伟：《"钻石"与"𥖁石"的名物之争》，《语言研究》2017年第3期。
② 王晓梅、庄晓龄、汤志祥编著：《马来西亚华语特有词语词典》，联营出版社2022年版。

明属名、业名、通名三个方面的变异。

1. 称谓型招牌语

称谓语是社会语言学研究的重要内容。称谓语具有强烈的社会性和地域性。社会语言学一般研究口头交际中的称谓语，对于书面语中的称谓语关注不多。语言景观作为一种特殊书面语体裁，从语言景观这扇窗口观察称谓语的使用，寻找各类称谓型招牌语，则是一个有意思的课题。

称谓型招牌语，存在地区差异。在中国语言景观中，人们对老干妈辣椒酱、老孙家牛羊肉、大娘水饺、胖子火锅、北京大董烤鸭、韩老四烤鸭、李师傅修鞋店、谭木匠专卖店、外婆家等，都耳熟能详。它们都是称谓型招牌。这些称谓型招牌大体运用了亲属称谓、社会称谓等类型。根据我们的观察，东南亚华人社会这类招牌比较少见。

中国的称谓招牌语也存在南北地区差异。例如南方街头的阿B湛江鸡、阿珍烧卖、广东仔饮食店、老豆咖啡点、李锦记酱油、和记酒店等，北方地区则少见。这类运用了南方方言词头、词缀或方言词的称谓招牌，在东南亚华人社会倒是不少见。

东南亚华人社会也存在一些中国语言景观中罕见或少见的称谓型招牌。根据我们所观察、收集到的材料，大致有以下6种类型：

（1）"郑牙科"类。

（2）"黄兄弟驾驶学院"类。

（3）"良贸易父子有限公司"类。

（4）"发摩托维修"类。

（5）"黄文良大厦"类。

（6）"杨振陵与沙律娜律师楼"类。

前4类非常特别。它们的共同特点是不符合现代汉语普通中所谓的"音节搭配和谐律"，即"2+2"音节搭配才是普通话中韵律和谐的组合。

首先来看第（1）类。在这一类称谓型招牌中，最为知名的就是在马来西亚赫赫有名的槟城龙山堂邱公司。邱公司是 1835 年从中国福建省迁来的丘氏家族的人建立的。在南洋,"公司"还有另外一种理解,即它不是通常意义上的公司,而是华人的会馆,一般由寺院和集会处两部分组成。根据邱公司的网站介绍,1955 年,龙山堂邱公司注册为社团。1976 年改成注册信托团体,由四大柱的组成信理会共同管理和投资公司的财产,这使龙山堂邱公司更像现代的家族公司。邱公司因其内部富丽堂皇的雕刻艺术,成为槟城最富有艺术价值的祠堂,每年吸引成千上万的游客前来购票参观。从形式上来看,邱公司若在中国从注册到挂牌,一般会表述为"邱氏公司"。在邱公司的网站上,邱公司就是邱氏宗祠,它是邱氏家族的标识。"邱公司"和"邱氏公司"在形式上的区别就是,一个是"单音节+双音节",另一个是"双音节+双音节",前者的节律配置比较特别。

在中国的城市语言景观中,我们还没有看到这样的"单音节姓+双音节词"的招牌。但是,根据我们的调查,在马来西亚许多城市,这样的招牌组合比较常见。

在槟城,我们看到了郑牙医、王牙科、金有限公司、陈商业管理有限公司、陈古币贸易、尤酒味米粉。在居銮,我们看到了郑钟表行、林代理商、强电器公司、黄牙科医生。"单姓+牙医"是比较多见的组合。这些都是"姓+职业"的招牌。当然,我们也可以看到,"姓名+类属"的招牌。"郑牙科"的侧面就是一面招牌,上书"郑清荣牙科"。在居銮,我们看到了"陈摩托贸易公司";在新山,有彭防盗系统及遥控电动门、飘香黄贸易公司。

值得一提的是,在马来西亚城市语言景观中,既有"单音节姓+双音节"这样的称谓型招牌,也有"双音节姓氏+双音节"这样的称谓型招牌。可以说,这两种招牌构成了一对变项,二者语义完全一致,差异仅在音节数量不同。例如,在居銮,我们看到了"龚氏牙科医院",一侧是"华昌牙科",在另一侧也有一个"龚氏牙科医院"招牌,下面注明了是"龚南薰医生"(新加坡大学牙医学士），英文是 KONG DENTAL SURGERY。另外，还有"陈氏牙科医院""颜氏牙科医院""林氏牙科医院""王氏百科药房""曾氏牙科诊所""马来西亚永春大坵头林氏公所"。

姓和氏，在春秋以前是有区别的。姓的功能是别婚姻，氏的功能是别贵贱。秦汉之后，姓氏不再有区别。所以客观地说，"黄氏牙医"并不比"黄牙医"身份地位要高。但是一般人还是感觉，"黄氏牙医"要比"黄牙医"顺口，显得更有文化。这也就是为何将香港的邵氏集团改成"邵集团"，会让人觉得怪怪的。这种怪的感觉，既有音节节律不和谐的原因，也有文化上的不适应缘故。

第（2）（3）类的共同之处是父子、兄弟联手经营的信息都在招牌中体现出来。例如，周景房父子有限公司。

第（4）类也是"单音节+双音节"型招牌，但是这个单音节应该不是姓，可能是名，也可能是一个吉利字眼。例如，皇 ONG 大理石贸易公司、龙汽车冷气服务、来摩哆贸易、泰贸易公司、泉公司，等等。

第（5）类中国也有，但是马来西亚更多。例如，余荣生药店、伍秀泽海南鸡饭茶室、高迈德医馆、陈永利食品土产零沽批发、朱丽叶酒店、黄金来特许秘书公司、林朱秘书税务公司、黄文良大厦、郑宗水大厦、梁南美镜庄、刘开源中医师诊所、蕾师玲美容美发院、吕进宝建筑有限公司、郭清水律师楼、何鸿记餐室、张嵋淞中医师、叶铭利律师楼、刘锦标律师馆、龙德均中医医务所，等等。

第（6）类也是两人合作经营公司的招牌。例如，冯与李律师楼，也是联名经营公司。

要说明的是，马来西亚很大，华语使用情况复杂，上述分类应该不能穷尽所有的用例。

2. 会馆、堂号招牌语

海外华人因地缘、血缘、业缘、趣缘而结成各类社团，主要有会馆、宗亲会、公会、协会等组织。在马来西亚街市，这些组织招牌常见的有××会馆、××堂、××公所、××公会。例如，"福建会馆、雷州会馆、冈州会馆、永春会馆"显示的是地缘，成员同乡；"江夏堂、北霹雳洪氏燉煌堂、济阳堂、陇西堂、陇西李氏公所"等堂号显示的血缘，成员同姓。"人民公正党惹美拉西区支部""峇株巴辖华人机器工会""泉协兴起落货工会""北吡叻学生车公会""马华昔加挽市支会""乒乓公会""昔加末中华公会"等显示的是业缘和趣缘，成员为同行或同好。

堂号，《现代汉语词典》（第7版）释为"厅堂的名称，旧时多指某一家、某一房或某一家族的名号"，《全球华语大词典》基本照抄了这一释义。堂号在中国多出现在家谱、祠堂、墓碑当中，街头难觅。然而，堂号在东南亚尤其是马来西亚街头或家庭门楣上是很常见的，成为华人社会一道特殊的语言文化景观。堂号蕴意深刻，其作用大致有四：辨血亲、明迁徙、颂淳风、探文化。① 对于当今的海外华人而言，堂号的文化认同大于血亲意义。

堂号是中华文化遗产中的宝贵财富。据调查，很多新一代马来西亚华人家庭不再悬挂堂号匾额，堂号能否一代代永久地传承下去，成为一个问题。

3. 数字型招牌语

数字型招牌语指的是在商业招牌中出现阿拉伯数字组合，并且比较常见，具体包括四种情形：

第一种是用吉利数字修饰店铺名。例如，88茶餐室、88发发茶餐室、8888茶餐室。从招牌中数字和"发发"来看，这些数字招牌应是谐音寓意"发发"。

第二种是用数字来传达商品品质。例如，光辉916金碹行、美达金碹行916、丽兴916金庄、宝兴金庄（916）珠宝行、美成（916）金庄珠宝行、百万金碹行（916）。这些招牌中的数字"916"特指22k金，当地华人习惯称916金。如果是999金则是指

---

① 顾燕：《中国家谱堂号溯源》，上海古籍出版社2015年版，第10—11页。

24k 金。

第三种是用数字来代表店铺的年份。例如，1988 茶餐室、哗师傅 1965 古早味。这种情况在中国一些城市也是有的。

第四种是用数字来指代其他含义。例如，10 百货商店。这里的"10"谐音福建话"什"，意思是"杂货"。

4．性别型招牌

马来西亚人口中大部分信仰伊斯兰教，这对马来西亚社会生活形成方方面面的影响。例如在登嘉楼州，政府禁止穆斯林男女同店理发，违者将被处罚。但是，华人从业者可适放宽，所以我们能看到街上不少理发店华文招牌标明的是：××男女理发店（unisex）、××男女美容美发馆（unisex），意思是接待男女顾客。

吕叔湘曾经举例说明歧义，北京街上有招牌"女子理发店"，可能是专门给女子理发的或是理发师全是女性。[①] 对于马来西亚华文招牌来说，"男女理发店"则主要指的是客户群不分性别，其实质是暗含一般理发店是需要男女分开的，这得结合本地宗教文化加以理解。

5．业名类招牌

（1）餐饮类：街面上有很多餐饮类招牌，词语变异有：茶室、茶冰室、冰室、茶餐室、茶餐美食中心、咖啡茶冰室、咖啡店、咖啡美食店、食阁、酒廊。实际上，这些店面经营的范围不只是字面上的"茶、冰、咖啡、酒"，还包括各种餐食和饮料。这些词语也广泛地使用于南洋其他地区和中国岭南地区。此外，还有一些本地特色的饮食类名，如肉骨茶、饱饺、经济饭、嫲嫲档、㖞㖞、煎蕊、沙煲、住家菜等。店内常挂吉祥招牌"客似云来"。

（2）医疗类：王晓梅[②]重点讨论了马来西亚华语景观中两个"诊所类"词语，即"药房、医务所"，实际招牌中的医疗类词语

---

[①] 吕叔湘：《歧义的形成和消除》，《中国语文》1984 年第 5 期。
[②] 王晓梅：《语言变异视角下的华语景观研究》，《通化师范学院学报》2020 年第 9 期。

项目还有更多，例如，药行、药剂、药剂所、诊所、诊疗所、医社、西药行有限公司等名称，其经营范围实际上大同小异。此外，还有一些专科医疗和康养机构名，如××中医、中医××医师、牙科、齿科、眼科专科中心、美化中心、健康馆、养生馆。这么多词语项目说明，马来西亚华人社会私人医疗机构繁多，竞争比较激烈。

（3）祭祀类：东南亚华人普遍崇拜祖先，信仰佛教，日常性的祭祀行为繁荣了香火行业，相关店铺招牌在街头不时可见。常见的招牌用语有神料、生果、神纸、香品、纸料、佛缘、佛行、佛具、宝地/山庄等。

（4）其他类。

嚤哆：指摩托。在招牌中，字形很不统一，还有嚤多、摩哆、摩多等写法。

咕呷：指坐垫，音译自英文 cushion。招牌中也写作"古申"。

波力：抛光，音译自英文 polish。例如，汽车波力。

米较：《全球华语大词典》解释为"碾坊"，马来西亚也叫"米较厂"。"米较"一词应来自闽南话，《台湾闽南语常用词辞典》收录"米绞"，释义为碾米厂、精米厂。例如，米较有限合作社。

学院：相当于普通话的"学校"。街头招牌可见裁缝学院、美容学院、补习学院、教车学院、驾驶学院、美甲学院等。一般来说，学院的建制和规模要大于学校。有意思的是，这种大词小用或专业用名跨域使用的现象在我国一些城市招牌中也有用例，如"发学院""卤肉研究所"等。

公市：市场。例如，协成公市 1957（HENG SENG Market）。

巴刹：市场，音译自马来文 pasar。例如，亚罗拉新村巴刹（公市）。

专店：指专卖店。例如，山河宠物专店。

古早：《全球华语词典》解释为"从前、昔日"，但指出只用在中国台湾地区是不确切的。新马等地也很常见。例如，古早人台湾粥馆。

银信：《全球华语词典》收录"银信局"，指旧时经营侨批、侨汇业务的商号。现在银信局已经消失，代之以银行电汇。但马来西亚街头还残留了一些广告招牌，多数字迹已不太清晰。例如，广益生汇兑 参茸燕桂中西药品汇兑银信。这条老招牌记录了侨批业的历史。

大马彩：指马来西亚发行的一种彩票。例如，万能大马彩，万能万字票。

大埃：《全球华语大词典》释为"美发行业指高级发型师"。例如，招收大埃、中埃、小埃。

华人思想兴革运动：指华人社会发起的针对活动和宴会冗长、浪费现象的社会风气革新运动，运动三大准则是守时、精简与环保。例如，顺利海鲜酒家的广告横幅是："凡订下超过20席者，并响应华人思想兴革运动（守时运动）守时上菜，本店予以八折优惠。"

6. 通名变异

马来西亚华语较为完整地传承和沿用了中国商店通名，例如，店、铺、所、庄、行、栈、号、馆、阁、坊、廊、房、屋、室、家、厅、堂、园、苑、楼，等等。这些通名适应不同类型的经营业态，例如服装店、酒家、客栈、车行、照相馆、茶庄等。通名的搭配范围比较灵活，不同的通名可以搭配相同的经营品种，比较"酒店/酒行/酒庄/酒馆/酒廊/酒坊/酒家/酒楼"，但表达重点和语义倾向会稍有不同。

在我们所收集到的标牌中，常见的通名前十名依次是：公司、行、庄/中心、贸易、所、馆、商、室/号、廊、栈。这跟郑梦娟[①]对我国商业店名调查结果略有出入，她的前十名是：店、公司、城、馆、行、中心、厅、楼/业、场/屋、家。相比"公司、贸易、中心"而言，单音节的"庄、号、栈"显得古老。总体上，马来西亚华文招牌景观风格较为传统，这不仅表现在繁体字、传承字、业名用词方面，还突出表现在通名使用的三个方面：

---

① 郑梦娟：《当代商业店名的社会语言学分析》，《语言文字应用》2006年第3期。

一是单独使用"庄、号、栈"。例如,寿济镜庄、源兴神纸庄、永丽布庄、建兴鞋庄;光明号、腾华号、新联丰号;松裕栈、包栈。

二是"行、庄、栈"两两复合使用。例如,永安中医药行酒庄、济星堂药行酒庄、纶兴金庄珠宝行、宝兴金庄珠宝行、永和栈中西药行、道明栈布庄。

三是"行、庄"和"公司"连用。例如,珠宝行私人有限公司、万成金碹行有限公司、华兴布庄花艺品公司、诚兴金钻庄有限公司、群兴金碹庄有限公司。

(三)语法变异

户外广告牌的语言景观中也存在少量语法变异现象。大致有以下两种:

一是名词性成分之间多用"及"。例如,验车、车牌及保险服务;复印及办公室用具;海产及土产店;减肥及美容中心;运动用品商及羽球馆。这些招牌语里的"及",普通话多用"与"。

二是姓氏类招牌语结构变异,"单音节姓+商业类名"和"姓氏+商业类名"同时共存。例如,林贸易—林氏贸易、奚药房—陈香品—、仁机械贸易、明贸易公司、黄会计公司、翁贸易有限公司、陈兄弟商业用品。"林贸易"这类的搭配,从节律上来说会让人觉得比较突兀,因为普通话遵循的"2+2"音步,"林氏贸易"更为常见。

### 三 马来西亚华语景观的创造性

传承语研究者们普遍认为,传承语是比较保守的。桥本万太郎[1]早就指出,"移民的语言比本土语言更有保留古代类型的倾向,只要比较一下美国英语和英国英语、美国洛杉矶日语和标准日语,马上就会明白"。李计伟、张翠玲通过5个东南亚华语特征实例,证明它们都来自早期国语,从而说明其作为传承语的保守性。[2]但

---

[1] [日]桥本万太郎:《语言地理类型学》,世界图书出版公司2015年版,第19页。
[2] 李计伟、张翠玲:《传承语的保守性与东南亚华语特征》,《华文教学与研究》2019年第3期。

是，在保守性之余，我们认为，移民语言的创造性也是不容忽视的。文学是语言的艺术。一个显而易见的事实是，马来西亚涌现出许多杰出的华语作家，拥有马华作家协会、《清流》《焦风》《燃火》等杂志，创办花踪文学奖、马华文学节等品牌活动，形成了贯穿百年的文学创作传统和体系精密的文学发展制度。文学创作带动华语使用的创造性是不言而喻的。

语言变异是语言变化的前兆。从语用和修辞的角度来说，语言变异就是语言创造，当个体的语言创造被群体所接受而在社区中扩散，与旧有的语言形式并用，逐渐取代旧的形式，就会发生语言变化。不会变化的语言是死的语言，不会创造的语言是没有活力的语言。母语者对于自己语言不断地创新，推动着该语言的变化。因此，可以通过语言变异、语言创造力来看语言的活力。

语言景观也是观察目标语言是否具有创造力的一个窗口。Said 等从语言景观的视角出发，调查研究了新加坡和马来西亚标牌上的创造性英语形式，他们发现风格化字体（stylistic script）和语言游戏（language play）是两种主要的创造性形式，其目的是在有限的标牌空间里减少文字识别困难，尽量吸引顾客注意、创造现代化体验等。[①]

例如，图 2-12 是一个榴梿广告，用半个榴梿来取代英文单词榴梿 Durian 中的字母 D，用一个榴梿核儿来代替英文单词 Durian 中的字母 i。对于初来乍到的游客来说，半个榴梿代替字母的形象可谓夺人眼球，极具营销效应。图 2-13 是一个发廊广告布条，模仿英文单词 heritage 的发音创造出一个混搭词 hairitage，这种对单词的创造性改用可以向顾客传递出该发廊手艺创新而又传承的特质。通过上述展示和分析，可以看到英语在新加坡和马来西亚地区是极具创造力的。这恐怕也是新加坡、马来西亚英语变体能够被划入中圈

---

[①] Said, Selim Ben, and Teresa Wai See Ong, "Creative Language forms on Signboards in Singapore and Malaysia", *Interface-Journal of European Languages and Literatures*, Vol. 9, No. 1, 2019, p. 15.

图 2-12 新加坡某榴梿广告　　图 2-13 槟城某发廊广告

英语存在的一个佐证。中圈变体的特征在于，不必完全依赖母语者的规范，可以逐渐形成自身的表达范式，是一种规范发展型变体。从上面的例子来看，创新性形式还涉及多模态、语言接触和语种混杂等，也就是当代全球化社会语言学中的超语（Translanguaging）景观，这就为语言景观研究打开了更为广阔的理论天地。

跟英语类似，马来西亚华语也是全球华语的中圈变体。用华语书写的马来西亚华文文学独树一帜，是世界华语文学地图中的重镇，他们丰厚的文学传统说明，马来西亚华语完全是有创造力的。公共场所的语言使用是否也是独具匠心，我们相信也可以通过语言景观的视角来观察马来西亚华语的创造力情况。令人稍稍欣慰的是，我们在沙巴和槟城发现了两个比较有创意的中文招牌。前者是借用繁体汉字"面"的笔画"横"来设计碗面图，非常形象直接。后者是用6种图形展示所售土产，商标"专员"则巧妙地融入一个房子之内，给人宾至如归之感，如图2-14和图2-15所示。

华语创造性的源泉根植于中华文化本身。在中国城市里，"木生火烧烤店""姜太公渔具""土而奇饭店""居然之家"等招牌，都是人们常见和容易接受的语言景观。这是因为它们都应用了传统文化符号和修辞方式。调查发现，在马来西亚华语景观中，也存在借用古语的饭店招牌"将进酒"、谐音修辞的美食店"好享吃"和

图 2-14　沙巴加雅街兴旺板面

图 2-15　槟城 Melayu 路土产店

宠物店"犬心犬意"、双关修辞的水果店"果真鲜",等等。这表明马来西亚华人社会是善用华语创新资源的。

我们都知道,用进废退,同理,语言的生命和活力是存在于使用当中的,使用是语言演变的源头活水。一种语言的使用人口越多,使用越是频繁,越有可能创新;相反,使用人口减少,使用范围萎缩,使用频次降低,就越有可能趋于保守而僵化。语言创新的主体是年青一代,是他们决定了语言的未来。语言传承与创新的奥秘,就在于新老继替、世代更迭。我们期待着更多的华人年青一代能够珍视华语的审美价值,创造更多的创意文化标识,提升华语的美誉度。

## 小结及启示

由于马来西亚地区的差异性，研究华人社会语言景观，我们采取了认同、记忆变异和文化等多重视角。通过调查，我们发现马来西亚华人社会语言景观同样存在着很大的多样性。槟城华语景观要好于吉隆坡，而东马又要好于西马。

具体而言，吉隆坡华人社会已经更多地融入主流社会，华语景观数量和类型都不如其他地区，唐人街边界变得模糊。槟城华人社会从维护集体记忆的族群利益出发，保留和创造了许多华语景观，也为世界留下了宝贵的文化遗产。东马各族语言文化共生，华语景观也有了得到保护和发展的机遇。这种差异格局的形成，有赖于华人社会的妥协和抗争，也离不开国家的语言政策以及地方政府对于语言政策的贯彻和执行。

不同华人社会唐人街的语言景观调查，可以给我们不同的启示：

（1）对于少数族群来说，保护母语应该积极利用语言景观的集体记忆和文化价值，从而创造经济效益最大化。而对于马来西亚华人社会来说，鉴于政府与华人社会语言意识的差距要传承母语，发扬母语文化，还可以考虑多多建设网络华语社区，研发各类华语App，过好虚拟华语生活。

（2）语言环境应该成为旅游环境和投资环境评估体系的一部分。对于祖籍国而言，我国应该将东南亚所在国的华语景观纳入"一带一路"倡议中的语言规划中，在公民旅游、企业投资等行动中，将华语景观状况纳入目的国和地区的适宜指数评估中。

（3）举办大中华区创意华语标识比赛。可以将此作为语言民俗的一种，鼓励、协助各华人社会开展语言标牌创作比赛，以此提高语言景观的应用价值和创造力，共同提升大中华区语言生活的水平。

# 第三章

# 语言景观视角下泰国华语使用及其变异[①]

## 第一节 语言景观与语言变异

全球华语研究通常有两种路径：微观层面，针对世界各地华语本体的研究；宏观层面，围绕世界各地华语使用的研究。目前，这两种研究都取得了不少成果[②]，具体可以参看王晓梅和祝晓宏、周同燕的评述。这两种路子的研究取材不同，所以基本上是独立进行的。通过语料描写华语特点的，很难再通过语料研究华语状况，通过社会语言调查华语使用的也难以具体地看出华语本身的情况。然而，语言即用法，实际上华语本身是不能脱离华语使用而存在的，两个方面的研究不应该被过分地割裂。我们认为，引入语言景观的视角，可以在一定程度上，将微观和宏观研究综合起来，比较全面地认识华语状况。

---

[①] 本章内容曾以同题发表于《中国语言战略》2018年第2期，收入本书后进行了适当修改。

[②] 王晓梅：《全球华语国外研究综述》，《语言战略研究》2017年第1期；祝晓宏、周同燕：《全球华语国内研究综述》，《语言战略研究》2017年第1期。

语言景观研究的一大优势就是可以观察语言使用、语言生活、语言教育、语言政策乃至语言生态。① 近来,也有一些研究通过语言景观考察语言结构和语言变异②,并提出创建"景观语言学"。③ 因此,从语言景观入手,有利于综合考察语言使用和语言变异。在海外华人社会,通过语言景观观察当地的华语生活和变异,更是一条便捷且有效的途径。

本书即以泰国华语为例,尝试从语言景观视角,研究泰国华语使用及其变异情况。

## 第二节 泰国华语研究简述

围绕泰国华语的研究成果,主要集中在三个方面:一是伴随着泰国汉语教学热而出现的华文教学、华语传播研究④;二是华语研究兴起背景下的泰国华语词语、语法研究⑤,研究素材基本上是依据书面语语料,从一个方面揭示了泰国华语的特点;三是针对青少年群体为主的华语使用情况调查⑥,多以问卷调查展开,研究发现泰国年青一代在华语使用模式上倾向于泰语而非华语。

---

① Genevieve Y. Leung; Ming-Hsuan Wu, "Linguistic Landscape and Heritage Language Literacy Education", *Written Language & Literacy*, Vol. 15, No. 1, June 2012.
② Kingsley Bolton, "World Englishes and Linguistic Landscapes", *World Englishes*, Vol. 31, No. 1, 2012, pp. 30 – 33.
③ 陈卫恒:《美国华语"景观语言学"初探》,《语言规划学研究》2016 年第 1 期。
④ 吴应辉、杨吉春:《泰国汉语快速传播模式研究》,《世界汉语教学》2008 年第 4 期;吴应辉、央青、梁宇等:《泰国汉语传播模式值得世界借鉴——泰国汉语快速传播模式及其对汉语国际传播的启示》,《汉语国际传播研究》2012 年第 1 期;陈创荣:《泰国汉语使用及发展状况调查》,硕士学位论文,黑龙江大学,2011 年;李志凌:《泰国汉语快速传播对汉语成为全球性语言的启示》,《汉语国际传播研究》2012 年第 1 期。
⑤ 徐复岭:《泰国华语特有词语例释》,泰国留中大学出版社 2007 年版;施春宏:《从泰式华文的用词特征看华文社区词问题》,《语文研究》2015 年第 2 期;方清明、温慧雯:《泰国华语"增降"类动词变异考察》,《华文教学与研究》2017 年第 4 期。
⑥ 沈玲:《泰国新生代华裔的国家认同与文化认同研究——基于对泰国近 500 名新生代华裔的调查》,载贾益民主编《华侨华人研究报告(2015)》,社会科学文献出版社 2015 年版,第 276—306 页。

关于泰国语言景观研究，以 Hueber[①]、Troyer[②] 和 Wu[③] 等学者的成果为代表。他们研究的关注点是泰国语言景观中的英语使用情况，尤其是英语在公共空间的扩散、功能和影响等问题，对于华语景观则着墨不多。Hueber 调查了曼谷 15 个街区语言景观中的语言接触和语言混合情况，涉及曼谷唐人街耀华力路（Yaowarat Road）和石龙军路（Charoen Krung Road）上的华语景观，发现这两个地带以泰语—华语双语标牌为主，泰语和华语都是优势语言，华人华语向泰语文化融入。Wu 以民族志法调查了耀华力路的店名景观，发现对于泰国的顾客而言，华语更多的是象征功能，英语居于优势地位。陈宝云[④]则将调查范围扩大到曼谷华人聚集区的语言景观，包括唐人街和暹罗广场等华人社区，但其重心偏向华语景观的数量统计，描写稍显粗糙。

泰国是海外华人华侨聚居人口最多且是距离中国最近的国家。据数据显示，2018 年泰国华人达到 900 万人，占总人口 1/6。泰国也是中国人最热衷的旅游目的地之一，搜狐网报道 2018 年赴泰游人次突破 1000 万。前往泰国经贸、交流的国人与日俱增，华语在泰国城市公开场合的能见度越来越高，泰国社会学习和使用华语的情况也会越来越多。基于此，有必要更深入地调查泰国华语景观的状况，考察华语景观中的语言变异。

## 第三节　泰国曼谷华语景观中的语言变异类型

### 一　调查方法

我们所说的华语景观，是包含有且不限于中文字符的语言景

---

[①] Hueber T., Bangkok's Linguistic Landscapes: "Environmental Print, Codemixing and Language Change", *International Journal of Multilingualism*, Vol. 3, No. 1, 2006, pp. 31–51.

[②] Troyer Robert A., "English in the Thai Linguistic Netscape", *World Englishes*, Vol. 31, No. 1, 2012, pp. 93–112.

[③] Wu Hongmei, and Sethawut Techasan, "Chinatown in Bangkok: the Multilingual Landscape", *Journal of Humanities*, Vol. 19, No. 3, 2016, pp. 38–52.

[④] 陈宝云：《泰国曼谷华人聚集区语言景观调查》，学士学位论文，暨南大学，2018 年。

观。它的制作主体通常是海外华人社会,也可能是华人旅居较多的所在国政府部门和相关机构组织。例如,曼谷唐人街上的泰京银行三语招牌上,就有华语标识,而这家银行是泰国国有银行;游人如织的大皇宫景区和安葩洼(私人标牌上也有作"安帕瓦")水上市场景区标牌上,也有华语标识;曼谷机场更是容易看到华语景观。华人以华语景观实现信息沟通、身份认同、文化传承等目标,一些国家则以华语景观吸引中国游客、服务华族群体、塑造国家语言政策等为目标。因此,华语景观是观察该国语言政策、语言生态以及华人语言使用状况的一个重要窗口。一般而言,有华人聚集或活动的地方就会有华语景观。

曼谷是泰国华人最多的城市,而新老唐人街、四面佛景区、湄南河岸码头夜市和西部美攻火车市场,则是华语景观最为集中的地区,特别是近年来大中华区的游客逐年增多,使得这些地区语言景观呈现出更为丰富多彩的面貌。本项调查主要在上述5个地区展开,调查时间为2017年8月,共获得华语标识852例,全部照片由OPPOR9S拍照手机拍得。

## 二 泰国华语景观的语言类型

按照语种组合方式,泰国曼谷华语景观主要存在四种语言类型,在5个不同地区的情况如表3-1所示。

表3-1　　　　　　　　曼谷华语景观的语言类型表　　　　　　单位:例

| 语言类型 | 老唐人街 | 新唐人街 | 四面佛景区 | 码头夜市 | 火车市场 | 总数 |
| --- | --- | --- | --- | --- | --- | --- |
| 华语单语 | 16 | 30 | 2 | 8 | 10 | 66 |
| 华语+泰语 | 219 | 122 | 43 | 88 | 78 | 550 |
| 华语+英语 | 18 | 11 | 1 | 5 | 0 | 35 |
| 华语+泰语+英语 | 68 | 45 | 21 | 14 | 20 | 168 |
| 华语+泰语+其他 | 15 | 4 | 3 | 5 | 6 | 33 |
| 总数 | 336 | 212 | 70 | 120 | 114 | 852 |

从表3-1以及我们的观察来看，泰国华语景观呈现出三个明显的特点。

一是"华语+泰语"双语景观占据主流，占全部华语标识近65%，而真正的华语单语（占8%）和华语多语景观并不多见（占23%）。单语华语景观大部分是历史华语景观，制作年代比较久远，其华语文字在标识上的呈现顺序多为从右到左。相应地，华语景观的材质多以木头和金属为主，字形多为繁体，字体多为楷体书写。

二是"华语+泰语"双语景观的结构布局，泰语总是处于中心或抬头位置，华语位置靠下或居于边缘。华文字体的大小和数量一般也不会超过泰语。根据泰国皇家法案部门规章第5章法律条文（1992年），目前泰国的私人招牌缴税有3种情况：（1）纯泰文：以每500平方厘米3泰铢计；（2）泰文加上外语且泰语在最上方、比其他语言大：以每500平方厘米20泰铢计；（3）无泰文的或泰文在下方、比其他语言小：以每500平方厘米40泰铢计。以上3种若总价未达到200泰铢，最后还是以200泰铢来计算。[①]

三是在双语或多语景观中的语言关系，泰语、英语和华语总是对译关系。华语多语景观在颜色上多以红色、黄色为主，透露出较为浓厚的中国风格。

### 三 泰国华语景观的功能类型

根据我们的调查结果，华语主要出现在菜单、店名、户外广告牌、警示牌、景区标牌等语言标识上，构成了不同功能类型的华语景观。不同地区的情况如表3-2所示。

---

① 陈宝云：《泰国曼谷华人聚集区语言景观调查》，学士学位论文，暨南大学，2018年。

表3-2　　　　　曼谷华语景观的功能类型表　　　　　（单位：例）

| 功能类型 | 老唐人街 | 新唐人街 | 四面佛景区 | 码头夜市 | 火车市场 | 总数 |
|---|---|---|---|---|---|---|
| 菜单 | 136 | 45 | 4 | 16 | 22 | 223 |
| 店名 | 93 | 78 | 8 | 53 | 45 | 277 |
| 广告牌 | 75 | 64 | 12 | 44 | 50 | 245 |
| 告示警示标识 | 13 | 10 | 6 | 16 | 6 | 51 |
| 吉祥标识 | 19 | 15 | 8 | 6 | 8 | 56 |
| 总数 | 336 | 212 | 38 | 135 | 131 | 852 |

从表3-2来看，泰国华语景观的功能类型又表现出以下三个特点：

一是在新老唐人街上，绝大部分店名和广告牌都是金行、餐饮、特产、快递、药房、按摩、旅行社、酒店、银行等标识。换言之，华语主要是在这些行业标识中发挥信息沟通作用。在景区、夜市和火车市场，华语也主要是在这些行业标识中发挥信息功能。

有趣的是，随着中国移动支付的引入，唐人街上也出现了微信、支付宝等标识以及相关的华语信息。另外，我们还在曼谷曼德琳汉语教学中心附近看到一则药店广告牌上书写的"华语药师"标识。可以想象，这些华语标识主要为了吸引和服务中国游客。

二是警示标识中有华语出现的时候，通常也有泰语和英文翻译。也就是说，在相对官方的语言景观中，华语和泰语一起执行信息功能，单独华语本身不具有这样的功能。从数量上来看，华语在官方语言景观中的出现比例极少。

三是趋吉避凶的华语标识尚有身份、象征功能。在很多华人店面中，仍然保留以华语为载体的日历、对联、招贴等，对联或招贴上常有恭喜发财、财源广进、万事兴隆、福禄寿等吉祥话语，与室内外的灯笼、神龛、民间崇拜偶像符号等一起构成较为鲜明的中华文化环境。

## 四 泰国华语景观中的语言变异类型

华语景观是观察泰国华语使用的一扇窗户。根据我们的观察，华语景观中的语言变异大体可分为两种类型。一是泰国文化传承形成的语言变异，主要体现为一些华语词语的使用具有国别和社区特色；二是泰国华语习得造成的语言变异，主要体现为一些偶发性错误和常见性的语言差异。以下分类描述。

（一）泰国文化传承形成的语言变异

1. 泰国佛教文化形成的语言变异

佛教是泰国的国教，95%以上的泰民民众信奉佛教，而首都曼谷则有"佛庙之都"的称号。除一般家庭设立佛龛、礼佛成风外，佛教文化早已渗透进泰国社会的各个角落。在曼谷公共场所的华语景观中，佛教元素也是不时可见，这不仅体现在佛教各种符号的使用上，还有语言运用方面的表现。例如，

  佛祖帕窝齐荫护，森林峻岭罩浓雾
  鹤松堂创始于佛历二四七〇年
  专镶佛像防水 100% 等待即时可领
  佛来运转 R 泰国化妆品/护肤品
  乐捐箱欢迎参拜吉祥天女拉克什米

上例华语景观中出现了"佛祖、佛历、佛像、佛来运转"等词语，还有衍生的"乐捐箱、参拜天女"等也是佛教文化带来的表达。这既是泰国佛教文化融入日常生活的一种表现，也是泰国语言生活的一个侧面。

2. 泰国皇权文化形成的语言变异

泰国是保留皇室和皇权的国家，普通民众对皇室和皇家的尊崇无与伦比。泰国一些重大场合还可以看到标牌上书写：敬祝皇上，万寿无疆。对于广告设计者而言，利用"皇家"做文章，让商标带

上"皇"或者"王"字来提高自家产品光环效应,从而吸引消费者注意,就成为商品销售的一种方便法门。在公共场所的华语景观中,也不乏这方面的语言元素。例如,

  泰国皇家足贴、皇家足贴
  皇家医学水光针
  皇家乳胶产品
  王权免税 提货柜台

  当然,这些含有"皇家"词语的招牌基本跟泰国皇室没有任何关系。根据泰国法律,在泰国注册公司时,公司名称里面是不得出现泰语"หลวง"(皇家)这个词的。有些商家想用"皇家"作为公司名称以提高公司档次,就借用英文"royal",将英文 royal 发音写成泰语"รอยัล",如此泰语就可作为公司名称使用了。这样的公司名称,会让外人以为是泰国皇家经营的企业。华语商标借用"皇家"无非也是看重了外国人会吃这一套。

 3. 旅游文化形成的语言变异

  在泰国华语景观中,特别是在商品标牌中,还有很多"泰"字打头以及包括"泰"字的语言标识。例如,

  泰货正品  泰货邦联批发中心  萨瓦迪店泰货正品批发
                 零售直邮中国
  泰南燕公司 泰燕堂     泰燕堂燕窝
  泰福华专营中泰食品     泰福华精品店 鳄鱼皮具
  泰地道  泰好吃(榴梿广告图片)泰便宜  泰正
  泰源   泰果(Thai Go)
  泰式按摩 泰中意广外一条街   泰尚优品
  东方泰 SPA,快通国际物流
  爱泰行燕窝 原生泰 聚泰优品

根据"泰"字后出现的语法成分，我们可以将上述"泰"字打头的商品品牌词语模式化为"泰×"组合。如果后面的×是名词或名词性成分，那么"泰"字开头的商品标识，强调其泰国属性或泰国品质；若×是形容词，其中的泰字容易谐音"太"，传达出商品品牌在×品质方面高程度的含义。需要注意的是，"泰×"组合的商品标识多出现在新唐人街区域，这块区域的目标消费群体主要是中国游客或者跨境消费者，"泰"可以突出商品源于泰国、泰国品质，满足或者迎合了部分国人的消费想象或消费需求。

4．汉语方言带来的语言变异

在泰国华语景观中，也有不少来自汉语南方方言的华语标识。例如，

泰盛基大饷当无限公司　　初顺发饷当
荣盛泉记（YONG SENG CHAN KEE）　　和兴利双记　　邢泰记
发利海产　　和成丰（HUA SENG HONG RESTAURANT）
和兴利（HANG SANG AROON）
燕窝质素　　炖竹笙　　炖猪根
抵食　　档仔　　出菜　　好味点心

前8例是商店招牌。这些招牌多有"发、荣、和、兴、丰、利"等吉利字眼儿，在广府文化中利用这些字眼儿是为了图一个好彩头；并且从它们后面的拼音来看，这些招牌语可能是来自潮汕方言，"××记"也是典型的广府招牌。后7例也是来自粤方言的表达，标准中文说法是：燕窝质量、炖竹荪、炖猪鞭、划算、档口、上菜、好吃点心。

（二）泰国华语习得造成的语言变异

1．语序变异

在泰国一些华语景观中，华语词语的组合顺序有时会迥异于普通话。例如，

第三章　语言景观视角下泰国华语使用及其变异

王龙虾　　鸡肉泰式炒面　　虾泰式炒面　　虾黑胡椒　　咖啡热

最好泰国的产品　　按摩泰国（Massage Thailand）

友谊中国（Chinese Friendship）

普通话的词语组合顺序通常是中心词置后。上面例子中的词序在普通话中应该是"龙虾王、泰式鸡肉炒面、泰式虾炒面、黑胡椒虾、热咖啡、泰国最好的产品、泰国按摩、中国友谊"。图3-1和图3-2里的华语正常的语序应该是"唐人街曼谷医院从今天起正式开业""所有进入该大楼的人都将被彻底检查"。很显然，华语景观中的词序变异，主要出现在菜单和服务类的商品语言景观当中。需要注意的是，出现词语顺序变异的情况，主要是发生在多个词语组合成定中结构的时候，如果只有两个词组合，则较少会出现变异。比如菜单中的"虾王"就没有被写成"王虾"。另外，两种词序读法有时会造成读者的困惑。例如对于一般顾客而言，大金行招牌"利兴""进成兴""洽成发"，从左读或从右读，似乎都能说得通。

图3-1　老唐人街曼谷医院　　图3-2　四面佛景区某大楼大堂告示牌

## 2. 语体/节奏变异

在泰国华语景观中，还有一类比较隐蔽的变异现象，即语体变异或者节奏变异。所谓语体变异，指的是应该使用 A 类语体词的表达，却使用了 B 类语体词。像广告、告示等正式语体，使用的词语常是书面语体词语，一般排斥口语词，并且书面语词组合时倾向于遵照语体和谐律。① 不过，我们在华语景观中，仔细观察，却发现了一些语体不太和谐的表达。例如，

  泰国特产品  只能用硬币  在这里出售  这里有销售
  教汉语基础  换商品条件/退款
  别攀登（no climbing）  补身体  补肺  清除痰

上面的几种情况，在标准中文语言景观中，通常会换成："泰国特产、只能使用硬币、在此出售、此处有售、教授汉语基础、退换商品条件、禁止攀登、补身 补肺 清痰。"

## 3. 数量词变异

在泰国华语中，该写数词"两"的地方有时会误写作"二"。检索东南亚华文媒体语料库收录的《世界日报》，16 个"二个"和 9 个"二种"组合里，就各有 3 个是错用。这种混淆也反映在华语景观之中。例如，

  二种甜点  二种配料  营业时间早上六点至晚上二点
  每铢 19889 铢  每甘 1312 铢

以上数量短语标准华语应该是"两种"和"两点"。而计量黄金的数量短语"每铢"和"每甘"分别相当于中国的 15.2 克和 1 克。

---

① 指的是语言表达中制约语言单位在语体匹配上的一种选择机制：同类语体相配，形成语体和谐。参见孙德金《现代书面汉语中的文言语法成分研究》，商务印书馆 2012 年版，第 57 页。

## 4. 文字书写变异

泰国华语景观中,存在两类汉字书写变异。一类是由音近造成的错别字,另一类是早期民间手写造成的俗字。例如,

请小心保管财务　特色拷鱼　真宗川菜　啦差达营业部
面汤粿条　粿条水　鸭肉馃条　果条　粿汁　稞汁
鱼旦云吞　水菓汁喝了身体健康

从上例来看,"财务"当为"财物"(如图3-3所示),"拷鱼"应为"烤鱼","真宗"当为"正宗",地名"啦差达"为"拉差达",这类错别字的出现大概是因为字音相近,输入时选择不当所致,这种情况比较少见,属于偶然错误。"粿条、粿汁"本是潮汕地区食物,由大米等材料制成,后随移民传至东南亚各国。泰国华语民间体存在"果、稞、馃"多种形式,如图3-4所示。《全球华语词典》[①] 收录"粿、粿汁、粿条、稞条"四个词条。"鱼

图3-3　码头夜市警示牌

---

[①] 李宇明主编:《全球华语词典》,商务印书馆2010年版,第338页。

图 3-4　新唐人街某餐馆广告牌

旦"当为"鱼蛋","蛋"在中国民间也常手写为"旦",二简字曾经收录,后作废。"水菓汁"中的"菓"是"果"的异体字。

5．翻译变异

在泰国语言景观中,英语的使用非常普遍,英语能跟现代化、全球化的产品与服务概念联系在一起。[①] 如前所述,华语、英语和泰语存在对译关系。在英语、泰语翻译成华语的时候,由于存在一词多译的可能,华语的译本往往会出现一些变异乃至问题。

图 3-5 中的"简单易学　很容易发挥　你可以发挥我们的"应该是从泰语 **แสดงท่าที** 直译过来的,而泰语 **แสดงท่าที** 除了有"发挥"的意思,还有"表演"之意。此处应该选用"表演"更为恰当。

图 3-6 中的"约见点"是从英文翻译过来的,有的机场译为"会客点"或"接客点",有的机场译为"会合点"等。不同的华

---

① Mooney, A., *Language, Society and Power: An Introduction* (third edition), Routeledge, 2011.

图 3-5　码头夜市某乐器店招牌

图 3-6　曼谷素万纳普机场标牌

语区有不同的译法，暂时尚未取得统一。这样的词可视为泰国华语词。在我们调查的华语景观中，也出现了不少这样的华语词，例如在新唐人街上有招牌上书"陶豪出售""出售康多家私"。"陶豪"和"康多"分别是英语town-house和condo的音译，相当于中国的小洋楼和公寓。《全球华语词典》[①] 收录"陶豪"，未收"康多"。

英语对译华语，造成问题的还有Best Seller。Best Seller既可以是"热卖、畅销"的意思，也可翻译成"畅销书"，如图3-7所示。

图3-7华语翻译成"热卖"无误，但图3-8实际上售卖的是药膏，而不是"畅销书"，这里应该是错译。在市区四面佛景区和老唐人街地带，也有招牌上正确地译成"畅销产品、畅销商品"。这说明，在正式的场所或者认真的态度下，华语出现变异的情况会有所减少，而在借助机器翻译且缺乏人工干预的私人场合，变异就会容易发生。例如唐人街某药店广告上的Anaglsic plaster cool formula for muscular pain relief就翻译成"镇痛凉塑料公式肌肉疼痛"，正确的表达应该是：凉爽配方止痛膏，缓解肌肉疼痛。

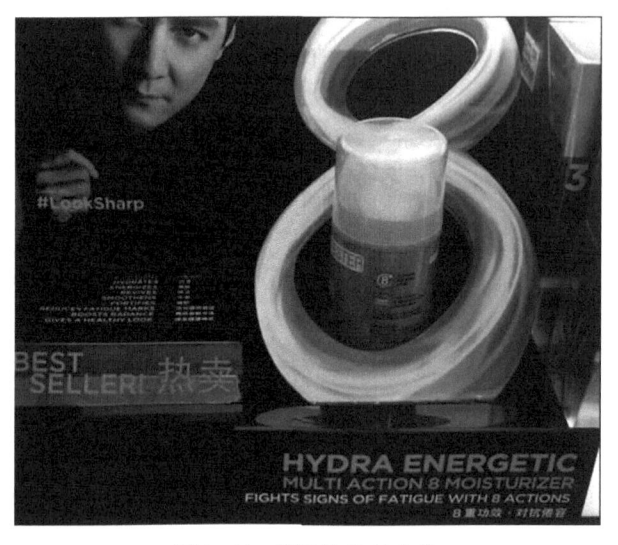

**图3-7　机场化妆品广告**

---

① 李宇明主编：《全球华语词典》，商务印书馆2010年版，第804页。

第三章　语言景观视角下泰国华语使用及其变异 | 107

图 3-8　新唐人街药品店广告

类似这样读来"疙疙瘩瘩"的华语景观还有不少。如某商场告示牌上书"不予退款。商品，除了拍卖的商品之外，可以长达购买后 7 天的最后一天换商品，原始收据为依据。商品必须在原来的状态，只能用于相同或更高的商品价值交换。所差异的必须以现金方式计算"。如此长的语篇初看令人不知所云。细究之下，标准华语应表述为："一经售出概不退款。除拍卖商品外，凭原始收据 7 天内可换。商品须维持原状，以置换等价或更高价商品，差价须以现金补齐。"很显然，这样的"机器翻译体"华语景观，在泰国华语作为二语学习的情况下，还有存在的空间。

有的华语景观甚至令人百思不得其解，如图 3-9 和图 3-10 所示。

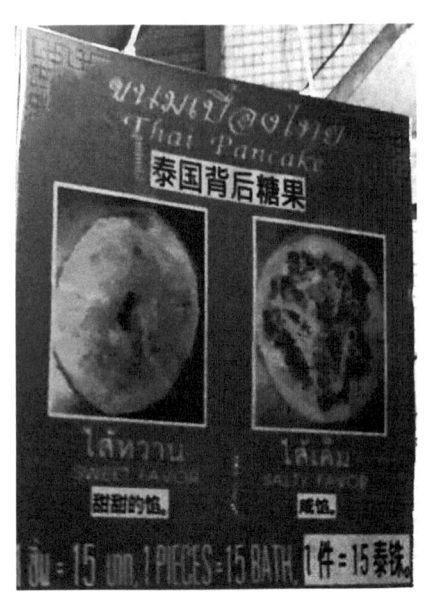

图 3-9 老唐人街某食摊广告　　图 3-10 火车市场某店铺广告

图 3-9 中的泰国煎饼（Thai Pankcake）为什么会翻译成"泰国背后糖果"、图 3-10 中的护肤品图片为什么写成"水果开护联品"，恐怕标牌制作者本人也说不出所以然。

6. 标点符号变异

受制于语言景观本身的特点，语言景观中文本的长度一般较普通文本短，标点符号的使用也大大减少，能省则省。泰国华语景观中，标点符号也是很少见。但在符号的具体使用方面，出现一些变异。例如，

牛，猪，鸡肉，鱼丸咖喱

鲜天下中餐馆，特色拷鱼，川菜，浙江菜，早餐，营业时间早上六点至晚上二点，

治疗关节炎，痛风，指关节麻木僵痛，筋骨损伤，松弛筋骨，治疗抽筋，有助于治愈糖尿病患者的伤口，

番茄，煎鸡蛋

根据《标点符号用法》规定①，逗号、顿号都可以表达并列关系，然而逗号一般是用在复句内各分句之间的停顿，顿号的基本用法是用在并列词语之间。从上述例子来看，主要是标准华语中应该使用顿号的，在泰国华语景观中使用了逗号。出现这种变异现象的原因可能是泰文中表达并列的只有逗号，而没有顿号。

还有一个有意思的现象是，泰国华语景观中会简用数学符号中的等号来表达意思相等或价格相等。例如，

无海关盖章＝无法退税

泰国背后糖果　　甜甜的馅　　1 件＝15 泰铢

使用等号而不是文字表达，一是信息传达简单明了；二是可以大大节约书写空间，降低标牌制作成本，符合语言景观经济性原则。

## 小结及建议

本书通过语言景观的视角观察泰国华语使用及其变异情况。研究发现，泰国华语景观只在曼谷唐人街等商业旅游地区能见度较高，语言组合类型和功能类型比较单一，主要发挥信息功能和经济功能。这与尚国文②的观察是一致的。华语景观在泰国社会并不普

---

① 教育部语言文字信息管理司组编：《语言文字规范标准手册》，商务印书馆 2015 年版，第 250 页。
② 尚国文：《语言景观的语言经济学分析——以新马泰为例》，《语言战略研究》2016 年第 4 期。

遍，华语生活并不活跃。

我们曾把新加坡华语变异分为使用型变异和习得型变异。[①] 当时提出使用型变异是为了强调新加坡仍有华语使用的巨大空间。鉴于泰国华语景观现状，本书将其变异现象分为泰国文化传承类变异和华语习得类变异。总体而言，正是在商业经济领域的华语使用，影响了这两类华语变异的面貌。

在如何看待语言景观中华语变异的问题上，我们认为，不妨持一种平常心。对于泰国华语使用中的一些错误不必锱铢必较，更不必动辄得咎。泰国华语景观目前主要是在商业和旅游领域发挥经济功能，在功能不广的情形下要求规范和标准，反而会限制华语的发展。在火车市场，笔者曾接受一位不懂华语的摊主的请求，为她售卖的虾米辣椒酱写一个中文标识，好招揽中国游客。这说明，泰国民众尚有使用华语的愿望。我们应该珍视泰国社会努力运用华语的这种愿望，而不是在变异问题上过于苛责。当然，至于有心采用华语景观来学习汉语的专业人士，则需要谨慎地使用这些素材。而就民众或一般商家而言，华语变异就留给市场这只无形的手来调节吧。

---

① 祝晓宏：《新加坡华语语法变异研究》，世界图书出版公司2016年版。

# 第四章

# 印度尼西亚华语景观探查

印度尼西亚是海外华人人口最多的国家，华族总数约有1000万人，但从人口比例来看，华族仅占该国人口总数的3%，属少数族群。印度尼西亚语是国语，印度尼西亚政府实行单一语言政策。

自20世纪60年代中期以后，印度尼西亚全面禁止华文教育，禁止公共场合使用华文招牌，华文书刊被列为毒品、军火同类而遭到查禁。当然，这些语言灭绝的做法并未完全杀灭华文的火种，不少华人家庭和个人仍在通过各种方式学习华语。1999年瓦希德当选总统后，放宽或废除了上述各种禁令，华文报刊和华文学校重新涌现。但是，由于积重难返，公共场所的华文标识仍然未能大量再现。

本章使用"探查"，意在强调在印度尼西亚华语景观很少，包括在华人商业区或是唐人街等华人社区，要发现华语景观也存在不小的难度。例如，雅加达、万隆、棉兰、泗水等大城市的唐人街，华语标牌数量极少，与华人人口比例和经济地位相差太大，让人不得不慨叹印度尼西亚华文教育离真正的复苏还距离遥远。然而，印度尼西亚又是一个地理跨度狭长的国家，情况复杂，某些地方的华语生活状况又比人们想象得要好，特别是远离政治中心的巴淡岛、加里曼丹岛的坤甸、山口洋等地区，华语环境似乎还不错。

考虑到印度尼西亚的复杂情况，本章主要报告我们对于政治经济中心雅加达以及万隆、棉兰、泗水华人社会语言景观的调查结果。希望我们的调查比较，对于改善印度尼西亚华语生态有所助益。

## 第一节　印度尼西亚华语景观概况

印度尼西亚华语景观的概况，可以从地理和空间两个维度来看。

从地理上观察，印度尼西亚是一个东西短、南北长的岛屿国家，17508个岛屿造就印度尼西亚"千岛之国"的称号。地理的阻隔和交通的不便，自古以来使得印度尼西亚的语言、方言众多，语言多样性极为丰富、复杂。据世界语言民族志（Ethnologue：Languages of the World）网站统计，印度尼西亚共有707种语言。使用人口最多的几种语言依次为爪哇语、巽他语、马拉都语。最大的岛屿依次为加里曼丹岛、苏门答腊岛、伊里安岛、苏拉威西岛和爪哇岛，大部分人口就居住在这5个岛屿上。印度尼西亚总人口为2.6亿人，超过86%的民众信仰伊斯兰教，清真寺广播"宣礼"是城市里最基本的音轨之一①，也是印度尼西亚人最为熟悉的"声音景观"（Soundscape）。其中，华人占印度尼西亚总人口的3%左右，约为1000万人，主要说印度尼西亚语、华语及其方言。印度尼西亚行政上拥有34个省区，532个县市。华人人口地理分布不均。一般来说，民族人口数量、比例和密度及其政治地位，决定了民族语言景观的多少。印度尼西亚华语景观的数量也跟印度尼西亚华人人口的分布和比例呈相关关系。印度尼西亚华人人口数量前四大城市为雅加达、泗水、万隆和棉兰。相对而言，这四个城市的华语景观也更为多见。

---

① 曾嘉慧：《日惹几日几人》，《田野调查》2021年第1期。

华语景观也主要出现于城市空间。1959 年，印度尼西亚苏加诺政府颁布第十号总统令，禁止华人在县级以下单位从事商业经营活动，只允许在城市谋生、创业，致使华人逐渐向城市转移、聚居，华人甘榜随之没落，过去乡村华人聚居地的华语景观也随着唐人村的消失而消失，例如在棉兰郊区美达村，这里华人聚居，但华语景观也很少见。① 在印度尼西亚乡村，像图 4-1 这样曾经的华文 + 印度尼西亚文双语景观已成绝版。

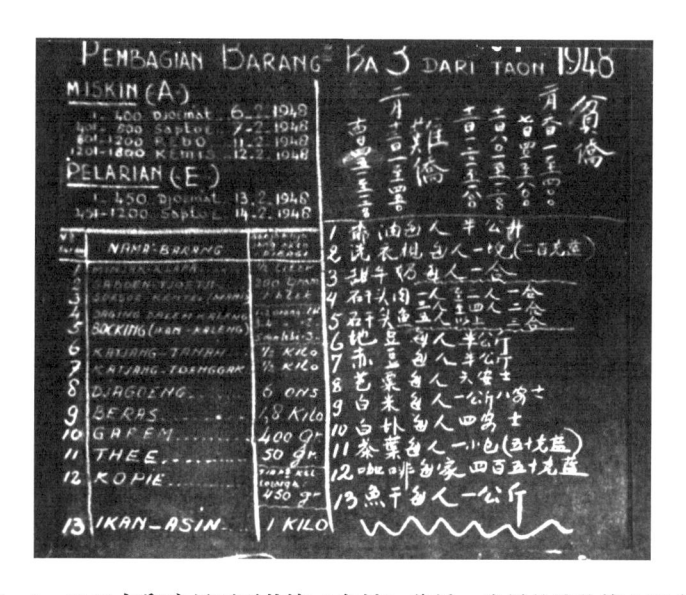

图 4-1　1948 年印度尼西亚甘榜（乡村）贫侨、难侨救济物资分配告示

在城市时空中，华语的使用和华语景观并非均匀。在华人集聚的空间或华人经济文化活动繁荣的空间内，华语景观更多。例如，华人寺庙佛堂、华人家庭、唐人街或中国城、华人餐厅或中式餐馆、华人墓园、华人会馆、华文学校、华人小区、华人企业、中资工业园（如苏拉威西省的德龙工业园）和企业分部等场所，华语景观稍显丰富多样。据郑一省统计，全印度尼西亚佛堂、道观、大伯

---

① 郑一省、邱少华、李晨媛：《印尼美达村华人》，中国社会科学出版社 2019 年版。

公庙等华人宗教场所共有5000多处。① 这些宗教场所不仅慰藉了华人心灵，给普罗大众提供了神性生活的空间，也是华语生活的重要场所。以上这些华人聚集的场所进行的华人文化活动，华语生活的气息更为浓厚，因此，在华人的节日、仪式、庆典场合，华语使用和华语景观更为常见。

华媒、华团、华文教育是华人社会的三大基石。华语电视、华文报刊也是一类广义上的华语景观。印度尼西亚华文报刊随着印度尼西亚政治经济的变化而沉浮，或关停或重组创刊，目前，印度尼西亚共有十几家影响较大的华文报。其中，以下四大城市华文报刊超过半壁江山，数量和种类也相对居多。例如，雅加达有《国际日报》《印度尼西亚商报》《印度尼西亚星洲日报》《和平日报》《印度尼西亚新报》，泗水有《千岛日报》《泗水晨报》，棉兰有《正报》（前身为《印广日报》）、《好报》《棉兰早报》《讯报》。印度尼西亚有声华文媒体只有美都电视台和大爱电视台播放中文节目，万隆有美声华语广播电台（Radio Suara Indah Bandung，波长92.1 FM）。② 印度尼西亚华人是印度尼西亚华文媒体的主要阅听人，他们消费中文媒介，进一步涵养了华语能力，有利于华语景观资源的维持和发展。

## 第二节　印度尼西亚唐人街语言景观变异

唐人街是海外华人社会的典型代表。据统计，全世界有60个唐人街或中国城。环顾世界许多城市，唐人街都是一个独特而有魅力的空间存在。存在其中的华人群体，通过一代代的接力拼搏，呕心经营，使其成为一个地理边界相对明确、商业经济氛围活跃、中华文化特色鲜明的族裔社区。这就是说，唐人街既是一块物理空间

---

① 郑一省：《印度尼西亚华人民间信仰研究》，中国社会科学出版社2021年版。
② 赵永华：《印度尼西亚近百年来的新闻传播业：1615年至21世纪初》，《新闻界》2012年第18期。

和商业空间，也是一个文化空间和生活空间。在这样一个富有特色的综合体里，中华文化符号随处可见，门楼、飞檐、货栈、食肆、庙宇、灯笼、招牌等令人目不暇接，特别是刻印其上的汉字，不绝于耳的汉语及其方言，往往让人产生一种身处华夏之感（即福柯所谓的"异托邦"）。语言是人类的精神家园，对于生于斯、长于斯、奋斗于斯的海外华人来说，唐人街及其中的华语景观更是一块充满记忆的精神家园。

缘于快速的现代化步伐和全球化进程，世界不少城市正在推进唐人街的发展和改造，随着中国新移民源源不断地加入和"一带一路"倡议的推进，古老的唐人街正在焕发新的活力。同样，也正是缘于现代化和全球化，世界范围内不少唐人街也正在逐步变得同质化和趋同化。印度尼西亚唐人街也不例外。在印度尼西亚现有的10个唐人街中，由于历史的原因，大部分都发生了不同程度的式微或衰败。近年来，为了促进旅游经济发展，保护民族文化遗产，印度尼西亚政府有关部门（以旅游和创意经济部为代表）开始联合华人社会推动旧唐人街的改造和新唐人街的再造。涉及改造的旧唐人街包括雅加达老城草埔唐人街、泗水北区加巴山唐人街，新建的唐人街包括雅加达潘佐兰广场、老上海广场、万隆唐人街。与唐人街正在并且还在变化相对应的是，其间的语言生活也一定会有一番大变样。

在印度尼西亚几个唐人街的改造和新造过程中，我们所关心的语言问题有如下两个：

一是唐人街的变化会给华语景观带来哪些变异与变化？华语景观资源对于唐人街的"升级换代"发挥着哪些作用？

二是华语景观正在发生的变异，即所谓进行中的变化，是否有助于我们理解华语景观的历史变迁？

本节我们将以印度尼西亚四大城市雅加达、泗水、棉兰、万隆的唐人街为对象，探索华语景观的历史和现状。

## 一 唐人街华语景观历史

历史上的语言景观，是过往语言生活的折射，它可以作为一扇窗口，帮助我们管窥"语言景观中的历史"。其不同于书面历史和口述历史的独特价值，不只在于它以语言结合图像的形式，向我们更加直观、真实地展示历史，还在于它无声胜有声的视觉形象，是相对稀缺、丰富和简短的。正是丰富和简短，赋予其文本的开放性。不同的人可以从中聚焦、解读出不同的内容和意蕴。历史语言景观可以带领我们置身历史现场，激活记忆，揭示真相，引发认同，这也是现代人在建设档案馆、博物馆和制作纪录片时极其看重历史实物图片的缘由。因此，调查唐人街历史华语景观，既是在观察华人社会历史上的语言生活，也是在另一个方面注视华人社会的历史变迁。

### （一）雅加达唐人街历史华语景观探赜

雅加达是印度尼西亚首都，旧称巴达维亚，又称吧城和椰城。华语历史文献《开吧历代史记》记录了从 1619 年到 1759 年共 140 年，早期华人历代首领在荷兰殖民者的统治下，参与雅加达城市建设、社会管理和税务贸易的历代大事。1619 年，"此时唐人来吧贸易，利息数十倍，吧国初定，时唐人有百十人家而已"。[①] 从这段记述里，我们可以知道，雅加达早期华人的数量很少，主要从事贸易活动。10 年之后，也不过 2000 名华人。雅加达建城之初，百业待兴，需要大批劳工开发，荷兰人认为"世间无有较华人更适合此工作者"，中国沿海很多人或自愿或被胁而南来。1620 年，荷属东印度公司（VOC）任命华人首领苏明岗为甲必丹大人，送望加赖园地为甲大之府，门前挂大灯，上书"开国元勋"四个大字。这或许是在雅加达公共场合最早竖立的政府机构华语标牌。1929 年，苏明岗墓碑重修，墓碑铭记了苏明岗的生平事迹，正面上刻"明同邑

---

[①] 许云樵：《〈开吧历代史记〉校注》，《南洋学报》1953 年第 9 卷第 1 辑。

甲必丹苏明岗墓"。从中华传统风俗来看，墓碑带有一定的禁忌文化属性，它本不是供外人识读欣赏的"景观"，因此，不宜刻意地将其比附为外来概念"语言景观"一类；而且，碑刻在我国属于金石学范畴。以碑刻和书面文献作为二重证据，可以勘误一些史实错误，例如广为讹传的"苏明光"就是通过上述碑刻勘误的一个证明。

在 20 世纪三四十年代，雅加达唐人街非常繁荣，不啻为一个真实"中国城"的翻版。"唐人街就像一个沸腾的大锅，宣传活动以及爱国活动不断地在这里进行着。中文报纸随时将他们所得到的最新新闻用号外发出来，张贴在墙上或散发给中国人。人潮不断地涌过来，争看着这些新闻。"① 这是林语堂小说《唐人街》中对 1937 年美国唐人街场景的生动描绘，但几乎也是同时代雅加达唐人街的写照。

印度尼西亚在 1945 年独立建国之前，华人拥有相对宽松的政治和文化环境，相应地，华人社会的语言使用和华语景观生态也比较宽松。不过，在影像技术还不普及的年代，那个时代的语言景观照片并不是唾手可得，也很难对那个时空中的社会语言景观进行大规模的定量研究。开展历史语言景观的研究，可以通过对比不同时代数量有限的标牌，做一些管中窥豹的定性分析。例如 Pavlenko[②]对于俄罗斯和苏联语言景观的历史考察，王晓梅等人[③]对于马来西亚吉隆坡华文景观的历史考察，等等。历史维度可以为语言景观变化提供解释性视角，正如 Pavlenko 所说，"如果不研究当代语言标识是如何发展和产生的，就永远无法完全理解和分析它"。[④] 印度尼西亚

---

① 林语堂：《林语堂全集·第四卷·唐人街》，唐强译，东北师范大学出版社 1994 年版，第 148 页。
② Pavlenko, Aneta, "Linguistic Landscape of Kyiv, Ukraine: A Diachronic study", in Shohamy, E. G, Rafael, E. B. and Barni, M. eds., *Linguistic Landscape in the City*, Multilingual Matters, 2010, pp. 133 - 150.
③ Xiaomei, Wang, et al., "From Monolingualism to Multilingualism: The Linguistic Landscape in Kuala Lumpur's Chinatown 1", *Multilingualism in the Chinese Diaspora Worldwide*, Routledge, 2015. pp. 177 - 195.
④ Pavlenko, Aneta, and Alex Mullen, "Why Diachronicity Matters in the Study of Linguistic Landscapes", *Linguistic Landscape* Vol. 1, No. 1 - 2, 2015, pp. 114 - 132.

华人社会语言景观的变化只有置于印度尼西亚历史发展的框架下才能得到深刻的理解。

荷兰国家档案馆①收藏了其殖民地时期印度尼西亚大量的历史照片,其中也有一些华文景观照片,大部分为20世纪40年代荷兰随军记者所拍摄。这些历史老照片,为我们观察雅加达唐人街语言景观的变迁提供了一扇视窗。

荷兰国家档案馆收藏的雅加达唐人街老照片共有8幅,这8幅照片中清晰可见的华文标识有源兴酒库、寿昌号铜铁漆料、婆罗洲旅社、剑舞书画美术馆、陈富通汇兑银庄、保安和药材行、中华戏院、《克复南宁》电影海报。

从图4-2和图4-3可以看出,20世纪40年代唐人街华人从事的行业是很多样的,唐人街的经济、文化活动非常活跃,几乎跟当时的中国民众文化生活是同步的,华侨也可以从事酿酒、卖酒行业。丁剑在一篇文章中还提供了一些老字号商家的招牌,如中华西药房、宝华花裙布商、大时代摄影馆、中华中西酒家筹办筵席等,他形容当

**图4-2 1947年班芝兰唐人街电影海报**

时唐人街的盛况:"20世纪60年代以前,班芝兰商铺招牌都是中文写的,老字号的店面比比皆是。"② 实际上,那时候中文单语汉字

---

① 网址为 https://www.nationaalarchief.nl/onderzoeken/zoeken?activeTab=photos&rm=gallery。

② 丁剑:《雅加达中国人不可不去——"班芝兰"(Pancoran)和"罗戈莎丽"(lokasari)》,2018年8月26日,https://www.sohu.com/a/250183611_442981。

**图 4-3　20 世纪 40 年代班芝兰唐人街源兴酒库**

招牌还是不多，大部分中文招牌下面还有拼音、印度尼西亚文或是英文。唐人街的许多商店、餐馆等场所也是印度尼西亚土著非常喜欢光顾的，多语使用是为了保证这些招牌能够为印度尼西亚当地人所识别。多语招牌既反映了当时唐人街空间的语言包容性，也预示着唐人街从多语社会向单语社会变迁的现实可能。这些老字号华文招牌书写顺序是从右到左，华文都是繁体字，位置居上，印度尼西亚文较小。这说明，当时华文是唐人街的优势语码。

但是，到了 20 世纪 70 年代，随着不少华人迁离唐人街，此间的华文景观生态发生急剧变化。例如，丁剑用两张班芝兰街景今昔对比图说明"今天的唐人街已经少了往日醇厚的韵味"。从照片中可以看出，已经全无华文招牌，有的招牌也只保留了拼音的残留，如 Liong Hwa。华人及其商业的纷纷撤离和关闭，导致华文景观大面积消失。从运河边的"婆罗洲旅社""寿昌号"一排华人店铺的消失，我们也可以看出这一点见图 4-4 和图 4-5。

班芝兰唐人街的变化是肉眼可见的。作为华人文化家园核心载体的华文书店"联通书局"（前身是中华书局），由杨兆冀先生创办

**图 4-4　1946 年班芝兰街运河边寿昌号**

**图 4-5　2022 年班芝兰街运河边印度尼西亚文招牌**

于 2001 年，被誉为印度尼西亚华人社会"最后的书局"，但也在艰难维持 20 年后在 2020 年悄然关闭，华文招牌也随之消失。

（二）泗水唐人街华语景观历史

泗水是印度尼西亚第二大城市。据 worldometers 网站提供的数据，截至 2022 年，泗水约 237 万人口，华人约占 7%，即 23 万人左右。中国人何时来到泗水，尚无确切考据。一般认为，14 世纪已有中国人居住在泗水，15世纪初开始形成华侨社会，华侨多为福建漳州、泉州籍。明代跟随郑和下西洋的通事马欢在《瀛涯胜览》中记载："行二十余里到苏鲁马益，番名苏儿把牙，亦有村主掌管，番人千余家，其间亦有中国人。"古籍中的苏鲁马益和苏儿把牙就是今天的泗水。关于"泗水"中文名称得由，民间至少有三种说法，周南京考释认为，华侨将Surabaya译作"泗水"，"泗"是依据闽南方言翻译Su而来，"水字可能与流经该市的苏腊巴亚河（Sungai Surabaya）有关"。[①] 直至18世纪中期前后，泗水唐人街才基本形成。

今天的泗水唐人街中心位于泗水城区甘邦泽本街（Jalan Kembang Jepun）和加巴山街（Jalan Kapasan）一带。在甘邦泽本街入口有一个红柱金龙的唐人街牌楼，上面只有福建话Kya-Kya（意为走啊走啊），而在20世纪40年代唐人街牌楼上还有华文书法楹联，见图4-6。

**图4-6　泗水唐人街牌楼现状图**

从图4-7依稀可见，20世纪40年代的唐人街牌落成时的楹联："女子传慈训母仪弈世其昌，侨民庆诞辰坤道五旬登极"，横批是"为政以德"，落款为"市邻加巴山区奉贺"。门楼上张灯结

---

[①] 周南京：《"泗水"小考》，《中国东南亚研究学会通讯》1996年第3期。

**图 4-7　20 世纪 40 年代泗水唐人街牌楼**

彩，可见当时唐人街的繁华。

唐人街的很多街名留下了早期华人社会生活的印记。例如，Jalan Panggung 意为戏台街，因华人每逢佳节在此演出布袋戏（木偶戏）等而得名；大伯公街因建有大伯公庙而得名；喇叭街因华人在该条街上生意叫卖时吹喇叭吸引顾客而得名。橡胶街（Jl. Karet）、糖街（Jl. Gula）、茶街（Jl. Teh）、咖啡街（Jl. Kopi）则表明华人所从事的行业。

在泗水唐人街，华人从事的传统工商业五花八门，比较发达的有金铺、杂货、绸缎布匹、金融、中餐、中药店等。据周南京[①]介绍，20 世纪初，泗水唐人街的金铺主要集中在甘邦泽本街、喇叭街一带，到 40 年代加巴山街则发展成为黄金业中心，喇叭街则成为布匹批发集散中心。图 4-8 是 20 世纪 10 年喇叭街上的金铺"振鍊栈"，到 60 年代之前则发展成为拥有大中华戏院、金陵酒家的繁华街市。

泗水唐人街一带坐落着几个重要的华人寺庙和华人宗祠。甘邦泽本街区以南的喇叭街（Jalan Slompretan）上拥有建于 19 世纪初的福安宫（Suka Loka Temple，又叫天上圣母宫）和华人客家社团惠

---

① 周南京：《泗水唐人街白皮书》，载北京大学亚洲太平洋研究院编《亚太研究论丛》（第 1 辑），北京大学出版社 2004 年版，第 206—235 页。

第四章 印度尼西亚华语景观探查 123

图 4-8 20世纪10年代泗水唐人街

图 4-9 20世纪60年代泗水唐人街

潮嘉会馆。福安宫是泗水最古老的华人寺庙之一，如今从外面远观已经看不到汉字，入门只有印度尼西亚文Yayasan Sukhaloka，寺庙之内倒有不少华文，如正殿的"福安宫"匾额，两侧书有楹联："福荫被苍生灵接湄洲虔祀神仪昭礼典，安澜澹碧海恩泽泗水欣逢泰运沐仁风"。另有1929年（民国十八年）黄发州信士题赠的匾额"天上圣母"以及"有求必应、后德同天"等。

惠潮嘉会馆是为惠州、潮州、嘉应州3地25县乡亲的联谊组织，会馆门前也书有楹联"广举千秋义，东成百氏祠"。在加巴山街上坐落着印度尼西亚最大的孔庙泗水文庙（Boen Bio），庙内名人题写的楹联很多。例如，正门有晚清名臣陈宝琛题写的"万世师表"和两侧对联"地灵名早兆，天语祀新隆"，正厅是光绪皇帝御批的"声教南暨"四个大字，还有康有为题写的"至德冠前王，允作全球教主；圣经传后学，咸钦盖世儒宗"以及"尼山虽谓宫墙远，泗水依然庙宇存"等不同时代的楹联。

据泗水彼得拉基督教大学印华研究中心李秀珍介绍，"至今泗水市的唐人街依然保存着古老的街道，两旁具有特色的华人店屋林立，却看不到一个汉字"。[①] 这是印度尼西亚华文教育30多年的断层所致，30多年没有华文教育，至少就失去了一代会说华语、用华语的华人，随之失去的还有泗水的华文报刊和华文学校。泗水原来拥有众多华文学校和华文报业，周南京所统计的14家华文学校悉数停办，19家华文报刊如今只剩下《千岛日报》《印度尼西亚商报》。

泗水唐人街和泗水华人社会变化是巨大的。近30年，城市不断向外扩建，新的商业中心渐次出现，华人十之有八搬离唐人街，第三四代华人已经不肯子承父业，唐人街许多祖产商店已经空置，部分建筑物丧失旧貌，期待借助旅游业重新振兴。[②]

---

[①] 李秀珍：《印度尼西亚泗水华人社团的现状与展望》，2014年，未刊稿，http://repository.petra.ac.id/16664/1/Publikasi1_02053_1535.pdf。

[②] 小兵：《泗水市政府重新开启Kya Kya街成为旅游景点》，《千岛日报》2022年8月12日。

### (三) 万隆唐人街华语景观历史

万隆，古称勃良安（Priangan），源自印度尼西亚巽他语 Para-hiyangan，意思是仙之国。据考证，万隆（Bandung）市名中"隆"的 dung，缘于 d/l 音变，"万隆"亦系马来语对音。① 万隆是西爪哇首府，四面群山环绕，气候宜人，自然环境优美，素有花城、东方巴黎美称。据统计，截至 2010 年，万隆人口约有 280 万人，华人人口约 83320 人。②

华侨是什么时候来到万隆定居，目前尚没有确切的史料证据。一种说法是 1825 年，华侨从雅加达迁移到万隆。据 Tunas 的数据，1845 年万隆只有 13 名中国人，较大规模的华侨来此大概是 19 世纪末。③ 华侨移居万隆早期，是和本地人混居在一起的。随着华人数量的增多，荷兰东印度公司为了便于管理，对外国人实施居住区制度（Wijkenstelsel）和通行证制度，限制华人自由流动，规定华人必须住在 Pecinan 地区，这就是万隆最早的华人区。华人随后发展到南区寺庙街（Kelenteng）地区，1885 年，闽籍华侨甲必丹、陈云龙等人在寺庙街中段建立了万隆最早的佛教寺院协天宫，主祀关帝圣君。

20 世纪初，万隆华侨继续发展到新巴刹（Pasar Baru）地区（现在的 Otto Iskandardinata 街），从事布匹买卖、手工业等行业。到 30 年代，华人区已经颇具规模。民国时期国务总理熊希龄在其演讲中谈到当时"在吧城万隆华人街，触目皆为华人，几如置身国内，忘其寄居异域矣"④，虽是主观感受之辞，但也能反映当时万隆华人社会的情况。四五十年代，万隆街头可见不少华文招牌，见

---

① 赵清慎：《聚落名地名新探》，中国社会出版社 2017 年版，第 304 页。
② Arifin, Evi Nurvidya, M. Sairi Hasbullah, and Agus Pramono, "Chinese Indonesians: How Many, Who and Where?", *Asian Ethnicity*, Vol. 18, No. 3, 2017, pp. 310 – 329.
③ Tunas D., *The Chinese Settlement of Bandung at the turn of the $20^{th}$ Century*, Master Thesis of National University of Singapore, 2008.
④ 周秋光编：《熊希龄集》，湖南人民出版社 1996 年版。

图 4-10 和图 4-11。

图 4-10 显示，唐人街牌楼上悬挂着一个巨大的横幅，上书："万隆华侨庆祝尊皇公主大喜之礼"，两边还贴有红色双喜。图 4-11 显示当时万隆街头还有很多华文招牌，入眼最近处的为"参茸药行"和"参茸药酒"海报。

图 4-10  20 世纪 40 年代万隆唐人街牌楼

图 4-11  20 世纪 50 年代万隆街头

民国时期，万隆华人社会深受中国影响，国语运动也借由学校阵地风靡一时。陈嘉庚在其回忆录里这样记述20世纪40年代的万隆："校内教授则用国语,现下南洋国语到处可以流通,较之祖国某省学校,尚有用方言教授者大不同矣。"① 华侨教育方面,采取中国教育制度,众多知名的华侨学校开始兴办起来。例如,1935年玉融公会(现万隆福清同乡基金会)创办万隆清华小学,学生2100人。同年,创办万隆清华中学,学生1800多人。1947年万隆华侨中学创办,教师大部分是来自中国的大学毕业生,到1965年时有学生4000人。1946年创办万隆南化学校,设小学和初中部,教师一部分是来自中国的大学毕业生,另一部分是当地侨校高中优秀毕业生,1965年学生有1600人。这些学校办学章程面向中国,课程师资与国内接轨,培养了大批爱国华侨人才。

20世纪40年代,万隆地区以铁路为界分为南北两部分,北部领土由荷兰人控制,而南部则主要居住着当地人和华人。1945年,万隆发生一场大火,烧毁了大量华侨商铺房屋,更多的华侨华人被迫搬到城市南区发展。据统计,1950年的时候,万隆华人就达到62019人之众。② 一直到20世纪60年代,寺庙街、塔敏街、新巴刹街都是华人集中的地带,这一带也有不少华文招牌。

20世纪60年代的排华政变使得雅加达包括邻近的万隆华人社会元气大伤,侨校侨团和侨报纷纷关停。曾任驻印度尼西亚大使的新加坡政坛元老李炯才回忆那个时代的华文景观变迁③:

> 我记得,1955年万隆亚非会议期间,我第一次访问雅加达和万隆时,到处都有华文招牌。华文报纸在印度尼西亚发动向外的论战,每个村镇都可以看到华人学校。1960年,为了给李光耀总理首次访问印度尼西亚做准备,我再次到印度尼西

---

① 陈嘉庚:《陈嘉庚回忆录》,北京联合出版有限责任公司2021年版,第22页。
② 郝时远:《代价与转机:印度尼西亚华人问题辨析》,《世界民族》1998年第4期。
③ 李炯才:《大使的历程 出使八国记》,国际文化出版公司1991年版,第207页。

亚，一切情况仍然一样。但是，1970年我被派到印度尼西亚任大使时，不再能看到华文招牌、华人社团或华人学校了。不仅华语被认为"有害"，甚至华人的宗教和风俗习惯也被认为是不可取的。

到了20世纪80年代情况才逐渐有所恢复。1984年，万隆华人李湘生成立勃良安福利基金会，基金会后来发起成立华族历史博物馆和百氏祠。百氏祠每年春秋举行两次祭祖活动，有力地团结了华人社会。

（四）棉兰唐人街华语景观历史

19世纪初，棉兰只是一个小村庄，人口不过一两百人。1861年，闽南移民首先来到这里，主要从事烟草、橡胶种植业；19世纪70年代，华人在Kesawan地区一带发展出唐人街市。此后，广东、福建大量移民来到棉兰，开始形成棉兰中国移民社会，侨民庙宇先后建成，如真君庙、关帝庙、寿山宫、天后宫等。据统计，到了1905年，在棉兰13000多的人口中，本地人只有2000多人，华人约占一半，唐人街成为当地主要商业区。[①]

20世纪初到40年代，棉兰华人主要居住在沙湾老街（今yani街）一带，街上建有宏伟富丽的唐人街牌楼。1925年，荷兰总督上任来到棉兰，一行队伍从牌楼鱼贯而入，穿过唐人街，摄影师拍下此景，留下了当时唐人街牌楼及沿街商店招牌的景象。

从图4-12来看，商店招牌上有印度尼西亚文、荷兰文和华文。沿街右侧三语招牌中的华文繁体字"南兴鞋庄"清晰可见，远处的牌楼上还临时悬挂了竖体"欢迎"两个大字的布条。这条街历经岁月变迁，如今牌楼已经不复存在，街道两边也不再有华文招牌和汉字。

1947年，不甘失败的荷兰人再次向印度尼西亚发起殖民战争，

---

① 魏明枢、韩小林编：《客家侨商》，暨南大学出版社2015年版。

**图 4 - 12　1925 年荷兰总督率队进入棉兰城**

在进攻爪哇和苏门答腊之时,印度尼西亚暴徒乘机烧杀抢劫华人,棉兰华人社会愤然而起。超过 12000 名华人浩浩荡荡,走上街头,扯起横幅,反对罪恶暴行,横幅上有的是华文单语书写的标语"蘇東華僑遊行請願大會",有的是"漫画+华文+英文"的多语标语"看!被肢解的惨状""举世无匹"(见图 4 - 13)。从当时留下的标语来看,华文还是华人在公共场合抗议暴政、表达诉求的重要工具。这些华文标语起到了凝聚华人社会人心、反抗排华势力的历史作用。到了 1949 年,荷兰殖民军仍未完全撤出棉兰,街头上可以看到荷兰大兵在"运输公司货仓"前的场景,也可以看到"八属会馆"的招牌。到了 20 世纪 70 年代,华人社团八属会馆改成现如今的棉兰三保回教学校,以便华人子弟有学可上。

20 世纪 50 年代,棉兰唐人街华语景观仍然非常繁盛。印度尼西亚归侨张柳昆回忆了当时在棉兰求学时所见华语景观的情况[①]:

---

① 张柳昆:《再现 1950—1960 年的印度尼西亚华侨社会》,《千岛日报》2020 年 10 月 2 日,https://www.qiandaoribao.com/2020/10/02/再现 1950—1960 年的印度尼西亚华侨社会。

**图4-13　1947年棉兰华人游行请愿**

  我在棉兰读书，感觉棉兰就像中国的某一座城市，中国味很浓，充满中华文化。许多街道都用中文命名，如北京街、上海街、南京街、广东街、福建街、孙逸生街、关帝庙街……十多间电影院多数也取中文名，如大华、国泰、百代、国大、晨光等。走在棉兰的大街小巷，中文招牌赫然在目。夜晚中文招牌、广告的霓虹灯五光十色。华侨办的学校，在显著的建筑物上，醒目地用中文大字标出校名，如棉华中学、崇文中学、苏东中学……

  经过时代变迁，今天的棉兰唐人街已经没有留下多少纯华文标牌，只有100年前棉兰华人玛腰张阿辉的府邸保留了华文景观，在其门前的楹联"青钱世泽　金鉴家声"和宅邸名称"通奉第"依然完好。但整个街道名称也改为亚尼上将街，不只是这一条中文街道名称改变，唐人街区原来大部分的华文街道名称都已经改掉，例如北京街、广州街等，只有中山街还留有一条拼音名称Sun Yat Sen。
  从上述四个城市华语景观的变迁，我们大略可以窥探出三个迹象。

（1）荷兰殖民时代到印度尼西亚建国之前，华文景观数量、比例、类型、分布区域都蔚为可观。商业性的华语景观以繁体字、从左到右顺序、楷体字为主，不少招牌还面朝行人，其风格直接传承了当时中国的招牌，商业文明尤其繁荣。

（2）20世纪初之后，唐人街发展出多语景观，它既说明华人社会逐渐向当地社会开放、融入的过程，也记录了华人社会跟其他外语和文明交融的过程，这使唐人街较早就具有了全球化、国际化的特色，可谓得时代风气之先。

（3）进入20世纪60年代，华语景观随着唐人街衰落急剧减少，缺少华文标识的唐人街变得面目模糊，也缺乏族群文化特色。在新的形势下，唐人街都面临着重整、改造的问题。

印度尼西亚唐人街从形成兴起到发展式微，伴随着华人社会发展走过了几百年的历史，唐人街的华语景观也随之而浮沉。其中，1965年苏哈托政变登台，是华人社会语言景观发生转折的分水岭。1967年，印度尼西亚政府下令全面禁止华文学校、华人社团、华文报刊和华文招牌。20世纪七八十年代，印度尼西亚当局全面清除华人社会三大支柱：华教、华团和华媒，禁止在日常生活、公共场合讲华语、用华文，禁止华文招牌和广告，禁止华文印刷品、影音带等，禁止举行华族宗教仪式和民族庆典，强迫华人使用印度尼西亚文姓名。这一系列的文化灭绝动作，对华语生态的破坏是深远而广泛的，从雅加达到棉兰乃至西加坤甸等偏远地区，华人社会延续30多年的噤若寒蝉，华文景观盛况难再，以致今天我们不得不用"探查"的眼光来寻求华语资源。

## 二 唐人街华语景观现状

（一）四大唐人街语言景观概貌

唐人街的语言景观是唐人街语言生活的反映。雅加达班芝兰街、泗水 Kembang Jupun 街、万隆 Keleteng 街、棉兰三宝垄街，这四条唐人街上的语言景观可以分别反映四个城市唐人街语言生活的现状。我们分别以四条街道两旁室外所有的可见标牌为取样对象，统计它们上面出现的语码种类、数量和相关信息，表4-1列出四条唐人街的语言景观情况。

表4-1　　　印度尼西亚四大城市唐人街语码情况统计表　　　单位：张

| 语码 | 雅加达 | 泗水 | 万隆 | 棉兰 |
| --- | --- | --- | --- | --- |
| 印度尼西亚文 | 80 | 59 | 54 | 36 |
| 英文 | 30 | 17 | 22 | 19 |
| 华文 | 17 | 5 | 5 | 8 |
| 其他 | 2 | 2 | 1 | 1 |

从表4-1可以看出，在四条唐人街上，出现最多的语码都是印度尼西亚文。印度尼西亚文的分布位置都是在其他语码之上，字体往往最大，最是显眼。从标牌设立者来说，官方标牌也都是以印度尼西亚文来传递信息，凸显在公共空间印度尼西亚文所享有的官方地位。从标牌类型来说，印度尼西亚文标识功能种类最为丰富，数量最多的是商业标识和地址，也包括交通标识、公益宣传、建筑名称、涂鸦等。不少研究和说法也证实了，印度尼西亚文是公共空间的通用语文，印度尼西亚文为国民日常用语，唐人街以印度尼西亚文为主要语言，可以最大限度地吸引潜在顾客，实现信息功能。所以，印度尼西亚文是唐人街上的绝对优势语码。

四条唐人街出现次多的语码是英文。英文不仅在数量上多过华文，在设立主体、标牌类型上也超过华文。政府设立的交通标识和公益宣传语都有英文的身影，代表城市青年亚文化的涂鸦也有英文作品。

四条唐人街的第三语言是华文。华文的位置都是在印度尼西亚文之下，字体小于印度尼西亚文。从标牌设立者来说，华文标牌大部分都是私人标牌，少量机构标牌，没有官方标牌，说明在公共空间华文只有民间地位。从标牌类型来说，华文标牌种类较为单一，绝大部分是商业标识，也包括个别建筑名称、楹联、祝福标识和交通标识。交通标识都是手写华文。应该说明的是，华文标识里有不少不是汉字，而是拼音书写，包括普通话拼音、福建话拼音等。最耐人寻味的是，四条唐人街地标性建筑牌楼名称都是以印度尼西亚文展示，没有华文。

唐人街上也出现了爪哇文、马都拉文、日文、荷兰文等文字。这是因为，唐人街上的商户和顾客有一些是爪哇族、马都拉族，也反映了唐人街曾是荷兰殖民地的事实。

综合来看，四条唐人街语言景观以商业标识为主，文化标识为辅。这也说明，当今唐人街主要是商业贸易场所。

比较来看，印度尼西亚华文标识最多的唐人街是雅加达班芝兰唐人街，其他三条唐人街的华文标识只能算是零星的点缀。一些观察和调查研究也都表明，在泗水、棉兰和万隆唐人街上，几乎或者没有中文。实事求是地说，这些判断并不算言过其实。

（二）雅加达新老唐人街华语景观比较

2021年，世界各国旅游竞争力指数（TTCI）显示，印度尼西亚在117个国家中排第32位，升12位。

在3500个旅游村目的地和村庄中，雅加达草埔（GLodok）区班芝兰唐人村被列入2022年印度尼西亚旅游村奖（ADWI）的前50名。它包含着华人文化、巽他文化、爪哇文化和Betawi文化的融洽。Glodok这个名字来自巽他语"Golodog"，意思是"房子的入口"，因为Sunda Kelapa（现在的雅加达）曾经是古老巽他王国的门户。

唐人街语言景观几乎难以尽数，实证调查只能以典型街区为代表进行取样。老唐人街以Pancoran街上新建立的牌楼为起点，至Pintu Kecil街为终点，尽力拍摄街道两旁可见文字的标识，共获取100张标牌；为方便对等比较，新唐人街根据相似的抽样原则，以"潘佐兰广场"牌楼为界，拍摄牌楼内两旁街道上的可见标识，同样获取100张标牌。下面报告对这200张标牌的统计分析结果。

1. 新老唐人街语言景观中的语码类型

在表4-2中,"其他"类语码,新唐人街上包括泰文,老唐人街上包括阿拉伯文和爪哇文。这样,新老唐人街共出现了6种语码、8种语码组合类型。我们通过这6种语码、8种语码搭配类型,可以感知到两条唐人街在语码运用上的丰富多彩。

表4-2　　　　　　　新老唐人街语言景观语码类型表　　　　　　单位:张

| 语码类型 | 新唐人街 | 老唐人街 |
| --- | --- | --- |
| 印 | 11 | 57 |
| 英 | 10 | 11 |
| 华 | 36 | 6 |
| 印—英 | 8 | 14 |
| 印华 | 10 | 6 |
| 英华 | 16 | 2 |
| 印英华 | 8 | 3 |
| 其他 | 1 | 2 |
| 总数 | 100 | 101 |

细究起来,语言景观中的华语包括汉字和拼音(普通话拼音和方言拼音)两类。以它们跟印度尼西亚文、英文再次搭配,能够得到13种语码组合类型,唐人街语码组合的多样性可见一斑。从表4-2右边两列的数值性质来看,老唐人街比新唐人街的数值离散程度更高,这可以看出新唐人街的各类语码地位相对均衡,而老唐人街的语码组合较为杂乱。这颇似老唐人街的市容环境:随意停放的车辆、沿街经营的摊贩、纵横缠绕的电线等。

当然,在杂乱的局面中仍然可以看到优势语码。老唐人街出现最多的语码为印度尼西亚文、印度尼西亚文+英文、英文,华语单语景观很少。老唐人街的语码格局合乎印度尼西亚政府对于公共场所语言使用的规定,但也使其华味寡淡,以致有人慨叹"名不副实"。汉字型的华语单语景观只有3处：第1处是这条街道38号的班芝兰旅馆（Pancoran Hotel）一楼玻璃门上的"旅馆"二字，后2处是唐城坊大厦（Pancoran Chinatown Point）上的题词"唐城坊"和影壁上的书法楹联。值得注意的是，一般唐人街牌楼上都有华文招牌，老唐人街重建牌楼上却没有，只有印度尼西亚文和英文。印度尼西亚文+英文+华文的三语景观也只有3处，且位置都不显眼，全部为私人所设，更为常见的多语组合是印度尼西亚文+英文。

新唐人街绝对优势语码为华文组合。华语单语景观数量颇丰，标志性的为牌楼题词"班芝兰广场"，其次为"招财进宝、祥福、纳福、兴隆""福满人间　丹凤呈祥龙献瑞　红桃贺岁杏迎春"等吉祥语、楹联，以及壁画中的华文"中餐馆、杭州小笼包""中药铺、欢迎光临"等。印度尼西亚文和英文单语景观也有一定的比例，英文+华文、印度尼西亚文+华文的组合都很可观。双语景观基本是商业标牌，三语景观基本是政府创设的标牌，例如防疫宣传语和华族文化宣传语。

2．新老唐人街不同标牌上的语码使用

由表4-3可知，首先来看路牌、门牌所用语码情况。在新老唐人街路牌、门牌这类官方机构标牌上，华文和英文的数量都极少。在新唐人街，也没有印度尼西亚文的路牌、门牌，与此相对的是，在老唐人街上，几乎每家商户招牌上都刻有印度尼西亚文门牌，仅有的华文门牌为掩映在杂乱电线后字迹斑驳的"班芝兰街33号"。

表4-3　　　　新老唐人街不同标牌上的语码使用　　　　单位：张

| 标牌类型 | 地点 | 华文 | 英文 | 印度尼西亚文 |
| --- | --- | --- | --- | --- |
| 路牌、门牌 | 新唐人街 | 1 | 0 | 0 |
| | 老唐人街 | 1 | 2 | 26 |

续表

| 标牌类型 | 地点 | 华文 | 英文 | 印度尼西亚文 |
| --- | --- | --- | --- | --- |
| 建筑名 | 新唐人街 | 6 | 2 | 2 |
| | 老唐人街 | 1 | 4 | 2 |
| 招牌 | 新唐人街 | 38 | 22 | 14 |
| | 老唐人街 | 3 | 16 | 36 |
| 广告牌 | 新唐人街 | 7 | 10 | 14 |
| | 老唐人街 | 3 | 4 | 10 |
| 宣传海报 | 新唐人街 | 5 | 4 | 4 |
| | 老唐人街 | 0 | 2 | 4 |
| 指示牌 | 新唐人街 | 2 | 2 | 2 |
| | 老唐人街 | 2 | 2 | 4 |
| 装饰牌 | 新唐人街 | 12 | 0 | 0 |
| | 老唐人街 | 3 | 0 | 0 |
| 总数 | 新唐人街 | 71 | 40 | 36 |
| | 老唐人街 | 13 | 30 | 82 |

建筑名带有机构属性。新唐人街上建筑名华文的为"财神亭、太平宫、关圣帝君"等,老唐人街建筑名华文的只有"唐城坊"。印度尼西亚文、英文的建筑名也极少。

招牌语码使用最能体现新老唐人街的差别。新唐人街华文招牌最多、印度尼西亚文招牌最少,老唐人街华文招牌最少、印度尼西亚文招牌最多。这种反差表明,新唐人街的定位不再因循老唐人街的自发语言规划路线,而是要通过大量使用华文元素来辅助打造一个真正的具有浓厚中华风味的唐人街。

广告牌包括促销广告、菜单、商品名称等细类。新老唐人街上都是印度尼西亚文广告牌多于华文广告牌。区别在于,新唐人街的华文促销广告牌较有特色,例如"吃好睡好长生不老、德记戈丕卫生饮料、牛肉粿条好吃",这些华文广告牌能够传递信息,而老唐人街广告尚未发现华文促销广告这一细类。

华文宣传海报只在新唐人街出现,包括防疫公益宣传海报和印度尼西亚华人文化宣传海报两类。老唐人街上没有华文宣传海报，只有印度尼西亚文和英文版的 U20 峰会宣传海报。

指示牌包括指路标语和商场营业信息告示。新老唐人街这方面的华文指示牌数量都极为少见，更多的是印度尼西亚文和英文标识。

装饰牌包括书法、楹联、壁画、灯笼等艺术标识，其作用重在渲染风格、衬托格调，而不是传递信息。新老唐人街都是以华文而非英文、印度尼西亚文来做装饰元素，但新唐人街使用的华文更多。

3. 新老唐人街华文标牌的字体、拼音

从表 4-4 可以看到，新老唐人街在简繁体字使用上存在差别。新唐人街以简体字为主，而老唐人街本身汉字数量很少，繁体字优势不明显。但是，倘若从班芝兰街扩大到附近整个唐人区，我们还是可以看到老唐人街是以繁体字为主，在新唐人街繁体字的使用率也不低。

表 4-4　　　　　唐人街华文字体、拼音统计表　　　　　单位：张

| 字体与拼音 | 新唐人街 | 老唐人街 |
| --- | --- | --- |
| 简体 | 32 | 2 |
| 繁体 | 18 | 3 |
| 普通话拼音 | 8 | 1 |
| 方言拼音 | 12 | 8 |
| 总数 | 70 | 14 |

过去，由于受台湾地区和传统习惯的影响，印度尼西亚华人社会以繁体字景观为主流，各种华文报刊以繁体字景观为主。随着简体字在国际社会渐趋主流，印度尼西亚华人社会也顺应时势，各地华校纷纷采用简体字进行教学。目前，除了报纸题头和广告版保留了繁体字版面，《国际日报》《千岛日报》《印度尼西亚商报》《印华日报》《讯报》等华文报纸基本上实现了从繁体字到简体字的转变。

唐人街不过是公共场合简繁并用、简繁竞争的缩影，两种字体的前途是不言而喻的。

在雅加达，流行方言主要是福建话、广东话和客家话，这里的招牌方言分支不再进一步区分，统一以方言拼写计，可以看出新老唐人街是以方言拼写为主，但在新唐人街普通话的拼写数量也不少。过去，人们对华人放弃中文姓氏、改用拼音姓氏颇有微词，认为这是华人在向政府和主流社会妥协。实际上，可以看到，方言拼写不光是在印度尼西亚，在东南亚各地华人社会都非常普遍，有着独特而重要的作用。在政策高压的时期，华人一度不能以自己的中文姓氏或中文招牌示人，退而求其次采用方言拼写代替，这不得不说是无奈之举，它既能存留一些身份的信息，也能保持一定的品牌识别度，可以说这是华人对于文化传承"最后的倔强"。否则，完全可以一改了之。廖建裕在评定印度尼西亚华人名人贡献时，就是以是否具有中文姓氏为标准。[1]

方言拼写还可以显示族群和行业背景信息。在早期东南亚华人社会，不同方言群往往控制着不同的行业，出现帮群族裔经济的分化现象，例如在新加坡开埠不久后形成五大方言帮群行业格局：福建人经商、潮州人种植、广府与客家人靠手艺、海南人多为雇工。[2] 所以，招牌标识中的方言拼写，就是确定所属方言群和行业关系的有效线索之一。[3] 在我们的调查中，老唐人街的"好好药材行"以客家话 hauw hauw 记音，百年老店"德记茶室"用广东话 Tak Kie 记音。

### 4. 新老唐人街华语景观的分化

新老唐人街语言景观的差异是多方面的。在语码类型、标牌类

---

[1] 廖建裕：《华人在印度尼西亚民族建设中的角色和贡献》，张蔚、肖莉娴译，生活文化基金会有限公司 2018 年版。

[2] 李勇：《语言、历史、边界：东南亚华人族群关系的变迁》，载丘进主编《华侨华人研究报告（2012）》，中国社科文献出版社 2012 年版，第 138 页。

[3] Wang Xiaomei, Koh Yi Chern, Patricia N. Riget, & Supramani Shoniah, "From Monolingualism to Multilingualism: The Linguistic Landscape in Kuala Lumpur Chinatown", in Li Wei ed, *Multilingualism in Chinese Diaspora Worldwide*, Routledge, 2016, p. 188.

型、字体类型上，老唐人街华语组合、简体字远低于新唐人街，印度尼西亚文使用则远超新唐人街。华语标识在老唐人街只能发挥象征功能，而在新唐人街兼具象征功能和信息功能，并且象征功能突出。

形成如此差异的根本原因还是在于政治局势。老唐人街是400多年来伴随华人生活和商业活动逐渐形成的，如果不出现政治动荡，则其语言景观应该不会迥异于新马两地，但是20世纪60年代和1998年的排华事件对老唐人街影响巨大且深远，华人商户要么逃离，要么被迫加速融入本地社会，华语标牌从此一落千丈。而新唐人街则是在印度尼西亚新经济政策背景下诞生的一个纯粹独立的商业空间，华人只在其中从事商业活动，也没有配建华校、会馆、寺庙等传统华人社会组织，它还不是华人全天候的生活场所。在新老唐人街呈现的两种格局中，可以看到语言景观充当着不同的角色。

（1）华语景观是烘托商业氛围的重要语言资源。

相比于老唐人街和印度尼西亚其他地区，新唐人街的华语景观是"令人难以置信"地多见，华语标识不仅数量多，而且类型也不少。

以建筑牌名为例，新唐人街入口牌楼上书"潘佐兰广场"五个繁体字，却没有配备印度尼西亚文和英文翻译。这跟老唐人街的新牌楼只有印度尼西亚文和英文而没有华文名称形成了鲜明的对比。印度尼西亚奉行的是"一个民族、一种语言"的单语政策，公共场合的单语一般情况只能是印度尼西亚语。新唐人街牌楼之所以能够以"潘佐兰广场"这样的华文单语标牌亮相，而不违"法"，只能是因为它迎合了印度尼西亚新政府更为重要的经济政策，即通过充分地运用中华文化元素，来打造一个新型的商业消费场所，促进旅游经济发展。所谓"文化搭台经济唱戏"，牌楼、茶楼、亭台、青砖、红灯、关公、壁画等，应用诸如此类的中华文化元素都是在营造氛围，吸引游客，而最能体现新唐人街商业气息的还是街中建有一座财神亭。跟这些中华文化元素一样，华文招牌是烘托中华风商业氛围的重要语言资源。

　　再以华文路名为例，新唐人街上建有几个巷口，上面都书写了华文单语的路名和吉祥语：人和巷、祥福巷、招财进宝、富贵荣华。实际上这些路名和吉祥语既不在正式地图上显示，也不具有指示路向的信息功能，更多的是起装饰美化作用，也是烘托气氛的一类语言资源。

　　积极充分地应用华语元素，也让新唐人街招牌上出现了一些创造性的华语景观。例如招牌语"CS 的画廊"、广告牌语"鱼"。"CS 的画廊"下面配有英文翻译 CS Gallery，显示这是一条华英夹杂的超语景观。鱼头米粉店的标牌设计者巧妙地借用汉字"鱼"的底部一横，以一条"红鱼"代替，无论是哪种语言背景的游客，都可以很容易读出这家店的招牌菜。这种创意设计，装饰意义大于交际价值，因为在符号下面还有信息更为具体的英文翻译"Fish Village"。

　　将语言景观中的英文、印度尼西亚文、华语作用做一番比较，也可以看出华语景观的功能特点。前面报告过新老唐人街广告牌、指示牌华语景观比例都小于印度尼西亚文和英文景观，在传达更细致的信息方面，华语景观是较为缺位的。跟新加坡牛车水一样，这里的清真标志也是使用 No Pork、No Lard 或者印度尼西亚文 Halal。新唐人街因为是新建，外地游客未必熟悉商店品牌，所以比较重视强调品牌历史，不少商家招牌上都有一行语言来传达历史感，宣传本店年份久远、品质传承，但无一例外，所有的提示语言都是英文或印度尼西亚文，而不是华文。如源自老唐人街的名店"德记茶室"招牌标明的是 Sejak 1927，来自市中心的"五星"餐厅招牌标明的是 Est. 2007，Hoy Tod（泰式蚝烙）店招牌标明的是 Since 1988。与此对照的是，中国商家在招牌上强调年份时，通常会选择使用"始自、始创于、中华老字号"等字眼儿，如北京前门大街"东来顺饭庄"招牌上有"中华老字号始创于一九零三年"，广州黄埔大道"广州酒家"招牌上有"始创于1935";马来西亚马六甲南香饭店招牌上是"源自1938年正宗海南鸡饭"。

繁体字和方言拼音景观的大量使用,也是烘托中华复古风格的常规手段,这里不再赘述。总而言之,新唐人街华语景观资源丰富,是借其象征功能,行商业之实。

(2)华语景观是标记华人社区的重要语言资源。

华语景观是唐人街的标配。不过,从我们前面对老唐人街语言景观的统计分析来看,这一论断未必总是成立。已经几乎没有华文景观的班芝兰街,虽然是人们心目中的唐人街,但其中华语能见度和凸显度都非常低,华文招牌屈指可数。就连2022年重建落成的精致牌楼,设计时"融合了中国牌楼建筑风格与雅加达本土华人文化",也没有添加任何华语文字。老唐人街只能在春节时分可见往日的繁华,在逐渐式微的情况下,雅加达政府组织华裔总会重建1938年日据时代被拆除的牌楼,将唐人街定位为"既有历史文化价值,也具有商贸旅游价值"[①],但是发挥华语华文的历史文化和商业辅助价值似乎不在考量之列。

在印度尼西亚华语景观普遍难觅的状况下,老唐人街上数量有限的华语景观仍是凸显华人社区的重要标志。例如建筑名"唐城坊"虽不比大厦前面的英文大字Pancoran Point显眼,但也聊胜于无。更不用说老唐人街区内屹立百年的寺庙"金德院""玄坛宫""大史公庙",以及朱氏宗祠等,它们都是华人社会的标志。有人指出,在海外唐人街有汉字的地方往往容易成为异族识别攻击的目标,所以,要在这块曾经饱受创伤的老唐人街入口添加华文标志就不得不是慎之又慎的事。

华文景观背负着华人身份和华人社区之名,在老唐人街上就不大容易堂而皇之地再现于公共场合。细心观察可以发现,班芝兰唐人街上的一些华人商家,迎街招牌是印度尼西亚文或拼音,而店内

---

① 林永传:《印度尼西亚雅加达老城唐人街牌楼重建落成》,《中国新闻网》2022年7月1日。

才有华文汉字。例如，中药店户外招牌 TOKO OBAT MANDARIN 和 TOKO OBAT HAUW HAUW，店内才能看见中文招牌"中华药房""好好药材行"；"天良百货商店"只在店内可见小小中文招牌，店外则是"TIAN LIANG"。从这种内外有别，可以看出华语景观在公共场合的消失是渐变的。针对印度尼西亚华人商场、寺庙、家庭等场所的华语景观调查，都显示了一个迹象：越是往里私密的场景，华语景观越多。同样，越是公共场合，华语使用越少。这是语言变化原理在语言景观层面的表现，也就是说，前文所谈的时间维度的华语景观变迁，它正是以华语景观在空间维度的隐退表现出来。

配合旅游经济发展，印度尼西亚各地唐人街都在酝酿改变，其中的华语景观应该会迎来新一波的变化，我们期待着唐人街华语景观的重新发展。

（三）"万隆唐人街"主题乐园的华语景观

万隆是印度尼西亚爪哇省首府，印度尼西亚第三大城市，2018年，人口总数为 253.8 万。万隆曾是著名的亚非会议召开地，也正是在 1955 年召开的这次亚非国际会议上，周恩来总理和印度尼西亚外长苏纳约共同签订了《中华人民共和国和印度尼西亚共和国关于双重国籍的条约》，明确宣布不再承认双重国籍，华人要根据自愿原则选择国籍，无数印度尼西亚华侨不得不做出事关命运和身份认同的选择。

跟距离 200 公里外的雅加达一样，万隆城市公共空间华语景观也是寥寥无几。但是，在一些特定的地方，我们还是可以看到一些华文招牌。在亚非国际会议场馆考察时，我们发现了若干中文标识。例如"马来文+中文"的"亚非会议博物馆"宣传册，"马来文+英文+中文简体"三语的"谢绝小费"提示语，还有为游客设计的三语付费拍照广告等。不难看出，这些语言景观中的华语标识，是专为中国游客而设立的，它体现的是语言景观的信息和经济功能，而不是本地华人社会存在的象征。

华语景观最为丰富、华语景观经济功能最为鲜明的处所是"万隆唐人街"。2017年8月,在万隆市政府的支持下,万隆社区协会基金会(Permaba)和华人社会合作,在万隆市Kelenteng路41号打造了一个全新的旅游景点"唐人街"(Chinatown Bandung)。这个带引号的所谓的唐人街,里面实际上没有华人,并不是华人聚居区,而完全是一个商业旅游场所,只不过它仿照唐人街的形象并结合中国元素进行设计,符合政府和当地人对于唐人街的想象,所以被命名为"唐人街"。

可以看出,这个唐人街跟世界上其他地方的唐人街迥然有别:整个唐人街占地面积很小,不足3000平方米,入口为雪状仿制小拱门、门票收费处,主体为封闭的室内空间,主要由土生华人房间、红色灯笼、红色小廊桥、小型万隆唐人街博物馆、小型亲子游乐场、周末舞狮表演(Barongsai Show)、小型仿造兵马俑、小吃摊位和各种小物件商店等中国元素所组成。整体上,它完全切合界定主题乐园的五要素特征:主题身份、受控访问的封闭空间、混合消费、表演性劳动和商品销售[1],因此可以说它就是一个想象的、仿制迷你主题乐园。

由于万隆已经不存在真正意义上的唐人街,这个唯一的唐人街主题乐园恰好能够填补空白,满足游客的中国想象,方便游客休闲自拍,很快成为本地一块"网红"打卡地。值得注意的是,在这块仿造的主题乐园中,设计师和有关方面有意设计运用了很多颇有特色的华语景观,跟其他物质文化元素共同构成了所谓的"唐人街"奇观。根据我们的观察比较,华语景观的特色表现在三个方面。

1. 华语标识突出

这是万隆唐人街景点在语言使用方面给人的第一观感。正如我们在前文所作的统计描述,景点之外的街道上华语景观极其少见、稀疏,但是进入景点之后,华语景观一下子变得非常多见、密集。根据粗略统计,在3000平方米的空间之内,显见的华语标识共有

---

[1] Liang, Z., & Li, X. (Robert), "What is a Theme Park? A Synthesis and Research Framework", *Journal of Hospitality & Tourism Research*, Vol. 47, No. 8, 2023, pp. 1343–1370.

92 幅,这个数量是非常可观的。在这个狭小的空间内,共有 77 个商店、摊位比邻而立,每个商业单位都有 1 个以上华语标识。这种景象是印度尼西亚任何别处的唐人街无法比拟的。

华文标识突出,既表现为能见度高,还体现为华文标识字体普遍较大,位置显要,凸显度高,给人非常直观的视觉冲击力。特别是部分壁画标识,上面只有大大的华文标识,而没有印度尼西亚文。例如,一幅唐人街仿像壁画中出现了至少几十个华文招牌,汉字密集,画面杂乱,很难寻找"语义重心"。在大部分"华文+印度尼西亚文/英文"标牌中,华语符号也处在中心位置,例如墙画中的标语"有福气的万隆公民",华文字体要远远大于下面的英文 Citizen。

2. 华语装饰功能鲜明

在唐人街主题乐园当中,华语标牌种类并不多,按照标牌功能类型来说,只有广告招牌、装饰牌、指示牌三类。三类华语标识各自数量不等,如表 4-5 所示。

表 4-5　　　　　　万隆唐人街主题乐园华语标识类型

| 标牌类型 | 数量(个) | 比例(%) |
| --- | --- | --- |
| 广告牌 | 38 | 41.3 |
| 装饰牌 | 50 | 54.4 |
| 指示牌 | 4 | 4.3 |

可以看出,装饰牌的数量在三类标牌中是最多的,比例占到一半居多。装饰牌占据明显优势,华语装饰功能鲜明,又分为三种情况。一是广告牌旁边配有装饰性的华语标识,例如叻沙面店招牌旁边配有装饰牌"想要长寿吃面条""人不可貌相"及其普通话拼音符号,这两个装饰牌不是广告牌的必备要素,特别是后一个标语跟店铺售卖产品根本无关;二是图画和装饰品当中的装饰语,例如壁画中的"万隆花城",灯笼上写的"唐人街""招财进宝",金鱼壁

画旁刻写"金鱼";三是独立的装饰性标语,例如"唐人街""欢迎来到唐人街""我爱唐人街""美丽的照片在这里"等。这些装饰性标语都是红色背景,主要作用不在于传递信息,而是通过汉字符号来构建唐人街形象、营造唐人街氛围,吸引游客驻足。景点网站评价显示,这些装饰性标牌也多是游客喜爱自拍的背景,其装饰功能由此可见。

3. 华语使用偏误较多

在华语景观当中,我们发现华语使用偏误较多,共收集到20例,占所有华语标牌的21.7%。表4-6列出偏误类型和偏误形式,并给出相应的正确形式。

表4-6　　　　　万隆唐人街主题乐园华语偏误情况表

| 偏误类型 | 偏误形式 | 正确形式 |
| --- | --- | --- |
| 词语错误 | 鸡碗面条 | 鸡肉面条 |
|  | 鸡碗点心 | 鸡肉点心 |
|  | 鸡碗的特别菜单 | 鸡肉特别菜单 |
|  | 今天特别 | 今日特价 |
|  | 所有非猪粮 | 所有非猪油/全部清真 |
|  | 艺品利店 | 官方礼品店 |
|  | 睡觉 | 水饺 |
|  | 继承食谱 | 传统食谱 |
|  | 新鲜的成分 | 新鲜的食材 |
|  | 高运钱小美 | 好运钱小美 |
|  | 丰富的钱 | 富裕/多金 |
| 语序颠倒 | 炒饭万隆最好的 | 万隆最佳炒饭 |
|  | 美味的烧烤在这里 | 在此美味烧烤 |
|  | 美丽的照片在这里 | 在此美照 |
|  | 照片帅在这里 | 在此帅照 |
| 成分遗漏 | 美味又实惠餐 | 美味又实惠套餐 |
|  | 不来唐人街不到万隆 | 不来唐人街不算到万隆 |
|  | 百年好 | 百年好合 |
| 其他 | 人们谁等待什么爱情 | 那些等待爱情的人们 |
|  | 所有的好 | 一切都好 |

可以看出，偏误类型有词语错误、语序颠倒、成分遗漏和其他四类。词语错误案例最多，情况最为严重，其次是语序颠倒、成分遗漏和其他。华语景观的偏误类型跟现有研究印度尼西亚语背景的二语学习者所产生的偏误类型是一致的。上述有的标牌属于广告牌，是由本地摊贩所设立，受到自身汉语能力所限，没有得到必要的规范，难免出现偏误。例如，"鸡碗面条、艺品礼店"等明显有误，结合商店业态和英文翻译，我们尚可以推测出正确形式和偏误原因。有的标牌属于装饰牌，是由园方管理者设计，其产生原因不好解释。例如"人们谁等待什么爱情"不知所云，但是因为它是装饰牌，跟"美丽的照片在此"一样，是游客拍照打卡的背景；至于它到底表达什么意思，是否有误，倒不是重要的事儿了。很显然，在这个商品的空间中，唐人街，符号的功利性压倒了符号的规范性。

迪士尼乐园、环球影城等企业成功的经验表明，主题乐园的魅力在于"无中生有"，能在一块空地上造景造梦，打造出核心吸引物。从这个意义上说，万隆以"唐人街"为主题所打造的这家乐园，是印度尼西亚本土旅游业和文化产业的一项尝试性创举，而如何以及运用哪些唐人街元素打造主题乐园，便成为主题乐园能否成功的关键之一。

从上面对于景点华语景观特色的描述来看，该主题乐园运用了丰富的、装饰性华语标识，甚至是使用华语中介语来营造唐人街气氛，给游客带来沉浸式体验。但是，由于场地狭窄，缺乏专业的规划设计，这些华语元素和园内的仿制文物、装饰物件、清代服饰、华人美食、舞狮表演和循环播放的中国音乐等元素并没有很好地融合在一起，相反处处透露出违和感。研究表明，招牌中得体的语言景观可以表征民族餐厅的真实性和运营状态，从而对顾客消费意愿方面发挥关键作用。[①] 唐人街乐园内幻景尤多，诸如壁画中杂乱密

---

① Song, Hanqun, Huijun Yang and Emily Ma, "Restaurants' Outdoor Signs Say more Than You Think: an Enquiry from a Linguistic Landscape Perspective", *Journal of Retailing and Consumer Services*, Vol. 68, 2022.

集的汉字符号,广告牌和装饰牌中错漏迭出的华语表达,粗制仿造的中国物件以及入口的门票收费处等,形成的是一种"不真实"的多模态语言景观,无怪乎网上有人评点,它很难吸引真正懂行的中国人和华人游客前来买单参观。

2022年4月,受到新冠疫情的重创,万隆唐人街主题乐园宣告永久关闭,它也永久性地给我们留下了一个创设、应用华语景观资源来打造唐人街的样本。印度尼西亚雅加达、泗水等地方仍在陆续重整唐人街①,以刺激旅游经济的发展,万隆唐人街乐园短暂的兴衰史,可以给我们一些有益的启示。

## 第三节 三语学校华语景观应用

印度尼西亚三语学校是海外华文教育和华语传承的新生力量与特殊类型。1999年,瓦希德上任总统,印度尼西亚政府逐步放开对华文教育和华语使用的限制,华文教学逐渐复苏。佛堂汉语教学、汉语补习班、政府学校开设汉语课程等各类型华文教学都发展很快,这其中三语学校独树一帜,发展迅猛。从2004年首批华文学校成立,到2013年短短10年,印度尼西亚就成立50多所三语学校,在校2万多名学生;截至2020年,印度尼西亚三语协会属下的三语学校约有80所,学生5万多名。三语学校以印度尼西亚文、华文、英文三种语言为教学对象,也以这三种语言为教学媒介语,办学制度受政府管控和指导,属于国民学校范畴,已成为印度尼西亚华文教育发展的主流模式。② 在华文教育遭受禁绝的30多年之后,印度尼西亚华人社会借势创办三语学校,不失为新形势下复兴华文教育、接续华语传承的一项创举。

---

① 徐健境:《泗水加巴山唐人巷景区正式向游客开放》,《千岛日报》2020年11月11日。

② Sutanto, Yudi, "Research on the Changes and Development of Chinese Education in Indonesia", *Proceedings of the First International Conference on Literature Innovation in Chinese Language*, *LIONG* 2021, 19–20 October 2021, Purwokerto, Indonesia. 2022.

作为华文教学的新生力量,三语学校在发展中面临不少困难和问题。这些问题既有资金、师资、教材、课程等宏观实际层面的,也有语言环境等软性层面的。① 家庭语言环境和学校内外语言环境缺乏,可以说是影响华文教学效果的一个重要因素,师生在华文学习的过程中都共同面临着"学用脱节"的局面。要改善这种局面,就要发挥传承方的主体协同作用,多方助力海外华语传承。从更微观、更实际的层面,应该为学习者尽力创造沉浸式语言环境,特别是针对多语学校语言学习的难题,社会语言学家们主张使用语言景观"作为教育、有意义的语言学习和走向行动主义的有力工具"②,并且可以提高学习者的语言意识,作为学习者额外语言输入的来源③,以补充课堂口语输入的不足。

因此,考察当前三语学校的华文景观情况,发现其中的得失,可以为改善校园华语环境提供合适的思路。印度尼西亚三语学校主要有老华校复办和新创办两类,其中雅加达八华学校是这类学校的代表。④ 为此,我们选择以八华学校为对象,调查其中的语言景观状况,以此反映印度尼西亚三语学校华语景观应用。

### 一 校园语言景观研究概说

学校是国家通用语言教学的主要阵地,是贯彻国家语言政策、培养国家认同的基地,也是语言竞争最为激烈的领域。从学校领域的语言景观,我们可以真切地观察语言政策和语言意识形态的实际

---

① 陈友明:《印度尼西亚三语学校华文教学考察探析》,《汉语国际传播研究》2014年第2期。

② Shohamy, Elana and Shoshi Waksman, "Modalities, Meanings, Negotiations, Education", in Shohamy, E., Gorter, D., eds., *Linguistic Landscape: Expanding the Scenery*, Routledge, 2008, pp. 313-325.

③ Cenoz, Jasone and Durk Gorter, "The Linguistic Landscape as an Additional Source of Input in Second Language Acquisition", *International Review of Applied Linguistics in Language Teaching*, Vol. 46, No. 3, 2008, pp. 267-287.

④ 施雪琴:《印度尼西亚华文教学的发展现状:基于雅加达三语学校的调研分析》,《八桂侨刊》2015年第2期。

情况。例如,尽管中国和印度尼西亚的公共场合都是国家语言至上,但在校园里,英语使用和英语课程非常多见,由此不难发现英语在两国语言政策中的实际地位。社会语言学家不仅是从政策实施,而且是从资源应用的角度来看待校园语言景观。这方面的调查研究日益增多。

例如,Brown[①]将语言景观纳入"校园景观"范畴,调查了爱沙尼亚南部一所社区学校是否使用地区语言沃鲁语(Võru),发现学校对于重新引入沃鲁语进入校园空间的微妙协商正在进行。十年之后,作者重新调查这所学校,发现学前阶段的区域语言景观增加不少。

Gorter 和 Cenoz[②]调查了西班牙巴斯克地区校园多语景观,发现许多标识是由学生制作的。学生制作的标识具有特定的特点,不同于当局或其他外部标识制作者制作的标识。他们的分析还揭示了学校标识的不同交流意图,包括学科内容和语言学习的教学、跨文化意识的发展、价值观的教学和建立行为规则相关的各种功能,同时也发挥实用或商业信息。

Dressler[③]研究了加拿大阿尔伯塔省一所德语—英语双语小学的标牌和标牌制作实践。她记录了所有语言标识,特别是研究了标识的制作过程和所涉及的决策。大多数标识是英文的,教师主要负责标识的制作和放置(自下而上)。她的发现之一是,学校的语言环境有利于英语使用,而无助于促进德语—英语双语课程。

Laihonen 和 Szabó 认为,学校景观与儿童和教师的视觉素养有

---

① Brown, Kara D., "The Linguistic Landscape of Educational Spaces: Language Revitalization and Schools in Southeastern Estonia", in Durk Gorter, Heiko F. Marten, Luk Mensel, eds., *Minority Languages in the Linguistic Landscape*, London: Palgrave Macmillan UK, 2012, pp. 281-298.

② Gorter, D. & Cenoz, J., "The Linguistic Landscapes Inside Multilingual Schools", in B. Spolsky, M. Tannenbaum, O. Inbar, eds., *Challenges for Language Education and Policy: Making Space for People*, New York: Routledge Publishers, 2015, pp. 151-169.

③ Dressler, Roswita, "Sign geist: Promoting Bilingualism Through the Linguistic Landscape of School Signage", *International Journal of Multilingualism*, Vol. 12. No. 1, 2015, pp. 128-145.

关,他们关注反映在学校景观中的语言意识形态,可以将语言景观视为关于语言价值观的"隐性课程"。其实在显性课程层面上,以语言景观为主题开展教学,组织学生动手调查、学会收集景观材料、整理分析数据、呈现调查结果,这一系列训练具有多方面的教育益处,由此 Lazdina 和 Marten 明确表示,语言景观是"让学生参与实践教学的一种简单而愉快的方式"。①

Malinowski② 主张在宽泛的意义上使用语言景观进行语言学习,他在设计学习活动中构想了三种与世界联系、互动和探究的语言景观教学模式,该模式对应 Lefebvre 提出的"感知、构思、生活"空间理论,Trumper-Hecht③ 应用该理论进行语言景观研究,对于语言环境中的语言学习者来说,这意味着要开展三方面的活动:(1)观察或记录(感知空间);(2)解释或制作文本(构思空间);(3)探索自己或他人的反应(生活空间)。

由上述一些代表性研究来看,重视校园语言景观,通过设计布置语言景观来促进学生语言输入,提高学生的识字能力,已经成为当前一种重要的语言教学理念和教学模式。在东南亚华文教育当中,这种理念还在孕育和萌发当中,在实际的华文课堂上语言景观的运用还很有限,类型较为单一,多为墙报、壁报、通知、海报,对它的作用认识也还很不够。正如前文所说,语言之间的竞争体现在各个领域、各个细节,如果我们不能充分、有效地利用课堂和校园来提升华语景观能见度,任由这些空间被英文或他语占据,我们就不能说已经尽力地创设了华语学习的环境。

---

① Lazdiņa, Sanita and Heiko F. Marten, "The 'Linguistic Landscape' Method as a Tool in Research and Education of Multilingualism: Experiences from a Project in the Baltic States", *Multilingualism: Proceedings of the 23rd Scandinavian Conference of Linguistics*, Uppsala University, 1-3 October 2008. Acta Universitatis Upsaliensis, 2009.

② Malinowski, David, "Opening Spaces of Learning in the Linguistic Landscape", *Linguistic Landscape*, Vol. 2, No. 1, 2015, pp. 95-113.

③ Trumper-Hecht, Nira, "Linguistic Landscape in Mixed Cities in Lsrael from the Perspective of 'Walkers': The Case of Arabic", in Elana Shohamy, Eliezer Ben-Rafael, Monica Barni eds., *Linguistic Landscape in the City*, 2010, pp. 235-251.

## 二 八华学校语言景观的四个类别

印度尼西亚八华学校是一所历史悠久、声名远播的百年侨校,创始于1901年,2008年以原校名复办。复办后的八华学校成为印度尼西亚第一所开设华文、英文、印度尼西亚文的国民三语学校,包括幼儿园、小学、初中、高中以及大学教育。学校位于雅加达丹格朗地区,占地34000平方米,2015年在校生达到4000多人,其中友族生占到12%。八华学校的愿景是"成为印度尼西亚名列前茅的优质三语学校;打造高素质的师资队伍,加强以华语为主的三语教学,强化以儒家学说为基础的道德教育"。基于这样的愿景,八华学校非常重视华文教学、中华文化传承和学生品德培养,三语课程比例并不刻意追求均衡。在幼儿园阶段,为了打好华文基础,七成时间是以华语教学。年级越高,印度尼西亚教学的比例越重,在高中部,为了准备政府考试,学生基本上是以印度尼西亚文为教学媒介语。① 在校园语言景观层面,八华学校也处处体现中华语言文化传承,如校徽符号、建筑楹联等设计也颇为精心。②

根据我们的初步调查,八华三语学校校园内共有语言标牌68处。

从功能来说,八华三语学校标牌类型有四大类:建筑纪念牌、校园海报、提示牌、装饰牌。各类又有一些小类。建筑纪念牌包括大楼礼堂名和楹联,如校牌"八华学校""梁辉运纪念大楼、梁锡佑纪念大楼、梁锡佑纪念大厅、陈大江楼""黄源昌 李碧玉纪念大礼堂""源盛亦昌前瞻教郁为华教 碧澄如玉后助栽培惠学人"等;捐赠捐款者芳名,如"钟炎生、林婵娥捐赠"等;功德碑如"承德亭""道德是崇 继承勿替"等。这些建筑纪念牌除了告示

---

① 林友顺、余歌沧:《印度尼西亚华文教育事业浴火重生 将迎新一轮飞跃发展》,《中国新闻网》2010年7月29日。
② 胡培安、陈旋波:《华文教育与中华文化传承》,社会科学文献出版社2018年版,第156—160页。

校园空间名称，主要作用在于纪念人物、弘扬善举。校园海报包括教育标语，如"仁义礼智信　孝悌忠廉耻"，校训校歌"学以致用""泱泱大风南邦学府""披荆斩棘　发扬光大"等；荣誉墙报，如"对你的成就表示祝贺"；模拟商业海报，如"肉鱼蛋　欢迎来八华商店！要什么问老板就对了！八华商店 go！人人都是会说中文的一日店长"等。提示牌，如"校史馆""初中校长办公室""汉语教室3""舞蹈室""保健室""食堂"等，还有垃圾桶告示语，如"其他垃圾、纸、瓶子塑料金属类瓶罐玻璃"。装饰牌往往字体美观，背景绚烂，引人注目，如学校校庆展示的恭贺花牌"侨教重镇""百年基业""培育英才"等，这是印度尼西亚华语景观的一大特色。

　　从设立者来看，标牌主体有校方和学生两个方面，标牌的阅读者日常也主要是这两个群体。标牌大部分是校方所设，体现学校办学主体对于该空间的所有权和使用权，也体现校方对于空间功能划分以及命名设计的理念。例如建筑纪念牌、提示语基本上都是由校方制作，带有官方色彩，也有少量标牌由学生制作，体现学生群体参与校园学习生活的一面。当然，学生制作也应得到校方同意，或受过相关老师指导，才能公开展示，背后体现了校方的教育理念和学生的创造意识。例如学习活动海报、商业模拟海报。比较二者的字刻是很有意思的，校方标牌制作呈现为雕刻书法，字体遒劲大气，制作材质考究；而学生标牌多是手工手写，背景色彩丰富，字体可爱，装饰色彩浓烈，制作成本较低，可移动性和替换性强。随着时间的推移，校方标牌会长久矗立，而学生标语则会更换。所谓铁打的营盘流水的兵，一所常青学校，学生总是一茬茬地来去，为学校带来生命和活力，所以，校方标牌构成稳固语言景观，而学生语言景观的流动性更强。后面我们将会谈到，这种流动性恰恰也为校园语言景观的多变性和创造性提供可能。

　　从语码类型来看，八华学校语言景观存在 7 种语码组合类型。各种类型按数量多少依次排列，如表 4-7 所示。

表4-7　　　　八华学校语言景观语码组合情况统计表　　　　单位：个

| 语码组合 | 数量 |
| --- | --- |
| 华—英—印 | 26 |
| 华 | 16 |
| 华—印 | 6 |
| 华—英 | 6 |
| 英—印 | 6 |
| 英 | 4 |
| 印 | 4 |
| 总数 | 68 |

数量最多的是华—英—印三语标牌，其次是华语单语、华—印双语、华—英双语、英—印双语标牌、英语单语标牌、印度尼西亚语单语标牌。三语语码组合分布于各种功能类型标牌。华语单语景观都是纪念牌和装饰牌，其主要功能不在于信息，而在于象征。例如"梁锡佑纪念大楼"既是昭示这座楼的名称信息，也是铭刻印度尼西亚华侨富商梁锡佑对学校的巨大贡献，传递中华文化价值观。华—印双语如"南大门/Gerbang Selatan""西大门/ Gerbang Barat"，英—印双语如"buka/door push"，华—英双语如"汉语俱乐部"/mandarin club、"emergence exit"/安全出口，印度尼西亚语单语标牌如海报"Desain Produk"（产品设计）、"dedikasi untuk negeri"（献给国家）等；英语单语标牌都是海报或提示牌，如"Welcome Parents Students in Conferences""English only corner""Bicorner""Teacher Resource Room"等，需要注意的是，印度尼西亚语、英语单语景观都是由师生所立，官方色彩较为微弱。

由此可见，三语学校是多语景观为主、单语景观为辅，并且主导语码类型是三语景观，以配合学校的三语特色。八华学校的官方网站（https://pahoa.sch.id/）也提供三种语言版本，可以实现一键切换。在三语景观当中，华语语码比较凸显，华语标牌能见度最高，在所有语言景观中占据73.5%。以"汉语俱乐部"活动双语展板为例，除了题头使用英—华双语，其他内容如"民族舞蹈、中华美食、中国结、世界交友、手语歌曲、京剧"等信息都是华语。华文部编印的《八华儿童季刊》也以华文为主要出版语言，发表学生的习作。三语学校的主要出资方和办学方是华人，向华语华文倾斜，突出华文教育的特色，自在情理之中。

　　可以看到，简体字是学校的主流文字形体。在我们所统计到的语言标牌中，简体字标牌共有 40 个，繁体字标牌只有 10 个。校方的标牌使用简体字，旨在传达一种教学理念，即是以简体字教学为本。另外，学校创办的校刊杂志和网站也是以简体字为主。学生方面也是亦步亦趋，学生设计的招牌语完全都是简体字。有 10 个繁体字标牌都是艺术字体，用来书写建筑名称、楹联、校训和装饰牌，如"梁錫佑紀念大廳""冠冕南極　砥柱中流""學以致用"等。繁体字在书法艺术中蕴含审美教育功能，从印度尼西亚华人社会乃至华校来看，繁体字仍然是华人的审美趣味。

　　教室里师生使用的字体基本上也是简体字，综合来看，三语学校简体字能见度远超繁体字。这是华文学校跟校外公共场所华语景观的一大差异。校外多用繁体字，这是传统习惯使然。《国家通用语言文字法》推行简化字，只在部分场合保留繁体字使用的权限，大陆使用简体字是国家语言规划的结果，而印度尼西亚华人社会以及其他国家华人社会，没有这样强有力的华语规划机构，以保证公共空间汉字字体的整齐划一。考虑到习惯的力量，各家华文报纸暂时也无法做到统一使用简体字排版。不过，华校倒是走在语言规范化的前列，中文国际传播的标准以汉语水平考试（HSK）和华文水平测试（HSC）为指挥棒，促使学校成为统一汉字形体的理想空间，也是全球华人通用语言文字普及的重要窗口。

### 三　关于华语景观的两点思考

　　总的来看，学校场景语言景观的语码类型较为单纯。八华三语学校语言景观虽然数量不多，但却引发我们很多思考，略可提及的有两点。

（一）增强校方语言景观意识，发挥其教育功能

在校外普遍缺乏华语环境的氛围下，华人家庭就是祖语传承的最后一道防线。不过，华人家庭传承华语是自发的，缺乏组织制度支持，势单力薄，祖语传承的伟大事业是原子意义上的家庭不可承受之重。历史和现实都表明，学校则是华语传承的重要阵地，校方应该充分利用这块阵地，增强语言景观的教育意识，发挥其教育功能。从前面调查结果来看，八华学校已经较好地利用了校园空间来创设多语环境，特别是强化华语景观的教育功能。在中华文化传统价值观塑造方面，华语景观担负着不可替代的角色。例如，校训"学以致用"、海报"仁义礼智信"都在潜移默化地熏陶学生乃至教师，而礼堂的书法楹联和承德亭的功德碑则在日复一日地向学子行审美和道德教化之功。库尔马斯以泰姬陵上的阿拉伯文书法为例，说明语言景观"书法的本质决定了它在艺术性和信息性之间的摇摆"①，即使是不懂文字艺术的人也能欣赏它的美丽。对于三语学校的学生来说，汉字书法的语言景观也是如此，它们不一定都能为所有族群的师生所理解，但确是不可或缺的，它是营造中华文化教育空间最为有效的方式。所以，不仅要从信息功能来安排校园语言景观，还应重视其审美教育等附加功能。

具体而言，各个华校、三语学校都需要树立语言景观意识，积极开发和应用语言景观资源以辅助语言文化教育。就华文教育而言，可以深入挖掘本身的历史，凝练自身的办学理念，结合中华优秀传统文化元素，选择合适的语言景观形式加以呈现。

（二）鼓励师生创设创意景观，营造语言环境

学校教育目标只有在师生合作的情况下才有可能实现，只凭校方单方面的努力是不够的。目前来看，三语学校课堂当中的语言景

---

① ［德］弗洛里安·库尔马斯：《文字与社会导论》，阎喜译，外语教学与研究出版社2018年第1版，第29页。

观是较为欠缺的，师生特别是教师没有深刻意识到营造沉浸式语言环境还应包括语言景观的创设。八华教室的墙报、板报和其他装饰性语言景观是严重不足的，特别是华语景观没有被上升到教育语言景观的高度予以重视。

尽管校园的某些地方有华语海报，是师生创造设计的，但数量有限。此外，师生共同创办的 *Majalah Pohoa*（《八华杂志》）也是一类语言景观，它是三语的，但华语篇目总体占比也较少。有鉴于此，在今后的教学当中，应该充分利用教室内外空间布置华语景观，调动学生积极性，多多设计跟华语教学内容和中华文化有关的语言景观，营造沉浸式的语言环境。前述调查表明，师生已经在教室外设计布置了一些活动海报类语言景观，这些都是很好的尝试。教室之内更是日常教学活动场所，可以将语言景观作为一种教学法灵活加以运用，在教室内植入外面世界真实的语言景观，以匹配教学内容；或者搭配任务式教学引入语言景观资源，由学生采集、设计语言景观，在课堂上分组讨论，以匹配教学任务；或者使用华语景观装饰教室四周，营造环绕沉浸式语言环境，润物细无声地熏陶学生对真实语言生活的体验和感悟。

三语学校是印度尼西亚华人社会推动华文教育事业的一大创举。在政策层面，三语学校创设符合自身办学理念的华语景观是名正言顺的；在实践层面，语言景观服务语言教学是时代潮流，师生开发、应用多样化的华语景观，创新华文教学，营造语言环境，也是顺势之举。

## 第四节　华人文化公园华语景观设计

华人虽只占印度尼西亚人口的 1%，但我们却很难仅以一个具体的数值来衡量华人对于印度尼西亚的巨大贡献，事实表明，华人是印度尼西亚民族独立和国家建设中的重要力量。自古以来，华侨华人在印度尼西亚社会进步和发展中都起着非常重要的作用，廖建裕对此做过全面的整理和介绍。① 然而，由于印度尼西亚主流叙事的遮蔽和华人社会自身的忽视，华人在印度尼西亚历史前进中的独特位置并不为世人所知。② 进一步来说，正是由于种种刻意的遮蔽和不自觉的忽视，导致了印度尼西亚部分群众对于华人族群的认知偏差和刻板印象。

重塑华族形象、恢复华人在印度尼西亚国家叙事中的重要地位是一项长期而复杂的工程。在历史教科书、国情读本、新闻报道、艺术作品、博物馆展品等文本话语中，刻画华人形象的现实和理想之间还存在着不可思议的鸿沟。例如，在国家博物馆、国家档案博物馆、独立宣言博物馆、雅加达历史博物馆等事关印度尼西亚国家和集体记忆的场所中，华族展览缺乏应有的一席之地，所有的展品几乎都是以印度尼西亚文和英文解释，华语景观更是阙如。

近年来，源于华族意识的觉醒和华人文化的复兴，印度尼西亚华人社会先后建成印度尼西亚华人文化公园和三个华人博物馆：文登土生华人历史博物馆、万隆勃良安福利基金会华人历史纪念馆和印度尼西亚客家博物馆。这些博物馆不仅是展现印度尼西亚华人历史文化遗产的空间，更是华人融合于印度尼西亚国家的历史见证，其创建对建构华人集体文化记忆和促进族群和谐都有着重要的意义。③ 在这三个博物馆当中，印度尼西亚客家博物馆地位更为独特，它坐落在印度尼西亚华人文化公园之内，而印度尼西亚华人文化公园又坐落在国家地标——美丽的印度尼西亚缩影公园（印度尼西亚语：Taman Mini Indonesia Indah，TMII）之内。因此，印度尼西亚华人文化公园及其内的客家博物馆便具有了特殊的象征意义。

按常理来说，人们进入文化公园参观，最容易注意到的可能是

---

① 廖建裕：《华人在印度尼西亚民族建设中的角色和贡献》，张蔚、肖莉娴译，生活文化基金会有限公司，2018年版。

② Adam, A. W., "The Chinese in the Collective Memory of the Lndonesian Nation", *Kyoto Review of Southeast Asia*, Vol. 3, No. 2, 2003, pp. 1-7.

③ 施雪琴：《文化传承与集体记忆构建：当代印度尼西亚华人历史纪念馆的功能分析》，《八桂侨刊》2016年第3期。

形态各异的建筑景观，但形形色色的语言景观也发挥着不容忽视的作用。漫步印华公园之内，处处皆有人文景观，处处皆有华文景观。本节尝试观察华文景观在华人文化公园、博物馆中的类型和作用。

## 一　印度尼西亚华人文化公园概览

### （一）印度尼西亚华人文化公园

印度尼西亚华人文化公园坐落于雅加达市郊，是当今印度尼西亚一座重要的文化地标。建成于1975年的国家缩影公园展示印度尼西亚30多个省区的多民族文化，但是排列国家人口第三的华族却长期缺位。2004年，印度尼西亚百家姓协会主席熊德怡向前总统苏哈托申请争取到国家缩影公园内一块占地4.5公顷的地皮来建设华人文化公园，在华人社会众多热心人士的慷慨支持下，公园于2007年正式动工。

华人文化公园力图反映中华传统建筑文化，讲究对称，由主次两条轴线控制整个建筑群，分多期建设，2017年基本建成。先后建有客家博物馆、张氏宝塔、吴文化馆、感恩堂、十二生肖花园、郑和纪念馆、唐人街七阁、印度尼西亚华裔博物馆（土生华人博物馆）、周氏文化馆，等等。经过十多年的发展，文化公园已经成为印度尼西亚爱国主义教育、华人族群活动、印中文化活动交流的重要基地。

### （二）客家博物馆

客家博物馆是目前印度尼西亚最大的华人历史博物馆，落成于2014年，占地4000平方米，外观为客家土楼造型，分上下三层，一楼为印度尼西亚华人历史展厅，二楼为印度尼西亚客家人文展厅，三楼为印度尼西亚永定客家人文展厅。客家博物馆也开通了网上博物馆（https://museumhakkaindonesia.com/zh/）。

印尼客家人是印度尼西亚华人的代表，在多民族文化展示窗口的国家缩影公园内建有客家博物馆，"这对印度尼西亚政治与印度尼西亚华人都具有深远意义，客家博物馆在政治层面上可谓是印度尼西亚多元主义政治理念的体现，对印度尼西亚华人而言，它是印度尼西亚政府对其政治身份与文化身份的肯定"。①

文化公园和历史博物馆承载着族群的共同记忆。好比熟悉的气味会瞬间打开记忆的通道一样，熟悉的文化符号配上相应的语言也会联结集体记忆，所以博物馆空间内使用哪些语言，以何种方式呈现，就会关系到是激活还是抑制记忆。近年来，开始出现以语言景观的方法来切入博物馆和记忆的一些研究。整体来看，使用多语的博物馆在展示各种文化时难免有所偏袒②；针对故宫博物院的语言景观研究也表明，除了汉语是主导语言，还存在大量的英语景观，这是市场因素、原始语言景观、政府政策和自然环境多方力量共同作用的结果。③ 记忆建构和旅游资源应用等多视角，对于看待印度尼西亚华人文化公园语言景观颇有参考价值。

## 二 印度尼西亚华人文化公园中的语言景观类型

印尼华人文化公园内语码种类较少，只有印度尼西亚文、华文、英文三种。在标识上的组合类型也很少，只有 5 种情形，如表 4-8 所示。

表 4-8 印度尼西亚华人文化公园语言景观中语码组合统计表

| 语码组合类型 | 数量（个） | 比例（%） |
| --- | --- | --- |
| 印度尼西亚文 | 10 | 12.8 |
| 华文 | 30 | 38.5 |
| 英文 | 1 | 1.3 |

---

① 施雪琴：《文化传承与集体记忆构建：当代印度尼西亚华人历史纪念馆的功能分析》，《八桂侨刊》2016 年第 3 期。

② Robert Blackwood & John Macalister, *Multilingual Memories: Monuments, Museums and the Linguistic Landscape*, Bloomsbury Academic, 2019.

③ Xiao R., Lee C., "English in the Linguistic Landscape of the Palace Museum: A Field-based Sociolinguistic Approach", *Social Semiotics*, Vol. 32, No. 1, 2022, pp. 95-114.

续表

| 语码组合类型 | 数量（个） | 比例（%） |
|---|---|---|
| 印度尼西亚文+华文 | 34 | 43.5 |
| 华文+英文 | 2 | 2.6 |
| 印度尼西亚文+英文 | 1 | 1.3 |
| 总数 | 78 | 100 |

可以看出，公园内优势语码组合以"印度尼西亚文+华文"双语景观为主，几乎接近一半；其次是华文单语标识、印度尼西亚文单语标识，英文语码组合数量极少。华语出现次数达到61，占80%，华语是华人的身份象征，也是华人文化的代表和载体，华语的多用跟华人文化公园的符号形象是一致的。相比之下，作为国语的印度尼西亚文使用也超过一半场景，而英文在语言景观中的出现频率很低。

文化公园内的标识符号比较简单，主要是三类：一是建筑铭文；二是商业广告牌；三是指示牌。三类标识上的语码使用情况如表4-9所示。

表4-9　印度尼西亚华人文化公园不同标识语码组合统计表　　单位：个

| 标识类型 | 数量 | 印度尼西亚文 | 华文 | 英文 | 印度尼西亚文+华文 | 华文+英文 | 印度尼西亚文+英文 |
|---|---|---|---|---|---|---|---|
| 建筑铭文 | 71 | 6 | 30 | | 33 | 2 | |
| 广告语 | 3 | 2 | | | | | 1 |
| 告示语 | 4 | 2 | | 1 | 1 | | |
| 总数 | 78 | 10 | 30 | | 34 | 2 | 1 |

建筑物数量越多，种类越丰富，造型越有别，是华人文化公园的特色地标。其上的建筑铭文主要是用来标记、展示建筑名称，以及镌刻捐赠者姓名、奠基时间、建筑物文化知识等信息。

从表4-9来看，建筑铭文主要是"印度尼西亚文+华文"的双语标识，如"印度尼西亚华人文化公园""印度尼西亚客家博物馆""郑和纪念馆""十二生肖花园""唐人街七阁""感恩堂""稳虎亭""永福亭""兰芳桥""孔子圣像""关公圣像"之类，都有印度尼西亚文在其上下。这些建筑物是构成文化公园的主要成分，而文化公园又是在印度尼西亚国家缩影公园之内，采用双语标识符合国家语言政策，也符合华人文化公园的定位。建筑名也有不少华语单语标识，它们都是主体景观内子建筑物上的标识，如十二生肖公园内的十二生肖雕像名称，唐人街七阁内的"晋江人""吴文化馆""吴周蔡曹柯辛""翁龚洪江"等。建筑铭文还包括少量装饰性华语单语铭文，如建筑名称下面的楹联、石刻上的书法汉字"禅""佛""发起人芳名""大埔路"等。建筑铭文也有7处印度尼西亚文单语标识，如"Pancasila"（潘查希拉精神）、"Bersatu Kita Tegoh，Bercerai Kita runtuh"（团结就是力量，分裂就会崩溃）、"红溪事件"纪念碑、"pujilah tuhan hai segala bangsa megahkanlah dia hai segala suku banga mazmur"（赞美耶和华，世界赞美他）等，这些标识展示的是印度尼西亚建国精神、口号和宗教平等精神，具有国家认同建构功能。建筑铭文以"华文+英文"标识显示的只有1例，整体上来看园内英文标识极其少见。

园内广告语数量很少，只发现3例，分别是银行、餐厅、服装租赁广告语，上面都是印度尼西亚文或是"印度尼西亚文+英文"。与其他公共场合相比，该空间极少的广告植入，反映了文化公园的商业气氛很淡，也体现了其文化定位和特色。

园内告示语也很少，只有4例，分别是用来禁止通行、指示方向、开放营业时间和面向游客的问候语。这些标识上只有印度尼西亚文或"印度尼西亚文+英文"，而没有华文。

### 三 印度尼西亚华人文化公园华语景观功能

经过多年运营，印度尼西亚华人文化公园已经成为印度尼西亚国家缩影公园内一片独特的文化景观。印度尼西亚华人文化公园是华人社会在公共空间书写集体记忆的一次探索,也是华人社会在传承传播族群文化遗产方面的积极实践。在建构、展示独特文化景观的过程中,华语景观也发挥了独特的作用。

(一)强化华人身份认同

为什么要在印度尼西亚国家公园中建设华人文化公园?首先,最重要的目的肯定是为了展示印度尼西亚华人文化,展示华人族群对于印度尼西亚国家建设的贡献,强化华人身份认同。长期以来,由于一些原因,华人在印度尼西亚国家中的地位和作用并没有得到应有的认可,这进一步削弱了华人自身的存在感,特别是华裔新生代对于民族文化认同度更为减弱。[①] 印度尼西亚国家公园非一般性公共场所,本身就是建构国家认同的重要空间,在这当中,华人公园能够占有一席之地,是国家政府对华人社会地位的公开承认,能够极大地鼓舞和强化华人身份认同。用华人自己扬眉吐气的话来说,"华人文化公园的建立,是华族政治文化地位提升的一种有力表现"。[②]

文化公园是一种文化遗产实践,华人文化公园的成功实践表明,以恰当的文化符号、恰当的方式来建构身份认同、文化认同乃至政治认同是一条有效的路径。对于文化公园而言,"印度尼西亚华人"这一定语必要而不多余,它清晰地明示了自身和中华文化、中国文化的异同关系,并且以园内的景观实实在在地告诉人们:这不只是一个中华文化公园的印度尼西亚版本,更是华人群体在中华文化基础上融合印度尼西亚本地文化的创新性继承和发展。

中华文化在海外传播的过程中,遭遇被误解和曲解的问题已经非常突出。一些国外政治团体和极端组织往往利用中华文化符号大做文章,渲染所谓的"中国威胁论",就东南亚华人文化政治化操

---

[①] 沈玲:《印度尼西亚华人家庭语言使用与文化认同分析——印度尼西亚雅加达500余名新生代华裔的调查研究》,《世界民族》2015年第5期。
[②] 王海波:《印度尼西亚华人文化公园感恩堂落成 凸显华族地位提升》,《中国新闻网》2009年8月10日,https://www.chinanews.com.cn/hr/hr-yyxq/news/2009/08-10/1839165.shtml。

作而言,"赋予特定文化符号以负面含义,指涉关键符号脱离主流文化、指涉其破坏国家秩序"是其惯用的手段。① 例如,2017年,印度尼西亚泗水非政府组织联盟以"中国战神"为辞要求拆除厨闽县(Tuban)的关公塑像;2018年,马来西亚州政府大肆拆除华文路牌,诸如此类的事件在多处上演,似乎很难避免。比较而言,印度尼西亚华人文化公园在文化符号的选取和呈现方式方面则可圈可点。

首先,基于对等原则,公园没有狭隘地只展示华族文化和华文符号,而是同时设计展览印度尼西亚国家其他相应的文化符号。例如,以印度尼西亚文单语形式呈现"潘查希拉雄鹰雕塑、团结广场、瓦希德总统书室、基督教赞美诗"等主流符号,以"印度尼西亚文+华文"双语形式呈现"孔子圣像、关公圣像、印度尼西亚客家文化博物馆、李约翰将军雕像"等华人文化符号。所呈现的华文文化景点,如关公像、孔子像、梁山伯与祝英台像,都配有详细的说明和印度尼西亚文翻译,以方便印度尼西亚游客无障碍的阅读理解。试将相同符号在不同文化空间中的呈现方式进行比较,我们大概就可以体会到如此安排的用心:当这些雕像处于中国境内景区时,基身一般都无须多刻文字解释,尺寸大小也无严格限制;而在缩影公园内的另一处孔庙,牌楼绿底黄字书写的是印度尼西亚文单语"Kelemeng Kongmiao""Rumah Ibadal Agama Khonghucu"(意思是:儒家的礼拜堂),其语言景观完全没有华文汉字符号。因此,华人文化公园在符号景观上这样的精心设计,既突出了民族文化身份,也达到了微妙的平衡。

其次,仪式文化也是建构认同的重要途径,而在国家场所中开展仪式活动,更是建构族群和国家认同的必由之路。在华人文化公园内,最重要的节庆活动是庆祝新年,景区各处张灯结彩,会悬挂"新年快乐"等标语,并举办舞龙舞狮活动,这些标语也配有印度尼西亚文。与此相应的是,每年8月,华人社会会邀请政府官员,

---

① 潘玥、肖琴:《东南亚华人文化的"政治化"探析》,《华侨华人历史研究》2021年第3期。

组织各族学生和团体代表在公园内举行隆重的国庆升旗典礼，宣读建国精神。这就避免了华人文化空间只会举办华族活动的刻板印象，有利于增强国家认同与种族和谐。

应该看到，华人文化公园内的文化符号承载着华人的集体记忆和身份认同①，但这种记忆和认同已经不仅局限于华族内部，而是指向印度尼西亚国家共同体，准确地说，它是在国家框架下的民族认同和文化认同。从这个角度来观察公园的文化符号，可以发现华语及其周围的印度尼西亚文景观，恰好隐喻当前印度尼西亚华人在国家身份体系中的位置。

（二）凸显公园文化品位

文化公园以丰富的人文景观区别于自然公园。印度尼西亚华人文化公园内匠心打造的人文景观非常丰富，主体建筑物有50余处，包括"牌楼、印华广场、团圆广场、客家文化博物馆、风水球、唐人街七阁（吴文化馆、晋江人会馆、瓦希德总统书室、感恩堂、苏甲巫眉百家姓纪念馆、郑和纪念馆、井里汶华人历史文化馆、周氏文化馆）、十二生肖公园、迎慈亭、贞义姑雕像、稳虎亭、裕仁亭、孔子圣像、关羽圣像、兰芳桥、爱情桥、张氏宝塔、嫦娥奔月石雕、梁山伯与祝英台石雕、西游记人物石雕、和春园石雕、家乐福喜石雕、红溪事件雕塑、潘查希拉雄鹰铜雕、李约翰将军铜像、杜裕仁铜像"等。这些"楼堂馆塔""场亭桥像"和竹林湖泊相得益彰，营造出浓厚的中国传统园林韵味。而人文景观中的华语景观，则给公园平添一份语言文化品位。

例如，上文所述的"禅、佛"石刻书法、场馆楹联和建筑物上的华文题词等，都是中华传统文化中的铭文代表。这些华文标识或是镌刻记录建筑物的捐助者芳名，以志功名，或是点缀石雕，装饰园林。园内形态各异的汉字书写景观能够帮助游客直接体验中华语言文化的魅力，不少本地游客在旅游网站留言："公园里汉字很

---

① 施雪琴：《文化传承与集体记忆构建：当代印度尼西亚华人历史纪念馆的功能分析》，《八桂侨刊》2016年第3期。

酷""仿佛在中国一样",这些评价最直观地道出了公园的文化吸引力。

域外石刻铭文,既能传播汉字文明,也能以其特殊材质永久记录传承华人社会文化。饶宗颐在《星马华文碑刻系年·引言》中阐释了南洋铭文的历史文化价值:"碑刻者,史料之最足征信者。碑之为体,所以昭记鸿懿,镌诸贞珉,小则封墓著姓,大则勒石赞勋。自东汉以来,碑碣云起(《文心雕龙·诔碑篇》),流风所被,广及域外。东南亚地区,华裔足迹殆遍。……稍微排比年月,断自清季,籍备研讨南域华人史实之参考。"① 文化公园内的一砖一石、一墙一瓦都是一批热心华人奔走游说、捐资兴建而成,其功至伟。"昭记鸿懿,镌诸贞珉",即在建筑物上一一记录的捐助者的信息,既可以昭示华族群众志成城的美德,也可以宣扬华人社会绵延不绝的文化传承。

(三)传递公园教育价值

文化公园以文化育人,浸润文化教育,是无声的老师。游客到文化公园不仅可以放松休憩赏景,还可以了解印度尼西亚华人历史文化,获得知识上的教益,园内的语言文字则是传递教育价值的主要工具。

在文化公园里面,最重要的场所之一是印度尼西亚客家博物馆。它在造型上仿照福建永定客家土楼振成楼,场馆通过照片、文字、实物模型和文物等载体,分别展示华人抵达印度尼西亚各地的历史故事、各种寺庙、生活器物、农历新年、印度尼西亚客家名人等文化。其中,最为引人注目的为展厅墙壁浮雕大字"偓",诉说着客家人不畏艰难、勇闯天涯的精神。展厅内"华文+印度尼西亚文"的标识,可以为游客导览方向、讲解知识。

孔子圣像底座雕刻的"孝悌忠信礼义廉耻"八个繁体汉字,跟八华学校大厅内如出一辙,反映印度尼西亚华人对于儒家文化精义

---

① 饶宗颐:《星马碑刻铭文系年·引言》,《饶宗颐东方学论集》,汕头大学出版社1999年版,第418页。

在道德层面的认同和继承。儒家文化是中华文化的基石，调查显示，其核心价值观在中国和国外民众之间具有广泛的不同程度的共享性。① 圣像底部对"八德"还一一以"印度尼西亚文+华文拼音"做了翻译和注音，显然既能方便友族了解、共享儒家文化的共同价值，也有利于华人子弟学习、传承中华文化，在中国境内，孔子塑像周边很少配有这样的"说文解字"。其他如关公圣像、梁山伯与祝英台像、红溪惨案浮雕、李约翰将军等雕塑，也都有"华文+印度尼西亚文"双语注释，帮助各族游客了解华人历史文化。

中华文化博大精深，印度尼西亚华人文化博观约取。从内容上来说，华人文化公园现有的文化形象不一定能够全部典型地代表中华文化和印度尼西亚华人文化，也不一定能够全面反映华人对于印度尼西亚国家建设的作用。廖建裕从"宗教、社会、教育、文学、语言、印刷、艺术、文化、烹饪、慈善、经济、交通、医药、科技、体育、教育、军事、行政以及政治"等近20个方面全面梳理了印度尼西亚华人的成就和对印度尼西亚的贡献②，既振奋人心又让人大开眼界。但是，哪些文化要素能够"入园"陈列，就不只是一个学理问题，也是华族各大社群力量协商和竞争的结果，我们不妨以动态发展、和谐融通的精神看待这个问题。

### 四 文化公园语言景观设计展望

正如前面所说，语言景观在公园内并不是可有可无的，多语使用能保障使之成为一个语言环境友好型公园。如果印度尼西亚华人文化公园在建设之初，没有配备华语文和印度尼西亚文标识，那么公园的独特性就会大打折扣，而且也会带来许多不便，各族游客很难信息无障碍地参观游览。不过平心而论，在文化公园包括客家博物馆内，除了少量装饰性的语言标识，语言文字毕竟还不是作为独立性的

---

① 关世杰：《中国核心价值观的世界共享性初探》，《国际传播》2019年第6期。
② 廖建裕：《华人在印度尼西亚民族建设中的角色和贡献》，张蔚、肖莉娴译，生活文化基金会有限公司2018年版。

文化符号参与公园景观设计，包括华语景观在内的语言景观更多的是发挥辅助性的功能，通过附着在建筑景观上来共同建构文化空间。

华语是华人身份的标志，本身作为祖语也是华人的文化遗产，如果能将华语景观作为独立元素引入园区进行布展，可以集中展示华人的语言认同和文化认同，发挥语言资源的经济效应。中国文字博物馆、汉字公园、中华汉字主题文化公园、方言博物馆等文化工程，目前在中国已陆续建成对增强中华文化认同、促进旅游经济发展都有积极的意义。印度尼西亚华人文化公园除了考虑经济和文化效益，还要能够促进族际和谐，为国家团结服务。基于这些考虑，我们可以将华语和印度尼西亚语互相接触的内容作为语言景观的设计重点。

语言接触是民族文化交流的见证，而借词是文化深度接触的活化石。华人在印度尼西亚数百年的语言生活史就是一部语言接触史：一方面华语从印度尼西亚语中借用了许多表达，另一方面印度尼西亚语更从华语（主要是闽南方言）中借用了大量的词语。据孔远志、李如龙、唐根基等学者的汇集[1]，印度尼西亚语中的汉语借词约有2000条，而华语中的印度尼西亚语借词也有上百条。由于借用方式和接触深浅不同，很多借词已经看不出语源关系，但是，还有不少语词是音译词，从发音上很容易看出源头。我们从中甄选出一些，如表4-10所示。

表4-10　　华语、印度尼西亚语相互音译借词示例表

| 华语 | → | 印度尼西亚语 | 印度尼西亚语 | → | 华语 |
| --- | --- | --- | --- | --- | --- |
| 豆腐 | | Tahu | batik | | 巴迪 |
| 豆芽 | | Tauge | persen | | 巴仙 |

---

[1] 孔远志：《文化交流的历史见证——从闽南方言借词看闽南华侨与印度尼西亚、马来西亚人民的友好关系》，《华侨华人历史研究》1986年第Z1期；李如龙：《闽南方言和印度尼西亚语的相互借词》，《中国语文研究》1992年第10期；唐根基：《印度尼西亚语中汉语借词的种类研究》，*Journal Cakrawala Mandarin* 2017年第1期。

续表

| 华语 | → | 印度尼西亚语 | 印度尼西亚语 | → | 华语 |
|---|---|---|---|---|---|
| 豆饼 | | Tempe | pasar | | 巴刹 |
| 茶 | | Teh | baba | | 峇峇 |
| 面 | | Mie | nyonya | | 娘惹 |
| 米粉 | | bihun | datuk | | 拿督 |
| 烧麦 | | siomay | kari | | 咖喱 |
| 粿条 | | kuetiau | kampong | | 甘榜 |
| 醋 | | cuka | sate | | 沙爹 |
| 鸡汁/酱油 | | kecap | laksa | | 叻沙 |
| 红酒 | | angciu | sarung | | 纱笼 |
| 馄饨/扁食 | | pangsit | belacan | | 峇拉煎 |
| 水饺 | | Suikiau | wayang | | 哇扬戏 |
| 锅贴 | | Kuotie | parang | | 巴冷刀 |
| 点心 | | dimsum | warung | | 亚弄店 |
| 五香 | | ngo hiong | pandan | | 班兰叶 |
| 算盘 | | suipoa | salak | | 蛇皮果 |
| 大伯公 | | tapekong | rambutan | | 红毛丹 |
| 匕首 | | pisau | Melaju | | 马来人 |
| 五百 | | gobe | gado-gado | | 加多加多 |

表4-10共列出40组借词，右列是华语从印度尼西亚语借用的词语，左列是印度尼西亚语从华语借用的词语。可以看出，两种语言都互相借用了食物、工具、服饰、建筑等方面的词，这就说明，在文化交融方面，跟日常生活息息相关的器物文明互相影响更大、更为深远。这样深度互融的词语都是华族和友族的常用词，发音又非常接近，对双方来说应该都比较容易理解词语的来源。这些词语旁边再配上相应的实物图片、华语拼音和发音按键，就可以作为直观的展览材料供游客学习。此外，添加一些中印表意相似的民间谚语俗语，也能起到民心相通的作用，例如"Berat sama dipikul, ringan sama dijinjing"（字面意"重的一起扛，轻的一起提"对应

"有福同享，有难同当")、"Lain ladang lain belalang"（字面意"不同田地有不同的蚱蜢"对应"入乡随俗"），等等。从经济成本的角度来说，设计语言景观耗资要远远少于建筑景观，因此在空间允许的情况下，也可以开辟专门的语言交流展厅和华文教育展厅，全面、深度地展示两种语言文化的接触和华语言的传承价值。

对于华人社会来说，能在国家场所建设华人文化公园，这绝非易事，它凝结着众多华人的心力和智慧。我们期待它能持续性地建设和发展下去，不断展现出更美好和谐的文化景观。

## 第五节 印度尼西亚华语景观的分布规律

本章调查了印度尼西亚四大城市唐人街、万隆唐人街主题乐园、八华三语学校和印度尼西亚华人文化公园的语言景观，重点考察了这些场所华语景观的类型和功能，并尝试分析华语景观的成因。在这个基础上，现在可以探索一下华语景观的分布规律。

唐人街、主题乐园、三语学校、文化公园代表的是四种空间：生活、商业、教育和文化空间，其中的华语景观也发挥着生活、商业、教育和文化认同功能。回顾历史，唐人街的变迁有目共睹，华人大批迁出，造成唐人街生活功能的弱化，随之而来的是旅游和商业功能的增强，华语景观又发挥着增强旅游和商业属性的作用。认识到华语景观在印度尼西亚华人社会中信息功能到象征功能的转化，就能理解在万隆唐人街主题公园，华语景观为何出现如此多的表达错误，也就能明白雅加达新唐人街为何布置了那么多的中华壁画和吉祥墙字。总体来看，它们的价值类似于挂画壁纸一样的装饰背景，而非信息沟通作用。如果说雅加达年轻人通过墙壁涂鸦来表达自己的亚文化身份，是一种抵抗或消解主流意识形态话语的言语行为，那么华人通过壁画和中国传统镂刻，在主流社会中则表达的是另一类亚文化身份，是中华语言文明变体和异域语言文明和谐共生的语言文化行为。

一般而言，哪里有华人或华人活动，哪里就有可能出现华语景观。从印度尼西亚四类空间的语言景观状况来看，华语景观的分布规律呈现为"语境依赖"原则：华语景观分布状况高度依赖于该空间华人聚居状况或是华人活动场景，越是华人扎堆居住与活动的地方，华语景观越多。唐人街、庙堂宗祠、会馆义山、华校、华人商业和文化场所大概率可以保证"看得见"华语景观，而在没有华人聚集的街区、学校、商场、交通枢纽和政务等公共场所，也几乎不会有华语的身影。从早期华人社会来看，华语景观的语境依赖程度更高。华人移民从中国南方移民到南洋，基本复制保持了移出地的文化生态，华语景观也与移出地高度一致。孔飞力①对于华人移民模式提出"通道—小生境"模式，以此来看，唐人街、庙宇宗祠、会馆学校等共同构成了华人移民的"小生境"，华语景观受制于小生境，也参与构成了华人社会的小生境。随着移民日久，当一部分华人从小生境脱离出去，部分华语景观也就随之瓦解，其他语言景观进入。

印度尼西亚华语景观分布并不总是符合"语境依赖"原则。这里面有两种情况很有意思，值得关注。第一种情况是华语景观的语境超越现象。所谓语境超越，是指华语景观在某种语境中出现的频次和类型，要大大超过该语境本来常见的频次和类型。例如，在万隆唐人街主题乐园，尽管该空间的从业人员和活动人群大部分都不是华人，但华语标识却出奇得多（3000平方米有92幅华语标识，而面积两倍之大的潘佐兰广场只有70幅华语标识），并且错得离谱的华语标识也非同一般。对于这种语境超越现象，需要回到整个主题景区设计的动因来进行解释。正如其他地方的主题乐园一样，该主题乐园是要极力仿造一个类中国化或类唐人街的游乐消费场所，所以从入口处泡沫搭建的白雪拱门，到园中搭建的小型舞狮表演舞台、琳琅满目的中国仿制物件以及红色背景的华文景观，都使用了

---

① ［美］孔飞力：《他者中的华人：中国近现代移民史》，李明欢译，黄鸣奋校，江苏人民出版社2016年版，第38—47页。

中国元素，并且在数量和类型上都是极尽所能。但是由于空间容量有限，加之时空表达杂乱，致使乐园主题不明：清代服饰壁画、中国 19 世纪六七十年代物品"照相馆"共现，标识物"万隆花店""钵仑华埠（指美国波特兰唐人街）""中国熊猫壁画""门神"装饰等并置，这些装置艺术制造出的景象从一般物质景观到华语景观，都有所失真，韵味全无。可以说，它所仿造出的是一个现实世界根本不存在也从未存在过的虚拟景观，根本不是真实意义上的唐人街。何以"山寨"版唐人街的华语景观能见度超越了一般唐人街，根本原因在于很多主题乐园的造景是成功的，万隆唐人街主题乐园无非是商业模式复制，希望借助华语景观的象征功能，堆砌中华符号，再造一个想象的空间。

第二种情况是去语境化置放现象。按照场所符号学理论，语言景观的置放包括场景化置放、越轨式置放和去语境化置放。去语境化置放，是指语言景观的置放脱离语境特点，始终保持统一的形式。例如华为品牌，总部标识为"红菊花图案＋HUAWEI"，东南亚各国门店也是这个标识，其符号并不因场景改变而改变。去语境化置放是全球化趋势所致，也有利于品牌全球化。对于印度尼西亚华语景观而言，吉祥祝福语"恭喜发财 Gongxi Facai""福"这样的符号不受语境制约，每逢春节在各大街道、商场、机场、公司乃至政务场所都能屡见不鲜，已经成为华人文化的一张亮眼的名片。这些文化符号能够大量在各类场景复制存在，在于它们迎合了各族趋吉的心理，也反映了中华文化的影响力。

历史上，印度尼西亚华语景观的丰富性不亚于任何东南亚其他国家，这是毋庸置疑的。但今天讨论华语景观不是要回到过去，这是不现实的。"君子无罪，怀璧其罪"，华语景观作为一笔宝贵的语言资源，不应成为政治化操作的工具，我们首先需要尊重印度尼西亚华语景观的语境依赖原则，在创造和安排华语符号时不妨多多考虑场景合宜性，以免违规和引起争议。在此框架下，也要鼓励语境超越和去语境化置放现象的存在，以促进华语传承与传播。

# 第五章

# 菲律宾华语景观的传承与融合

一般来说,地理的阻隔会带来语言的分歧,作为东南亚拥有第二个"千岛之国"美誉的菲律宾,同样因为岛屿众多,是个多民族、多语言的国家,语言生态复杂而多样。2015年,菲律宾人口突破1亿人,成为仅次于印度尼西亚的东南亚第二人口大国,主要民族有比萨扬人(又译为米沙鄢人)、他加禄人、伊洛克人以及其他少数民族,世界民族语言志(Ethnologue)记录共有175种语言,主要语言有菲律宾语、宿务语、米沙鄢语、伊卡诺语、希利盖农语、比科尔语、瓦瑞语等。菲律宾华人人口居第8位,约占全国1.5%。[1]数百年来,华侨华人在此繁衍生息,并且通过华文教育和祖语代际传承,一定程度上保留了自己的文化遗产,包括华语和方言。

作为一个少数民族,华族能够保留自身的祖语文化,除了靠一代代华人的坚守,还离不开多语多文化的宽松环境。实际上,多语

---

[1] Gonzales, W. D. W., "Language Contact in the Philippines: The History and Ecology from a Chinese Filipino Perspective", *Language Ecology*, Vol. 1, No. 2, 2017, pp. 185–212.

多文化环境能给少数民族语言的生长提供适当的发展空间，也有利于整个社会培育多语意识形态。但是，自1898年美国从西班牙手中抢夺殖民地菲律宾之后，近半个世纪强制性的英语推广使得菲律宾本地语言的发展严重受挫。① 直到1946年之后，独立的菲律宾还没有统一的民族语言，整个国家是以英语为通用语，以至于本尼迪克特·安德森②以惊讶的口吻写道："于是有了这种怪诞的形式，它逼得菲律宾人通过译文来阅读该民族最受敬仰的这位英雄③的作品。"执政者不得不接受这样的现实，在很长一段时间里，独立的菲律宾还没有通过民族语言完成国家认同建构。虽然菲律宾1974年和2008年先后推出"英菲并重"和"基于母语的多语言教育"政策，但是这些政策，无论是对于民族共同语的母语——菲律宾语还是各种少数民族的母语，其效果都很有限。Tupas认为，全球化的分工体系将菲律宾人牢牢绑定在"英语至尊"的价值链当中，英语是人才筛选和社会分层的重要工具。④ 可以说，在这种语言意识形态笼罩下，菲律宾华人社会语言生态面临相当大的挑战，尤其是公共空间语言景观的传承更加值得关注。

# 第一节　华人社会语言生活

1571年，西班牙占领马尼拉之后，打通大帆船贸易航线，将中国的丝绸、茶叶、瓷器等特产横跨太平洋运往美洲，货物和人口

---

① 王辉：《"一带一路"国家语言状况与语言政策》（第一卷），社会科学文献出版社2015年版。
② ［美］本尼迪克特·安德森：《比较的幽灵：民族主义、东南亚与世界》，甘会斌译，译林出版社2012年版。
③ 译文主要是英语，还包括一些菲律宾方言。这位英雄是指菲律宾民族英雄黎刹，他也是菲律宾国父。
④ Tupas, R., "Anatomies of Linguistic Commodification: The Case of English in the Philippines vis-à-vis Other Languages in the Multilingual Marketplace", in P. Tan and R. Rubdy, eds., *Language as Commodity: Global Structures, Local Marketplaces*, London: Continuum Press, 2008, pp. 85 – 105.

加速流动，由此也拉开中国人移居菲律宾的大幕。华侨先民因经商、劳工大规模移居菲律宾，人数达2万，这就是最早的华人社会。1582年，为了分而治之，方便征税，西班牙殖民者将华侨圈住在马尼拉王城区的八连（Parian），形成最早的华人聚集地。1590年，西班牙驻菲主教色拉萨在一份报告书里描述当时的八连场景："八连市区内，百业皆备。居住市内的华侨，皆有业栖身……市内酒帘及招牌，临风招展，满布全市，所书皆华字，虽不知何说，但无非是招揽生意者，市中有饭店多家，华人、土人皆集食于此，即西班牙人亦常来买醉。"①

文献和碑刻铭文显示，早期来到菲律宾的侨民多是福建漳州人，此后又有泉州、厦门、广东等地人民。② 经过源源不断的移民辗转和四百多年的代际更迭，今天的菲律宾华侨华人已有近200万人，主要居住在马尼拉、宿务、克拉克、怡朗、达沃、碧瑶、三宝颜等城市。其中，马尼拉、达沃市有两个最大的唐人街。

菲律宾华人同化程度很深。18世纪后的侨民，不需要冲破宗教障碍，就能和本地人通婚，其后代叫作美斯帝索（Mestizo），他们类似印度尼西亚和马来西亚土生华人，身上虽有华人血统，多少保留一些中华文化，但不会华语，已完全融入主流社会，如菲律宾民族英雄黎刹就是一个华人美斯帝索家庭第五代。19世纪50年代，更多的华侨移民来到菲律宾，很快成为商贸主角，他们的后代构成今天菲律宾华人的主体。同化后菲律宾华人大多信奉天主教，在语言上的表现就是，华人后代很多已经不会说、也不用华语进行日常交流。20世纪70年代末，一项对大马尼拉三所华校（圣公会中学、天主教崇德学校、巴西中华书院）中学生的语言调查表明，他们日常交流主要使用菲律宾语和华语（包括福建话、广东话和普通话）。③

---

① 梅彬主编：《世界唐人街》，广东人民出版社2015年版，第53页。
② 曾少聪：《明清海洋移民菲律宾的变迁》，《中国社会经济史研究》1997年第2期。
③ Gonzalez, Andrew, "Language Use Surveys in the Philippines (1968 – 1983)", International Journal of the Sociology of Language, No. 55, 1985, pp. 57 – 77, https：//doi.org/10.1515/ijsl.1985.55.57.

事实上，菲律宾华人的语库非常复杂，至少包括五种主要语码：菲律宾语、英语、福建话、华语普通话，以及由菲律宾语、英语等多语杂糅形成的混合语"咱人话"（Lánnang-uè），这些不同的语码是他们日常交际中用来表达不同身份的工具。[①]

相对标准的华语（包括福建话）是在华文学校学习和使用的。华校是华人社会传承中华语言文化的主要阵地，可以说"没有华校就没有华人社会"。[②] 从1899年第一所华校大清中西学堂到1973年，华校在窘迫的环境下坚持办学底色，培养了大批的华语人才和社团领袖，有力地推动了华人社会团结和发展。1973年，时任总统马科斯发布176号总统令，对华校实施菲华政策：规定中学华文课改为四年制，华校只能将华语作为选修课，华语课程每天不得超过120分钟，华文教育受到压缩而变成一门语言课，华文教学全盘二语化。菲华政策给华文教育带来的影响是深远的。2008年，政府实施"基于母语的多语言教育"，但对于少数族语的支持仅是象征性的[③]，华校依旧缺乏政策配套，教学用语杂乱问题没有得到有效的改善。

21世纪以来，菲律宾华校定位为"培养具有中华文化气质、适应本地发展需求的合格人才"，为此他们做了很多工作，例如菲律宾华教中心启动华语师资培养"221工程"（即：两个计划，输血计划和造血计划；两个方案，督导方案和专业化方案；一个行动，华校新生行动），但是办学层面未见明显起色。2003年，全菲华校学生87325名，2013年降至74998名（黄端铭，2014）；2011年，全菲华校157所，学生87657名，华文教师2839人[④]；2022

---

[①] Gonzales, W. D. W., "Filipino, Chinese, Neither, or Both? The Lannang Identity and Its Relationship with Language", *Language & Communication*, Vol. 77, 2021, pp. 5-16.

[②] 黄端铭：《华校何位　华校何为？——以菲律宾华校为例》，《世界华文教学》2018年第1期。

[③] 王辉主编：《"一带一路"国家语言状况与语言政策》（第一卷），社会科学文献出版社2015年版，第45页。

[④] 杨静林：《固守与传承：论新世纪以来菲律宾华文教育的契机与困境》，载郑一省、吴小玲主编《互动与网络：多维视野下的海外华人与中国侨乡关系研究》，世界图书出版公司2016年版，第434—442页。

年，华校148所，华文教师约1000名，各族在校生6.8万人。① 师生数量都在逐年下降，黄端铭所说的菲律宾华文教育"令人担忧的问题"仍在继续。② 除此之外，华校财务危机、教师难觅、补课制度等问题③都是陈年顽疾，这些问题目前尚未有大的改观。

华教界的艰难处境并没有真正引起华人社会的共鸣，本地华文媒体上很少看到各界关于菲律宾华文教育路向、华校转型、华文教学方法、教学媒介语等课题的讨论。这跟新加坡华文报纸上的热议不断形成了鲜明的对比，同样都是华语作为第二语言教学，所谓的祖语传承焦虑在菲华社会似乎是不存在的。朱东芹颇有见地地指出，挽救衰退的华文教育事业、做公益，大家都在做，但各做各的，并没有形成合力。④

华人的媒体消费、媒介生产以英文内容为主。目前本地发行五家华文报纸：《菲律宾商报》《世界日报》《联合日报》《菲华时报》《菲律宾华报》，《人民日报·海外版》也颇受欢迎，但阅读华文报纸、为华文报纸供稿的主要还是老一代华人华侨。虽然报纸也为激发华裔青少年华文写作采取过一些措施，但收效甚微。菲律宾有两个华语电视台：菲华电视台（Chinoy TV）和菲中电视台（Chinatown TV）。菲华电视台主要以英语播放节目，从其官方网站来看，华文使用极少。菲中电视台成立于2007年，由华语、英语、菲律宾语三语主持人主持，为了拓宽人们对菲华文化的理解，鼓励人们学习华语，常年开设有"心艺、护肤彩妆、走进中国城、基本华语、侨社动态、环游城外"等节目。2017年创立全菲华语新闻台菲中新闻台（CNTV），每天主播30分钟使用标准华语、英文、

---

① 林子涵：《菲律宾华文教育界为菲律宾华教事业注入新动力》，《人民日报·海外版》2022年8月19日。
② 黄端铭：《菲律宾华侨华人的留根工程：菲律宾华文教育》，载丘进、张禹东、骆克任主编《华侨华人研究报告（2013）》，社会科学文献出版社2014年版，第232页。
③ 杨宗翰：《菲律宾华文学校的四大病灶》，《中原华语文学报》（台湾）2009年第6期。
④ 朱东芹：《菲律宾华侨华人社团现状》，《华侨大学学报》（哲学社会科学版）2010年第2期。

菲律宾语播送新闻节目,主要栏目包括"国际新闻、本地新闻、财经报道和'一带一路'报告"。

20世纪90年代至今,中菲经贸往来密切促成了新移民潮。据估计,到2008年菲律宾新移民就有20万人,他们普遍教育程度偏低,多从事零售业。大部分人家庭和工作语言是闽南话,只有少数人能熟练运用菲律宾语和英语。随着互联网的快速发展,华语新媒体也随之迅速发展起来,涌现了一批新移民群体喜爱使用的华语新媒体平台,例如菲龙网、菲华网等。

在工作场合,华人主要使用英语、菲律宾语、菲律宾福建话、广东话以及当地土著语言等,说华语的人很少。菲律宾华人社团众多,据统计,马尼拉活跃的华人社团就有1000个左右。在公共场所,华人很少使用华语标准语。如教堂礼拜、社团活动等场合,多讲闽南语、菲律宾语等。能够看到华文的公共场所不多,华语景观主要分布在唐人街、华校、寺庙、教堂、义山、华人商场超市等空间,其他场所稀少。华人社会组织华人参加各类活动,例如义捐、庆典、聚会等活动时,使用华文景观是一大特色。

家庭是华语传承的最后堡垒。1989年调查时,只有10%的菲律宾华人在家只说华语,78%的人混合使用闽南语、他加禄语和英语。2017年调查时,使用闽南语的数字也在下降,年轻的华裔菲律宾人更喜欢使用菲律宾语,而不是混合闽南语。[1] 一项针对华裔大学生家庭调查表明,辈分越低,英语和菲律宾语越流利,而华语能力越弱,福建话能力也呈代际递减趋势。[2] 从这些数字来看,似乎菲律宾华人家庭"这个角落也是注定要沦陷的"。[3] 不过,略可安慰的是,另外一项调查结果发现虽然华人的华语能力持续下降,

---

[1] Gonzales, W. D. W., "Language Contact in the Philippines: The History and Ecology from a Chinese Filipino Perspective", *Language Ecology*, Vol. 1, No. 2, 2017, pp. 185 – 212.

[2] 沈玲:《认同转向之下菲律宾华人家庭民族语言文字使用研究——基于500多名新生代华裔的调查分析》,《华侨华人历史研究》2016年第4期。

[3] 郭熙主编:《华文教学概论》,商务印书馆2007年版,第39页。

但12—17岁青少年一代的华语水平有提高的迹象。①

菲华历史博物馆（Bahay Tsinoy）是菲律宾华人社会文化的一个重要空间，里面藏有很多华文文献、碑刻和相关展品，也有一些华语标识。例如，"菲华历史博物馆""华裔文化展览中心"匾额和"叶飞将军""消防英雄"等展览配备了"华语＋英文"双语标识。有一块"家庭"之名的"华语＋菲律宾语"双语标牌展示了华人文化对于菲人家庭称谓语的影响，菲律宾语借用了华语"大姐（ATE）、二姐（DITSE）、三姐（SANSE）、大哥（KUYA）、二哥（DIKO）、三哥（SANGKO）、祖父（INGKONG）、祖母（IMPO）、嫂子（INSO）、姐夫（SIYAHO）"的说法。有的标牌只有英文标识介绍，例如导引牌、博物馆宣传册、"文化大革命"等展览，上面没有华文，这样的设计显然是为了迁就本地华裔有限的华文识读能力。相对而言，这个华人博物馆中的华文标识总体数量偏少，能见度和显着度较低。

华语景观最多的地方是华侨义山。马尼拉的华侨义山是世上少有的墓园景点，园内中式建筑林立，风格各异，气派宏伟，状如生者高楼，墓志铭文很有特色，如"崇福堂、王公××佳城、蔡公××佳城、林公××山庄、太原衍派、济阳衍派、三瑞传芳、版筑传芳"等。据说，以"佳城"（指墓地）命名者，多为菲律宾华人的中上阶层，尤其是那些富商巨贾，而中产华人和贫民则是另外的名称。②特定的语码使用在这里成了给往生者阶级分层的标记，"衍派、传芳"类为姓氏堂号，是海外华人寻根问祖的线索。③信仰天主教的墓主还有"××Family／××山庄"的双语铭文，建筑则为西式风格。墓园这种中西建筑混杂、多语混用景观，俨然是菲律宾现实社会的翻版。园内路名多以侨领姓名命名，如菲律宾华侨抗日

---

① 代帆：《融合与维持：菲律宾华人的认同——基于在菲律宾马尼拉的田野调查》，《世界民族》2021年第3期。
② 施雪琴：《菲律宾华侨华人史话》，广东教育出版社2019年版。
③ 马多佳：《版筑传芳》，《中国青年报》2016年1月14日。

烈士纪念碑、抗日烈士英雄门、杨总领事光泩暨馆员殉国纪念碑等华族标志性建筑也坐落于此，这些语言景观铭刻着华族的集体记忆，是华族的精神丰碑。华侨义山是华人缅怀先烈、寄托精神、建构认同不可替代的场所，但也面临着其他族群诸如"奢华昂贵、过于显眼"的一些议论和指责①，这些杂音都在潜移默化地冲击着华人语言文化的传承。

总的来说，菲律宾华人社会华语保持问题已经非常严峻，特别是闽南话流失问题更为严重。

## 第二节　唐人街语言景观与华语维持

菲律宾有两大唐人街，马尼拉唐人街和达沃唐人街。马尼拉唐人街位于巴石河北岸的岷伦洛区（Binondo），面积约9平方公里，大约有60万名华人华侨居住于此。鳞次栉比的华人商店、饱经沧桑的华文学校、栉风沐雨的华文报社、巍峨堂皇的庙宇教堂等各色建筑，分布其间，使这里成为城市最为重要的商业文化中心和旅游景区。王彬街（Ongpin Street）是马尼拉唐人街最为知名的一条街道，商店林立，游人如织，华文招牌非常密集。达沃唐人街位于菲律宾第三大城市达沃市（Davao，又叫纳卯）圣达安娜区中心，面积约0.4平方公里，大约有500户华人商家居住于此。②虽说达沃唐人街是继马尼拉王彬街之后的第二座华人区，但二者繁华程度却不可同日而语，华文景观也迥然有别，达沃唐人街内显眼的华文标识非常少见，只有三大牌坊"融合门""友谊门""和平门"以及"纳卯华人商业中心""首都银行""菲律宾信托银行"等屈指可数的几例。

唐人街是华人社会的一个缩影，我们仅从达沃唐人街华文景观

---

① 杨宁、张小林：《历史见证者：马尼拉华侨义山》，《人民日报·海外版》2017年6月21日，http://www.chinaql.org/n1/2018/0802/c419650-30201052.html。
② 林行健：《继马尼拉王彬街之后　菲律宾第二座华人区渐成型》，《中国侨网》2008年1月28日。

来看，可以说达沃华人社会已经发生难以挽回的语言转移。语言转移的对立面是语言维持，所谓语言维持（language maintenance）跟个体意义上延缓语言能力衰退的语言保持（retention）有所不同，指的是在面对来自地区和社会上更强大的语言竞争时，整个社群能够持续性地使用自身的语言。① 持续性的语言使用当然是多媒介、多模态的，既包括口头使用，也包括书面使用和语言景观。社会语言学家把公共场所的语言景观看作语言的角斗场，面对强势语言竞争而能竭力进行语言维持，那是相当不容易的，达沃唐人街所发生的祖语转移不过是世界上很多唐人街最终的宿命。相对来说，古老而有活力的马尼拉唐人街则还能"卓尔不群"，颇有希望进行持续的祖语维持。本节即从马尼拉唐人街的语言景观来观察当地华人社会祖语保持的具体情况。

以往关于马尼拉唐人街语言景观的研究，主要有 Jazul 和 Bernardo 的论文②可作参考，他们主要是从语言景观来观察几种语言的角色和语言意识形态，证明英语在唐人街占据霸权地位（hegemonic position），华语主要是起象征作用，而作为国语的菲律宾语没有位置。在我们看来，他们的研究还是在重弹英语扩张的老调，其目的是为政府双语政策背书，意图是提升菲律宾语的能见度，并不完全符合唐人街华人语言使用的实际。

## 一 从一个老字号招牌说起

在马尼拉王彬街入口处628号，有一家百年老字号糕饼店，这家店专营各种华人特色点心和熟食，尤其是售卖的福建好饼（Hopia）在当地华人社会远近闻名。它的招牌迎街而立，颇为醒目，见图5-1。

---

① Mesthrie R., *Introducing Sociolinguistics*, Edinburgh University Press, 2009, p. 245.
② Jazul, Ma EM and A. J. Bernardo, "A Look into Manila Chinatown's Linguistic Landscape: The Role of Language and Language Ideologies", *Philippine Journal of Linguistics*, Vol. 48, 2017, pp. 75-98.

图 5-1 王彬街永美珍店户外招牌

可以看到招牌上有三种语码：福建话、普通话、英文。Eng Bee Tin 是对"永美珍"福建话发音的罗马化拼写，福建话可以代表方言身份，是本地华人社会的通用语，罗马化拼写可以彰显国际身份，也易拼读。所以 Eng Bee Tin 既有象征价值，也有交际作用。在这块招牌上，福建话处于中心位置，字形最大，字体为红色浮雕状，可以说是店主的倾向语码。在这块招牌上，普通话居上，英语在下，表面上看华语似乎要比英语重要。但是，若把英语去掉，只保留华语，那么这块招牌可能根本挂不出来，因为菲律宾法律规定户外广告必须配备英语翻译，否则将处以罚款直至吊销营业执照。事实上，这个店里还有一张只有华语"永美珍"的招牌，但它也只能挂在店里作为装饰品（见图 5-2），如果放在户外那就是越轨置放。

图 5-2　王彬街永美珍店室内招牌

从内容来看，招牌正中大大的福建话拼音"Eng Bee Tin"和上方三个略小的汉字"永美珍"，展示的是品牌名称，下方英文"Chinese Deli"，显示的是经营品种"中国熟食"，招牌下面还有一个小型广告牌，印有两行英文"Since 1912"和"Home of the Best Hopia and Tokay"，分别是"始自1912"和"最佳好饼和甜粿之家"。很显然，这块招牌上英语的广告信息功能是华语所不具备的，也就说，英语比华语更有交际价值。

像这样的老字号招牌在菲律宾乃至东南亚华人社会都是比较常见的类型，通过利用多语语码和功能分化，它很好地将方言身份、文化认同和交际功能集中于一身，能够在展现身份的同时，为更多的顾客所识读，从而实现经济价值和文化价值的统一。当然，菲律宾华人社会还有很多标牌的语码类型和功能比较单一，从华语传承的角度而言，它们可能不利于华语维护。以下通过对唐人街的实证调查来观察语言景观的标识类型和华语功能。

## 二　唐人街语言景观的标识类型与华语功能

### （一）调查范围

马尼拉唐人街范围很大。以巴石河北岸的中国城牌楼为界，往北可延长到市中心雷克多大道（Recto Ave），东西边界不清，方圆约9公里。不过，一般说到唐人街，就是指王彬街一带。这条街区是华人欢度春节、中秋节等传统节日最为热闹的场所，也是华人商业金融最为繁荣的地带，素有菲律宾华尔街之称。为了突出代表性，我们的调查即选择以王彬街、洲仔岸街（Quintin Raredes Rd）为对象。在地理范围上，王彬街的调查以入口亲善门为起点，经过王彬南桥、王彬北桥，至范伦那街（Juan Luna St）结束；洲仔岸街的调查从中国城牌楼开始，穿过中菲友谊门，途经岷伦洛大教堂，至雷纳摄政街（Reina Regente St）结束。整个调查全程约长1.5公里，涵盖范围面积约为3平方公里。调查采集这两条街道上所有户外肉眼明显可见的标牌，每张实体标牌只作一次计算，王彬街得到226张图片，洲仔岸街得到72张图片，总共获取298张图片，全部输入Filemaker软件，标牌按"设计者、标牌类型、语码、字体、相对位置、材质"等信息进行标注，以此为主体做统计分析。在具体讨论时，我们还会适当加入唐人街其他街道上的标牌做参照分析。

需要说明的是，本次调查数据主要采用网络民族志方法。当前，随着虚拟社会的崛起，网络民族志早已成为人类学社会学教育学等社会科学常见的调查方法[1]，在语言景观研究中也有不少学者采用。[2] 相较传统的田野调查，网络民族志至少有三点优势，一是可在有限时间获得充裕的数据和体验，人力和经济成本都非常节省；二是可以借助网络获得不同时点的材料来做比较；三是能够获得网友对于具体地点包括语言环境的随机真实评价。在疫情之下，

---

[1] 卜玉梅：《虚拟民族志：田野、方法与伦理》，《社会学研究》2012年第6期。

[2] Gorter, Durk, "Methods and Techniques for Linguistic Landscape Research: about Definitions, Core Issues and Technological Innovations", in Pütz, Martin, and Neele-Frederike Mundt, eds., *Expanding the Linguistic Landscape: Linguistic Diversity, Multimodality and the use of Space as a Semiotic Resource*, Multilingual Matters, 2018, pp. 38-57; Malinowski D. Linguistic landscape, in Phakiti, Aek, et al., *The Palgrave Handbook of Applied Linguistics Research Methodology*, Palgrave Macmillan, London, 2018, pp. 869-885.

网络民族志方法不只是优选项,还是我们不得已的必选项。

(二)语言景观的标牌类型

1. 语言标牌的设立主体

从表5-1可以看出,唐人街存在8种语码类型的标牌,而且大部分都是非官方商业标牌,官方标识的数量和类型都要少于非官方标识,由此不妨认为唐人街是个多语商业空间。

表5-1　　马尼拉唐人街不同设立主体的语言标牌统计表　　单位:例

| 语码类型 | 官方标识 | 非官方标识 | 数量 |
| --- | --- | --- | --- |
| 英语 | 95 | 22 | 117 |
| 普通话 | 0 | 23 | 23 |
| 菲律宾语 | 1 | 0 | 1 |
| 英语+普通话 | 4 | 103 | 107 |
| 英语+福建话 | 0 | 13 | 13 |
| 英语+菲律宾语 | 2 | 2 | 4 |
| 英语+普通话+福建话 | 2 | 17 | 26 |
| 英语+普通话+菲律宾语 | 2 | 2 | 4 |
| 总数 |  |  | 295 |

在这个多语商业空间内,语言彼此之间的地位是极度不平等的。在所有的标牌中,首先以"英+普"双语标牌为主,其次是英语单语标牌,最后是"英+普+福"三语标牌和普通话单语标牌。英语的组合类型为6类,普通话的组合类型为4类,菲律宾语只有3类,福建话只有2类,没有出现"福建话""菲律宾语+普通话"或"菲律宾语+福建话"的类型,组合能力的差异客观上反映了唐人街语言使用的秩序,即英语、普通话、菲律宾语、福建话。英语出现在所有的多语标识中,反映了其事实上的官方语言地位。普通话被政府定位为外语,但在唐人街的地位却是举足轻重的。菲律宾语是国语和官方语言,但在唐人街的存在感较低。福建话似乎可有可无。

包含菲律宾语的标识共有 9 例，有 7 例是官方标识，2 例是私人标识。尽管菲律宾语有官方语言政策为它在公共场合的使用"保驾护航"，但是在官方标识中它也并不占优势，在私人标识中能见度更低。总体上，菲律宾语在唐人街的能见度极低，这就是学者为什么提出要加强在唐人街使用菲律宾语的理由。

官方标识中，三种单语标牌数量都很少，最多的是英语单语标牌，由此可见官方对于英语的偏爱和重视。而这种语言信念也渗透到非官方标识中，非官方英语单语标识的数量在所有单语标牌上也占据绝对优势。在官方标识中，福建话使用次数很少。

2. 语言标牌的功能类型

从表 5-2 来看，唐人街的招牌、广告牌最多，其次是警示、告示牌和建筑物牌、路牌。招牌、广告的主体语码是"英+普"双语。语言景观是语言竞争的场所，也就是说，在招牌广告牌中，英语和华语的竞争最为激烈。

表 5-2　　　　马尼拉唐人街语言标牌功能类型表　　　　单位：例

| 语码类型 | 路牌 | 建筑牌 | 招牌、广告牌 | 警示、告示牌 | 装饰牌 | 数量 |
|---|---|---|---|---|---|---|
| 英语 | 5 | 8 | 83 | 20 | 1 | 117 |
| 普通话 |  | 2 | 13 |  | 8 | 23 |
| 菲律宾语 | 0 | 0 | 0 | 1 | 0 | 1 |
| 英语+普通话 | 8 | 7 | 91 | 1 |  | 107 |
| 英语+福建话 | 6 | 1 | 6 |  |  | 13 |
| 英语+菲律宾语 | 0 |  | 2 | 2 |  | 4 |
| 英语+普通话+福建话 | 2 |  | 16 |  | 8 | 26 |
| 英语+普通话+菲律宾语 | 2 | 1 | 1 |  |  | 4 |
| 总数 | 23 | 19 | 212 | 24 | 17 | 295 |

英语单语标牌多是招牌、广告牌，其次是警示、告示牌。可以看出，英语是商业标牌中的倾向语码，也是信息招牌的优势语码。

这从一方面体现了英语的功能价值，越是大型商业体英语的能见度越明显，如商业银行。

普通话单语标牌也主要出现在商业标牌、装饰牌、建筑物和路牌当中，在警示、告示牌中则没有发现普通话单语。王彬街大部分商业标牌都是双语制作，如前所述，普通话单语商业标牌是违法的。不过，这些商业标牌有的材质古旧，字迹淡化，不是很显眼，例如，福荣美容室、丽都餐馆、宝元堂参茸行、新兴首饰行、妙恩参茸行，有的在门面正面设有一块双语标牌。例如，大德参药行、兴盛商业、泉州黄大川风水命项择日馆、佳佳兴超市、成春园参药行、中兴银行。

装饰牌大多数为普通话单语或三语标牌，这些装饰牌都是市政府挂在灯柱上的，跟灯柱上的龙饰和幸运结共同营造唐人街气氛，也有部分装饰牌"福""财"是商家挂在商店门口。

（三）语言景观中的华语地位和功能

华语地位是通过跟英语比较显现出来的，我们可以从语言景观中两种语码的数量、类型和位置来衡量华语的相对地位。根据上一部分的统计数据，标牌中华语语码共有 120 例（英语 180 例），华语组合类型共 6 种（英语 5 种）。从这两个指标来看，在唐人街语言景观当中，华语地位略逊于英语。

就位置来看，在 108 例双语标牌中，华语居上的共有 65 例，英语居上的有 43 例，而且华语字体普遍大于英语字体，可以说这方面华语地位并不低于英语。因为双语标牌大部分都是私人商业标牌，也可以把华语的地位看作华人店主有意作为的结果。面对政府基于母语的多语政策，华人店主选择凸显华语的重要性，而不是遮盖或隐蔽华语，这从华文商业标牌外挂也可以看出。将华语置放于比较明显的位置，这可以说是华人自下而上一种针对华语的地位规划，无论是出于广告目标还是认同目标，都在客观上抬升了华语的地位。

但是地位提升不等于功能价值提升。英语的价值维度要大于华语，这是不争的事实。地名、路名、建筑物名，警示牌等功能标牌，英语是不可或缺的，华语出现则带有象征意义。以消防车为例，在唐人街有"华+英"双语标牌，但一旦超过唐人街边界，就是英语单语，说明在唐人街内华语标识也主要起身份认同作用。

更重要的是，在双语商业标牌中，华语功能和英语功能是不等的。英语可以既做招牌也做广告牌，而华语多做招牌，做广告牌则非常受限。英文广告语如创始时间（Since）、大减价（Big Sale）、招租（For Lease）等没有看到华语，而华语的免费派送广告一定伴有英语（Free Delivery）。华人店主虽然有意在广告牌中使用华语表达信息，部分广告牌中出现华语提示性信息，如"天天平价、回收旧金、收购老药、送餐热线"等，但总体数量偏少，这种自下而上的功能规划，还需要考虑受众群体华语能力和阅读习惯。

在语言景观中英语对华语的强制伴随性，如商业招牌、路牌、物体牌、告示牌、装饰牌中，华语极少能单独出现，说明华语交际功能有限，而主要起象征作用。"正宗美味、正宗潮菜、正宗小村园"等标牌，反而不用相应的英语翻译，进一步说明华语有助于象征唐人街特色。福建话拼音主要分布在多语招牌名、路名、建筑名中，主要发挥认同功能。

### 三 唐人街语言景观中的华语维持

以往对祖语保持情况的研究，大部分是在口语使用的层面来进行调查，实际上它们在公共空间的能见度也是一项重要的指标。利用公共场合的语言标识来判断和保持少数民族语言活力是语言景观研究的常见做法[1]，例如，张学谦主张发展台湾少数民族语言景观来挽救少数民族语言[2]；Durk Gorter、Heiko F. Marten 和 Luk Van Mensil 专门编纂一本论文集来讨论语言景观中的少数民族语言，认

---

[1] Landry, R., & Bourhis, R. Y., "Linguistic Landscape and Ethnolinguistic Vitality", *Journal of Language and Social Psychology*, Vol. 16, No. 1, 1997, pp. 23–49.

[2] 张学谦：《语言景观与语言保存规划》，《台东师院学报》1999年第10期。

为"对少数民族语言来说,被看到和被听到同样重要"。[①] 一般来说,在其他条件相同的情况下,移民隔离或事实上的移民小区聚集可以提供更好的语言维护机会。唐人街作为华人的聚集区和商业区,确实给华语维持提供了一块良好的空间飞地。集体性的商铺陈列,密集型的华语标识,不至于使个体性的华语使用显得过于突兀或惹眼。华语在公共场合能够以语言景观的形态集中呈现,发挥交际和象征等功能,对其自身可以起到活态保护的作用。

(一) 新移民为华语维持注入新动能

早期的唐人街是专用华文的街区,20世纪之后随着美国殖民影响日深才逐渐进入英文、菲律宾文等语码,形成多语景观。现实表明,社群平衡性的双语或多语是难以持久的,最终可能发生语言转移,语言转移的方向是从低阶语码向高阶语码转用。在口语层面,语码转换是语言转移的前兆,语言景观中的多语语码也可以作为语言转移的表征,华语的减少以致消失可能会沿着"华文→华文+英文→华文+英文+菲律宾文→英文+福建话→英文+菲律宾文"这样一条路径发展下去。华人及其商店从华人区的搬离可能会加速语言转移的步伐,据吴文焕[②]的统计,1960年以来,王彬街老字号商店至少消失了52家,包括8家书店、3家戏院等,伴随着消失的商号是华人社会语言生活的变化,华文招牌也随之而消失。

最近30年,新移民为唐人街华语维持注入了新的力量。一是新移民尚没有习得本地语言,做生意时只会使用简单的英语和菲律宾语,日常内部交流语言仍然使用华语。二是新移民商店招牌和广告语仍然习惯使用华文,并且有不少商铺由于没有及时配备英语翻译而带来一些法律问题,成为涂鸦类的越轨(transgressive)标牌。作为第一代新移民,语言保持并不一定是出于自觉的语言意识,而

---

[①] Durk Gorter, Heiko F. Marten, and Luk Van Mensil eds., *Minority Languages in the Linguistic Landscape*, New York: Palgrave Macmillan, 2012, p.1.

[②] 吴文焕:《华社正道是沧桑——漫步菲华百年史》,陈明玉文教基金会、菲律宾华裔青年联合会2021年版。

是语言惯习使然。新移民正如曾经来到菲律宾淘金的老移民一样，在这块热土上寻找机会，也创造出了许多新的华语景观。例如，在大马尼拉市的Bradco大街，我们可以看到"湘聚湘菜馆、入木三分烧烤、乐福超市"等新式华语标牌。可以说，新移民为华语维持提供了新的机会，是华语维持新的力量。

需要注意的是，唐人街华语景观中蕴含的三种语码为语码转移预留了缓冲带，但华语功能受限。

### （二）华语维持关键在于提高语言意识

菲律宾华人社会的华语维持面临着许多困难，在强势英语的挤压下，代际性的语言转移几乎是难以逆转的。要实现华语维持的目标，关键在于提高华人社会祖语意识，增强华人社会上上下下对于中华语言文化的坚持和热爱。过去在面对政府强迫性的压制时，华人社会反而能够奋勇而起。例如20世纪20年代菲律宾政府颁布"西文簿记法"，规定华人工商业户记账不准使用华文，只能使用英文、西班牙文或菲律宾文，违者将处以罚款或监禁。华人社会不甘排挤打压，通过多年的抗争终于迫使政府取消该法令，维护了族群的合法权益，也维护了华人的母语使用权。[①] 这是华人社会语言意识的一次觉醒和抗争。但是，在华人深度菲化的今天，这种祖语意识反而可能有所冲淡。章石芳的调查显示[②]，目前大部分菲华学生强烈认同地主国菲律宾，对本族群华族的认同程度较低，这一结果直接影响其汉语学习的动机与态度。面对现实困境，提高华人族群的母语保护意识，应该成为华人社会语言规划的一项重要内容。

提高母语意识包括很多方面。它可以是对于优美和传统华文的应用。例如，在唐人街商业招牌中，所选择的常用字词能够反映出对于中华传统语言文化的继承。这些常用字有"华、荣、兴、安、

---

[①] 蔡惠名：《东南亚国家政策与华人语言发展之影响：以菲律宾咱人话为例》，《彰化师范大学文学院学报》（台湾）2019年第20期。

[②] 章石芳：《族群文化认同视野下菲律宾华族移民母语教育发展及方略研究》，博士学位论文，福建师范大学，2011年。

美、宁、新、福、顺、仁、爱、盛、永"等吉祥字眼,常用词有"吉祥、志成、大德、仁爱、安泰、美华、百佳、荣美"等。"美丽热线、美食热线"等体现了现代用法。传统华文景观蕴含着深刻的文化内涵。例如"有妫堂"为海外华人姓氏宗亲会的一个代表,广泛分布在菲律宾、马来西亚、印度尼西亚等国家,有妫堂包括同宗五姓:姚、陈、胡、田、虞。堂号文化仍然较好地保存在菲律宾华人社会。

提高母语意识也包括对于方言的重视和传承。目前社会上重视普通话、轻视方言的问题仍然比较严重,海外华人社会情况恐怕更为严峻。菲律宾华人社会向来通行菲律宾福建话或咱人话,在21世纪"华语热"登临菲律宾之后,菲律宾华人对于究竟是要维持"华语+咱人话"的双语模式还是要改为华语的单语模式争议颇多。实际上,这也是把方言和华语对立起来的单语意识形态思维。保留方言对于传承华语是有助益的,吕必松早就指出,有了闽南话的基础,学习普通话也容易。[①] 众多在菲律宾一线华文教师的教学实践也表明,那些会闽南话的华人学习进步明显快于不会闽南话的华人。[②] 相反,失去方言的根,华语传承就会成为无源之水。菲律宾中正学院校长潘露莉认为,现在我们面临的真正危机是闽南话即将消失。[③] 同样尊崇英语的新加坡的情况表明,方言的消失将会进一步引发华语水平的滑坡,也会带来母语认同的困惑。再者,不管是福建话还是咱人话都是广义华语的范畴,保护、维持咱人话对于传承华语只有好处。华人用福建话延续自己的身份,记录自己的传统,包装自己的品牌,用华文美好字眼传承文化认同,这些都是值得提倡的。

---

[①] 吕必松:《华语教学讲习》,北京语言学院出版社1992年版,第23页。
[②] 许安敏:《论菲华幼儿学习闽南话——对菲华华文教育改革的思考》,载黄鸣奋主编《海外教育五十年》,厦门大学出版社2006年版,第401页。
[③] 潘露莉:《菲律宾华校的华语教学》,载洪历建主编《全球语境下的汉语教学》,学林出版社2011年版,第164页。

## （三）拼音是华语保持的有力工具

在南洋国语运动开展之前，汉语拼音就是华侨社会拼写方言、互相沟通的重要工具。最早的菲律宾华校中西学院（Philippine Tiong Se Academy）校名中的"Tiong Se"就是用福建方言拼音拼写的。方言拼音也是华校的教学媒介语，它和华侨方言口语基本保持了同步关系，有利于方言的公共使用和教育传承。

时至今日，人们已经认识到，汉语拼音对于国际中文传播的重要价值。实际上，拼音也是华语传承和保持的有力工具。

郭熙区分了汉字和汉语现行书面记录系统，认为仅靠传统的与汉语相适应的汉字是无法胜任记录实际语言需要的，需要借助拼音和非汉字的异质要素。[①] 华人社会在域外传承华语，用华语进行公共表达，除了需要面对汉字难写、难认、难记等老大难问题，还有汉字比较显眼和敏感的问题，可能不利于商品打开市场。使用汉语拼音辅助不失为一种权宜且便利的法子，罗马化拼音一方面是国际化的符号，方便阅读；另一方面也能标记族群身份认同，不存在所谓的汉字敏感问题，可谓一举三得。应该认识到，拼音已经是现代汉语的有机组成部分，它不是外国的东西，使用汉语拼音，是用罗马字母的形，包装中华文明的实，它会让华语走得更远更久。

历史不容否认，在各类招牌中如路牌、建筑牌、商业招牌中使用拼音，华人社会已经有百余年的传统，几乎已经成为一些老字号的重要符号标签。就像我们在本节一开始所举的 Eng Bee Tin 的例子一样，拼音招牌是一种有效的商业品牌策略。从另一个角度而言，只要华人商业文明保持活跃，无论是使用方言拼音或者普通话拼音，对于华语传承传播的意义都是积极的。在华语传播传承的新形势下，应该继续充分发挥拼音的工具价值，积极拓展拼音对于华语的记录范围。

人们容易把拼音字母跟民族感情联系在一起，这种心理可以理

---

[①] 郭熙：《汉语、汉字和汉语现行记录系统运用中的一些问题及对策》，《语言文字应用》1992年第3期。

解。有华人曾质疑华为公司出海为何使用拼音 HUAWEI 而非汉字。事实上，语言文化接触导致语言借用是很自然的。一方面人们为汉语漂洋出海而自豪；另一方面人们又为英语大肆进口而忧心，这是矛盾的。在这方面，我们需要抱有足够的自信。对于海外华人是否使用华语，毛泽东对于侨务工作的一段话富有启发意义，他说在海外的华侨，可以有三个办法："一是心里挂红旗，门口挂红旗；二是心里挂红旗，门口不挂旗；三是心里挂红旗，门口挂白旗。"① 因此，在公开场合用不用中华文化元素，无须计较一时之表现，而应把增强华人长久的心理文化认同放在重中之重。

## 第三节　华文媒体语言景观的变异与融合

华文媒体一直是海外华人社会的三大支柱之一。从语言管理角度来看，华文媒体对于海外华人社会保持祖语有着不可替代的作用，诚如斯波斯基所说，"用自己的语言来印刷报纸显然是维持该语言地位和使用的一个重要渠道"②，这个判断在全媒体时代仍然具有相当的普适性。随着互联网的快速发展和普及，本来就缺少年轻读者的传统华文媒体如华文报纸面临更加严峻的挑战，要么加速转型走融媒体发展路径，开辟网络报纸等新平台，要么跟中国主流媒体合作，开拓新闻报道的消息源。在海外华文媒体转型升级的过程中，华文报纸的语言景观特色较为鲜明，既体现出变异的一面，也有融合的一面。

### 一　华文报纸语言景观变异

（一）语言变异

1. 名词变异

在菲律宾华文报纸上，名词变异项目是最多的。下面按照类别

---

① 廖承志文集、传记、编辑办公室编《廖承志文集》，人民出版社 1990 年版，第 577 页。
② ［以色列］博纳德·斯波斯基：《语言管理》，张治国译，商务印书馆 2016 年版，第 108 页。

列出《全球华语词典》和《全球华语大词典》未收录或收录不完备的词项,并给出相应的释例。

(1) 政法类

大理院:菲律宾的最高法院。例如,大理院裁决与同事结婚,不能成为公司解雇理由。

铨叙署:指菲律宾国会任命委员会。例如,国会任命委员会(铨叙署)日前批准吉米为新任驻华大使。

厘务局:税务局。也作厘税局。例如,厘务局(BIR)9月的税收达到1736亿元,同比增长12.58%。

描笼涯:菲律宾最小的行政区划,在当地泛指一个村庄、地区或选区。例如,截至2015年6月,整个菲律宾总共有42029个描笼涯。

铁票:选举中肯定会获得的选票。例如,2016年以前,宾州向来被视为民主党铁票仓。

罪嫌:罪名嫌疑。例如,菲律宾海岸警卫队人员有杀人故意,涉犯杀人罪嫌,可处死刑、无期徒刑或10年以上有期徒刑。

罪案:犯罪案件。例如,大部分发生的罪案为扒窃和抢劫手机事件。

(2) 称谓类

毒嫌:涉毒嫌疑人。例如,上周五在马尼拉市敦洛区第194号描笼涯的一次诱捕行动中,四名毒嫌被马尼拉警察逮捕。

大班:指大公司或银行的老板或高层人员。例如,华人社会大班陈永栽先生闻讯,即热情响应。我华裔族群这些大班级的领导人,他们是菲国经济的撑舵人。大班律师。

法长:司法部部长。例如,就驱逐网络博彩人员法长将会见中国大使。

宗长:宗族首领。例如,敦请本会德高望重邱常务顾问亨利宗长为新届理事主持监誓,以示隆重。

家长:指家族领导。例如,新届家长苏维森演讲时希望各位理事全力支持。

大哥：对男性长辈的尊称。例如，菲律宾洪门进步党总部依章复选李伟顺大哥荣任新届理事长。

义姐：对女性长辈的尊称。例如，规划勉励各位大哥义姐在疫情期间共同配合政府。

昆仲：指兄弟。例如，菲华龙子会换届完竣 施能淦昆仲蝉联家长。

辅导员：辅助人员。例如，计顺市政府将为每个站点指定 22 名员工，包括医生、司法官、疫苗接种员、辅导员和行政人员。

歌利亚：指巨人勇士，来自《圣经》故事。例如，莫仁诺自比戴维对抗政治歌利亚。

杜特地：菲律宾前总统杜特尔特。

西文书主任：指英文文书主任。例如，参加爱心济贫活动的有西文书主任吴洋洋大哥、进步党总部执事部施纯勇大哥等。

（3）生活类

飞机：指网络即时通信软件 Telegram，因其商标造型为"纸飞机"而得名。例如，电话飞机同号：+6391670027××。

奖匾：指颁发给获奖者的盾牌，也叫奖盾、表扬状。例如，大会赠送本会永远名誉理事长、该会指导员陈永栽博士奖盾，由该会名誉董事长刘勤代表接受，奖盾上写着"胸抱经纶、高识弥珍"。

祖厝：祖屋。例如，停柩于家乡江头村本房玉愧丁公祖厝。

风球：天文台发布热带气旋警告的装置。例如，葛丹恋芹北部仍挂 1 号风球。

程式：程序。例如，许多人怀疑该应用程式是手机用户个人信息泄露的源头。

集尼车：小型客车，也叫吉普尼（Jeepney），是菲律宾大众交通工具。例如，当局最近批准提升客运集尼车、公共巴士和网约车等大多数公共交通加价。

冰藏店：冷藏店。例如，龚马加里奥是菲籍华人，1957 年 1 月承顶马尼拉溪亚婆区一家肉类冰藏店。

批索：菲律宾的货币单位是比索（peso）。《全球华语词典》漏收，《全球华语大词典》收录"比索"，并解释为"菲律宾和一些拉丁美洲的本位货币"。我国主流媒体如《人民日报》也以"比索"为通译词。在本地华人社会，存在"比索、批索、披索"三个变项，但流通度不同。以《菲律宾商报》为例，截至2022年12月16日，使用频次分别为487∶30∶11583。检索《世界日报》，出现网页比例为773∶3∶53。可见，本地媒体尚没有形成统一用法。

仙：菲律宾货币单位，相当于"分"。例如，政府令退还217亿7月电费料降71仙。此外，"仙"也是菲律宾地名、人名常用词，如仙范市、仙彬兰洛街、菲律宾驻华大使仙沓罗马那。

2. 动词变异

假座：借用场地从事活动。例如：

（1）二零二二年九月十四日下午七时，旅菲各校友会联合会暨总商会假座东海皇宫大酒楼举行"庆祝壬寅中秋联欢晚会"。

（2）本堂于二零二二年七月十三日（星期三）下午八时假座Zoom网络视频，举行第八次联席会议。

（3）本会于国历二零二二年十二月四日（星期日）上午十一点，假岷伦洛豪门鲍翅海鲜大酒家举行庆祝成立六十三周年暨第六十四届理监事职员就职典礼！

（4）菲律宾洪门近南学校校友会于二零二二年十一月十三日（星期日）上午十时，假近南学校大礼堂举行2022—2024届职员就职典礼。（《菲律宾商报》2022-11-15）

在菲律宾华文报刊里，报道引出活动举办地点的时候，常用动词"假座"，如例（1）所示，其意义相当于"借用、在"。"假

"座"的处所是现实场所,也可以是虚拟网络,如例(2)。"假座"的"假"在古汉语中本义为"借",报道中也常用"假+处所NP"的方式来引出活动地点,如例(3)(4),这里的"假"不能理解为形容词的"假"。

向隅:面对着墙角。形容孤独失意。例如,敬请提前预订,以免向隅。

召会:召开会议。例如,洪门竹林大岷北区分团召会,并举行庆中秋节联欢盛况。

录得:达到。例如,2012年,雅士利录得收入36.55亿元,净利润为4.68亿元。

呈缺:短缺,紧缺。例如,确定提供给人民的药品并不会出现呈缺意外。

3. 量词

片:可以用来搭配口罩。例如,商总配合菲华诚昌11/88商会,向商场附近民众分发两万片口罩。普通话使用"副"或"个"。

4. 代词

是次:这次,此次。例如,是次分发的物品有大米、鸡蛋、鱼罐头、米粉、泡面等食品。

是日:这天、当天。例如,是日复选,出席的理监事非常踊跃。

是晚:这一天晚上,当晚。例如,晚会由许贵顺宗长担任司仪主持各项节目,是晚节目众多。

是夜:这一天夜晚。例如,是夜全员驱车到达湖北省省会华中重镇大武汉。

者番:此番,这一次。例如,怡宁小姐者番以如此优异成绩大学毕业,以所学服务社会,将来必有一番作为。

5. 连词

要嘛……要嘛:要么……要么。例如,要嘛去马拉干鄢,要嘛回家。

（二）语体变异

1. 文白夹杂

《菲律宾商报》《世界日报》报纸题头为中英双语，报纸全版为繁体字。《菲律宾商报》网络版为了照顾读者需要，"中国、国际、社会、旅游、侨乡传真、华人新闻"版面则以简体字呈现。

两家报纸的"华社"版面专门负责报告本地"华社动态"。每逢华人升职、就职、升学、获奖、开会、开业、捐献、结婚等喜庆事项，华文报纸都会根据重要程度、赞助费用在"华社"版面开辟数量不等的版次，并在不同位置予以详略报道，读者满眼都是大大的红色标题、红色图片、红色版式，每一期少则几版，多则几百版，蔚为壮观，形成一道独特的华文媒体语言景观，这就是本地华人所谓的"红版"，如图5-3和图5-4所示。

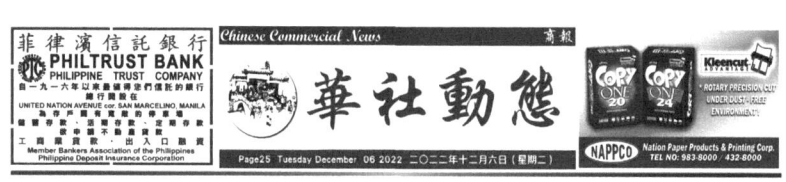

图5-3 《菲律宾商报》2022年12月5日剪报

图 5-4 《菲律宾商报》2022 年 12 月 7 日剪报

"红版"在语言使用上颇有特色,可谓尚古崇雅,常以四字铺排,赞颂祝贺。常见的四字表达形式如下所示。

(1) 颂扬爱心类:仁风义举,殊堪钦式,人溺己溺,人饥己饥,悲天悯人,慷慨解囊,守望相助。

(2) 赞颂就职类:长才展布,雄才展布,肩负重任,任巨功深,深庆得人,得孚众望,华社精英,华社栋梁,抱宝怀珍,荣膺重寄,众望所归,实至名归。

(3) 祝贺庆典类:会务荣昌,精诚团结,团结一致,群策群力,促进交流。

(4) 营造气氛类:济济一堂,冠盖云集,灯火辉煌,觥筹交错。

(5) 表达感谢类:敬颂之余,曷胜铭感,特籍报端,以申谢忱。

这些词语中的一些成语,如"慷慨解囊、众望所归、精诚团结、济济一堂"等,在核心华语圈也很常用,而"殊堪钦式、长才展布、抱宝怀珍、曷胜铭感"等在民国报纸上比较常见，现在中国大陆已经很少使用。菲律宾华文报纸使用它们，可以说是南洋华语对早期国语庄雅语体的传承。华文报还为华人设有新婚志庆版面，常用"×××为令郎授室喜庆、×××令媛于归喜庆"等语汇，颇有古风。另外，在菲律宾华文报的"华社动态"版面中，还为华人百姓设有专门的讣告或讣闻，这在东南亚其他国家华文报纸中也比较常见。讣告挽词中也能见到不少早期国语词语，例如"舁送、执绋、丁（母）忧、积润、宝婺星沉、轸悼同深、慈云失仰、婺星韬彩、女宗遽杳"等，在刁晏斌①考察的东南亚早期华语样貌中，也有"舁往医院"这个源自早期国语的例子，这些古体词语的使用进一步增强了华文报的庄雅风格。

庄雅语体是以典雅庄重的词语形式和仪式化的话语过程来表达尊敬、体现文明，自古以来就是中华语言文明中的重要组成部分。"人溺己溺、悲天悯人、守望相助"体现的是华人儒家仁爱，"肩负重任、众望所归"展示的是华人自强不息，"精诚团结、团结一致"反映的是华人凝心聚力。红版的存在给华人互相砥砺前行提供了一方精神空间，是对中华语言文明的传承和发扬。这样的语体空间有助于展现华人社会对于中华优秀文化传统的继承，增强华人社会的凝聚力，激发华人社会的贡献力。从这个意义上说，不宜完全以铺张攀比的眼光诟病。

华文报还有一类特殊的语体，即代柬和启事类文体。代柬一般是由报社代表华团或个人向有关方面发出请柬，邀请参加会议或筵席，而启事则为一般事项通知或感谢类文告，如图 5-5 和图 5-6 所示。

从代柬、启事等语体来看，华文报相当于发挥了沟通华人社会各方的桥梁作用，这些语体的存在密切了华人社会的联系和感情。可以说，华文报并不只是新闻的提供方，也是侨情乡情的黏合剂。结合前文的华语称谓语"大哥、义姐、宗长"的亲属称谓来看，菲

---

① 刁晏斌：《东南亚华语早期样貌考察与分析——以〈新国民日报〉为例》，《语言文字应用》2022 年第 2 期。

华社仍然保留了浓厚的传统礼俗社会特征。变异社会语言学的研究表明，高密度和高复合度的社会网络会限制语言变异，上千个社团通过频繁的活动将菲律宾华人社会紧紧地凝聚在一起①，紧密的人际联系和密植的社团网络，反过来也有助于保持语言的原本面貌，使更多的传承语体遗存下来。

　　文白夹杂的风格还体现在标题语言和报道正文语言用词的差异。在标题语言中，表达情态和言说类的动词，多是单音节动词，在正文中则使用相应的双音节动词。下面先列出标题，然后列出正文相应的语句，可以明显看出二者用词的变化。

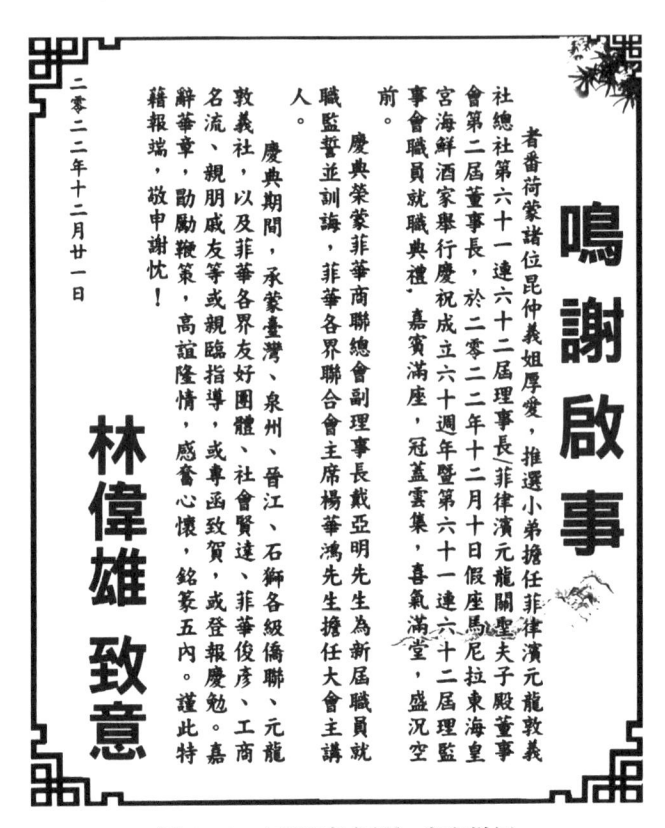

**鸣谢启事**

者番荷蒙诸位昆仲义姐厚爱，推选小弟担任菲律滨元龙敬义社总社第六十一连六十二届理事长/菲律滨元龙关圣夫子殿董事会第二届董事长，於二零二二年十二月十日假座马尼拉东海皇宫海鲜酒家举行庆祝成立六十週年暨第六十一连六十二届监事会职员就职典礼。嘉宾满座，冠盖云集，喜气满堂，盛况空前。

　　庆典荣蒙菲华商联总会副理事长戴亚明先生为新届职员就职监誓并训诲，菲华各界联合会主席杨华鸿先生担任大会主讲人。

　　庆典期间，承蒙臺湾、泉州、晋江、石狮各级侨联、元龙敬义社，以及菲华各界友好团体、社会贤达、菲华俊彦、工商名流、亲朋戚友等或亲临指导，或专函致贺，或登报庆勉。嘉辞华章，勉励鞭策，高谊隆情，感铭心怀，铭篆五内。谨此特籍报端，敬申谢忱！

**林伟雄 致意**

二零二二年十二月廿一日

图 5-5　《菲律宾商报》启事样例

---

①　朱东芹：《菲律宾华侨华人社团现状》，《华侨大学学报》（哲学社会科学版）2010年第2期。

（1）标题：柴油价下周料涨至少2比索

正文：预计菲律宾国内每公升柴油价格在下周至少上涨2.1比索。

（2）标题：小马促地方政府指定燃放烟花之公共场所

正文：小马科斯总统周四敦促地方政府指定燃放烟花爆竹的共同地区。

（3）标题：总统令下调DBP派送股息

正文：小马科斯总统签署一个行政命令下调菲发展银行（DBP）宣布的净收益之百分率。

（4）标题：45%国人指小马与前朝"同样出色"

正文：略少于一半的菲律宾人认为小马科斯总统的政府与过去的政府"同样出色"。

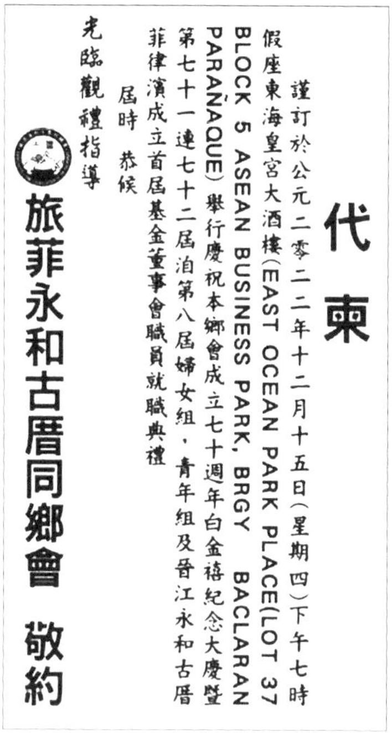

（5）标题：联国报告指菲严重侵犯人权　中俄轰人权高专办"政治化"

正文：中国和俄罗斯抨击了联合国人权事务高级专员办公室周二的报告，称该调查结果是"政治化的"。

（6）标题：杜特地顾问斥盟友背后捅刀

正文：杜特地总统的一名顾问昨天指责政府的几个盟友"密谋"对付总统。

（7）标题：计顺市长贝文地膺大岷最好市长

正文：计顺市长贝文地成为2022年国都区表现最佳的地方行政首长。

现代汉语和古代汉语的重要差别在于，古汉语是以单音节词为

图 5-6 《菲律宾商报》代柬样例

特征的，现代汉语是双音节词居多。菲律宾华文报的新闻语言单双音节并用，体现出古今糅合、文白夹杂的特点。

2. 中西夹杂

与国内报刊语码使用差异最为明显的一点是，菲律宾华文报的中文夹杂西文非常普遍。这包括如下三种情况。

一是专有名称多用西文形式。报道所涉及的地名、机构名、人名、项目名、商品名等倾向于使用西文，或是以括号加的方式引出。例如：

（1）SM MAKATI 開設聖母聖玫瑰堂。（《菲律宾商报》2022-12-23）

（2）总统在 Palace Kalayaan Grounds 主持了圣诞树亮灯仪式。（《菲律宾商报》2022-12-18）

（3）NEDA（指国家经济发展署）：新發展計劃將解決經濟創傷和通脹總量。

（4）菲共新闻媒体 Ang Bayan 没有提供有关施顺之死因的更多信息。（《菲律宾商报》2022-12-20）

（5）特变电工在风电、水电和 NGCP（指菲律賓國家電網公司）多个项目上为菲律宾市场奠定了商业基础。（《菲律宾商报》2022-12-21）

（6）菲国警应考虑恢复具争议的禁毒运动上门劝降（Tokhang）计划。（《菲律宾商报》2022-12-20）

（7）两名囚犯都说，第二天某个"殊伟沓"（Zulueta）接近了他们。（《菲律宾商报》2022-12-20）

（8）EMPERADOR 白蘭地北美銷量增長了28%。（《菲律宾商报》2022-12-23）

在庆祝 GO NEGOSYO（去做生意吧）十七周年峰会上。（《世界日报》2022-10-14）

可在高院再告 EDCA（《世界日报》2022-12-07）

二是部分文体采用西文语篇。如涉及公告、公证、节日祝福时全文采用英文，由于英文是官方语言，通行度最高，且具有法律效力，这应该是菲律宾所有语种报刊的通行做法，华文报如此刊登也只是循例而行，可以确保该文本有最多的受众知晓见图5-7。

图5-7是菲律宾吴奕辉家族分支的财产公证海报，为纯英文版本；图5-8是菲律宾教师节祝福海报，全英文语篇中掺杂了一句菲律宾常用语Mabuhay ang mga gurong Pilipino（我们的菲律宾朋友你们好）。

三是广告语篇既有纯华文广告，也有纯英文广告，或中英混合广告。纯华文广告较少，因为广告内留有的地址一般还是会显示为西文名称；纯英文广告也较少，一般是国际品牌产品打的广告；更多的是中英双语广告，见图5-9和图5-10。

图5-7 华文报上的英文公证海报

图5-8 华文报上的教师节英文祝福海报

图 5-9　华文报上的沙发英文广告

## 二　华文媒体语言景观融合

融媒体时代，海外华文媒体也在积极转型，走融媒化道路。对于菲律宾华文媒体来说，传统华文报纸走向计算机、手机等平台是必由之路。目前，《菲律宾商报》已辟有计算机网页版和电子版、微信版"菲商网"；《菲律宾世界日报》辟有计算机版和微信版"菲讯世界"，《联合日报》辟有"联合侨声"微信版；《菲华日报》辟有计算机和微信版"菲信网"。菲信网设有线上"社团红版"，华人社会各方可以在线自己注册缴费发布贺词。另外，一些华文网络媒体，例如，菲华网、菲龙网等也有微信版。

图 5-10　华文报上的家具
中英双语广告

此外，一些社交媒体也以自己的频道转载播报华文报纸上的新闻动态。中国年轻的新移民也有不少加入菲律宾华文传媒业，给传统的华文报纸、电视带来新鲜血液，也在悄然改变菲律宾华文媒体的语言风貌。

在华文媒体走向融媒体之际,中国大陆主流媒体如中新社、《人民日报·海外版》以及地方媒体如《石狮日报》等也在跟华文媒体进行深度的合作和交流,媒体的交融也进一步促进了菲律宾华文媒体语言景观与核心圈的融合。

我们从五个方面可以比较明显地观察到华文媒体语言景观与核心圈的融合。

第一,新闻转载。《菲律宾商报》的中国新闻、国际新闻和侨乡传真三大版块直接转载中新社、中国侨网等国内主流媒体的通稿,在语言面貌上跟国内媒体是完全一致的,也是使用简体字排版。另外,网页版还嵌入了一些中国新闻网的新闻报道同期声视频以及专题节目"海鸥飞处彩云飞""侨同学少年"。《菲律宾世界日报》国际版新闻采用中新社、新华社、香港中通社等华语区主流媒体的通稿,在字形上仍旧保留繁体字;并且还辟有"晋江乡讯"版面,为华人了解祖籍国乡情提供便利。《联合日报》直接采用福建《石狮日报》的报道,形成《石狮日报·菲律宾版》。此外,福建南安《海丝商报》与《菲律宾世界日报》联手合作,同步在菲律宾推出了《海丝商报·菲律宾版》,与《菲律宾世界日报》随报发行。这些转载新闻的做法,为菲律宾华人同时共享大华语区语言生活提供了可能,也加快了菲律宾华语跟主流华语区的语言融合。

第二,共享作者队伍。《菲律宾商报》的"大众论坛"、《菲律宾世界日报》"广场"栏目有一批来自中国内地、香港等华语区的作者,他们既在中国发表文章,也稳定地给这些华文报刊供稿,或发表时事评论,或抒发家国情怀。从受众的角度来说,菲律宾华人读者在这些华文报纸上所能阅读到的评论作品语言跟大陆差别并不大。

第三,词语借用。随着华语区主流媒体在菲律宾的落地和传播,菲律宾本地华文媒体的用语也借用了不少大陆和港澳华语区的词汇。例如:

(1) 现遵章循规，充分酝酿协商，顺利产生了新届领导班子。(《菲律宾商报》2022-12-21)

(2) 再让我跟大学部校友联合会新班子道贺，恭喜恭喜！(《菲律宾商报》2022-11-15)

(3) 市长其间数度哽咽，为自己的辛劳及感谢市政府工作班子所付出的辛勤耕耘。(《世界日报》2022-10-31)

(4) 披索插水破58元，创历史新低。(《菲律宾商报》2022-09-22)

(5) 去年外国游客人数插水，剧跌逾八成。(《菲律宾商报》2021-01-13)

例（1）（2）（3）显示的大陆政治语汇"班子"对菲律宾华语的影响。例（4）（5）是通行于港澳地区的经济类语汇，菲律宾华语也借用了这种说法。大陆最近几年风头正劲的一些流行语，在菲律宾华人社会也有很高的使用度。请看下面的例子：

(6) "硬核"华裔市长发出一道命令！(《世界日报》2020-12-08)

(7) 茶农的"硬核"更在于他们还有一套"撒手锏"，那就是茶园梯壁留草。(《菲律宾商报》2020-04-16)

(8) 聊起驰援菲律宾的这群来自祖国的英雄逆行者，后勤组同人言语间满是敬佩。(《世界日报》2020-04-08)

(9) 全体救援队员临危不惧，舍生忘死，逆行而上。(《菲律宾商报》2021-12-30)

(10) 市长也敦促马尼拉市民以新冠肺炎在12月1日清零作为目标。(《菲律宾商报》2020-11-11)

菲律宾华语不只是单向地接受大陆华语的影响，也有个别词语输入核心华语圈，最具代表性的为"菠菜"类词语。"菠菜"是博彩的谐音，由于博彩业在菲律宾是合法的，不少不法分子利用菲律宾的制度漏洞从事博彩等相关的违法活动，从而引发许多社会问题。舆情对此反应很大，也催生了一批"菠菜"类词语，如"种菠菜、菜园、菠菜大楼、波士、菜农、炒菠菜"等。下面一段本地华文报上的评论很有意思，它颇能代表华人社会的普遍意见。

> 菠菜营养价值虽然很高，但有些人还是不宜吃的。哪些人不宜吃菠菜呢？1. 老年人、婴幼儿、孕妇或缺钙的人。2. 患有腹泻的病人。3. 肾炎和肾结石者不宜食。4. 孕妇不宜多吃菠菜。5. 菲律宾的华侨、华人、华裔不宜吃"菠菜"（博彩）！①

如果菲律宾政府能够着眼长远，发展健康经济，立法严禁"吃人"的博彩行业，"菠菜"类词语自然也只能昙花一现，终将逐步退出华语生活。

第四，字体一致。《菲律宾商报》电子版为繁体字，计算机网页版"中国新闻""国际新闻""社会民生""旅游"则以简体字显示，其微信版"菲商网"的所有新闻版面都是简体字。《菲律宾世界日报》微信版"菲讯世界"消息全是简体字版。菲信网、菲龙网、菲华网等华人网站计算机版、微信版新闻消息都是简体字。

第五，广告趋同。菲信网、菲龙网、菲华网等媒体上所刊登的广告，很多都是中国企业的出海产品，或者华人新移民开拓市场的产品。跟我们在菲律宾一些新华人活动区所看到的户外广告相似，这些媒体广告不仅使用简体字，在排版风格、语言使用上也无限接近主流现代汉语景观。

从整体上来说，菲律宾华文媒体语言景观的融合是全球华语生

---

① 施文志：《谈说菠菜》，《菲律宾商报》2019年4月30日，http://www.shang-bao.com.ph/sspl/2019/04-30/81613.shtml。

活融合的一个局部面相，它还会进一步带来菲律宾华语跟现代汉语的趋同。周清海[①]认为，"汉语的大融合是当前现代汉语和国语/华语的现状。在汉语大融合的特殊时代里，应该更注重各华语区之间在交流中达意的准确性，让语言在交流中自然融合"。认识菲律宾华文媒体语言景观的融合趋势，不是要否定菲律宾华语生活的主体性和变异性，而是要认清形势、因势利导，推动华文媒体更好地发挥语言协调和规范作用。长期以来，海外华人社会普遍缺乏强有力的语言规划机构，语言变异甚至语言分歧在所难免，作为第四种权力的华媒实际上扮演着重要的语言规划角色，为推广标准华语起到了示范窗口效应。在全球化和汉语国际化的大背景下，华语接触融合是大势所趋，菲律宾华文媒体应该自觉地担负起传承华语的使命，提高华语规范和华语声望意识，主动进行华语协调，减少分歧，以促进全球华语圈的交流。

---

① 周清海：《"大华语"的研究和发展趋势》，《汉语学报》2016 年第 1 期。

# 结 语

　　东南亚是中国人向外移民辗转的第一站。在这里，数百年来华侨华人坚持说华语，写华文，用华语文构筑起华人社会的文化地标和精神屏障。不仅如此，华侨华人还坚持传习华语，使用华语，维护华语，由此形成异域文明中独树一帜的语言景观。面对前路，这里的华侨华人始终不忘来路，竭力传承中华语言文明，走出了一条不平凡的华语传承和发展的正路，华人社会语言景观便是这条正路上最为夺目的风景。

　　本书以新加坡、马来西亚、泰国、印度尼西亚和菲律宾五国为例，调查研究东南亚华人社会语言景观。尽管我们的考察范围尚未能够完全覆盖东南亚所有国家，但也能够看出这个地区华人社会语言景观的绚烂多彩。整体来看，这一地区华人社会语言景观的共性特色是：华语和住在国语言及其他语言共存，普通话拼音与方言拼音兼用，繁体字与简体字并置，华语标准形式和变异表达同现；华语景观的分布与华人社会活力高度关联；华语景观资源具有多维价值。

　　具体来看，这一地区华人社会语言景观呈现出相当明显的个性差异。五个国家之间乃至各个国家之内，华人社会语言景观都有着很大的不同。诸如新加坡华语景观错漏频出，马来西亚华语景观异彩纷呈，印度尼西亚华语景观浮沉变迁，媒体的相关报道已有不少。各国语言景观形态各异，自有其复杂的历史经纬和生态环境。前述五章即尝试从语言生态、语言变异、认同、记忆、传承等视角来透视这五个国家语言景观的主要特色，以此来反映东南亚华人社会语言景观的丰富性、多样性和复杂性。

本书虽然各章主题各异，但贯穿始终的是"结构、分布、功能"研究方法论。采用这一方法论的理论基础在于语言和语言景观作为符号和话语形式，具有相当的一致性，东南亚华人社会语言景观问题和东南亚华语资源问题具有一致的现实基础。

## 一　东南亚华语景观的结构形式

正如一般所观察到的景象一样，东南亚华人似乎天生都拥有令人惊奇的语言能力，会说四五种语言或方言的华人比比皆是，在几种语言之间随意切换更是司空见惯，而纯粹的单语人倒显得非常另类。东南亚华人个体语库的丰富程度非比寻常，东南亚华人社会语言景观也是多语多文，其中充满语言变异与接触现象。华语景观在语言结构层面表现出三个方面的特点。

### （一）多语为主，单语为辅

五个国家的华语景观调查显示，整体上华语景观以多语语码为主。其组配方式为"华语+官方语言+其他语言"，这里的"官方语言"在新加坡和菲律宾是英语，在泰国是泰语，在印度尼西亚和马来西亚则是马来语或印度尼西亚语。其他语言不是必现语码，但官方语言几乎无法缺席。相应的是，语言景观中华语单语模式占少数，官方语码尤其是英语和华语具有高伴随性。

华语和官方语言这种组合模式，可以看成华人长久以来在移民语境中生存智慧的语言版本。南洋华人群体在商业上的普遍成就，也能归因于这种生存智慧。无论是在印度尼西亚、马来西亚还是菲律宾，早期华人经商都遭到了政府多方面的限制，为了在夹缝中求得生存发展，华人创造了"阿里巴巴"经营模式，即和当地人合作经营，让当地人充当"门面人"以规避风险。① 跟阿里巴巴商业模式一样，适当的多语组合模式可以很大程度上降低华语的敏感性，将华语使用从私人场所推向公共场合，提高华语能见度。反之，正如我们在前面章节中所提到的案例，单一的华语标识呈现，既不利于华人群体获得外部理解，也会使得标识法人面临相关法律的惩罚，或需要缴纳更高的税金。泰国皇家法令规定，招牌税按广告大小、所用语言征收："泰文招牌的税率为每500平方厘米5—10泰铢，泰文与外文并用的招牌税率为每500平方厘米26—52泰铢，外文招牌的税率则为每500平方厘米50—52泰铢。"② 很显然，单语华语招牌是不经济的选择。

（二）方言和普通话拼音，繁简并用

在东南亚华语景观中，既有方言拼音招牌，也有普通话拼音招牌。方言拼音包括粤方言、闽方言和客家话拼音，尤其是在招牌人名拼写中，方言拼音系统较为常见。不同方言拼音可以索引（index）不同的方言群体身份，通过观察招牌上的方言拼音，我们大致可以推测招牌或店铺主人所属的祖籍。可以说，方言景观是东南亚华人社会语言景观的一大特色。与方言拼音招牌相比，现代汉语拼音招牌一般都是较新的。

方言和汉语拼音景观的差别还在于位置和书写顺序。方言拼音在招牌上通常是处在汉字之下，呈现顺序是从左往右。需要注意的是，其上的汉字通常是繁体字，是从右往左的顺序，这就形成了方言拼音和拼写的汉字在视觉上无法上下一一对应的情况。

除了新加坡，繁简并用是东南亚华人社会语言景观的另一大特色。从华文媒体到公共场所华文招牌，繁体字仍有极高的能见度。从全球来看，虽然简体字的推广使用是一大趋势，但是繁体字在东南亚华人社会仍然深入人心。以汉语规范体系来看，繁体字属于非

---

① ［美］托马斯·索维尔：《移民与文化》，刘学军译，中信出版集团2020年版。
② PWC（普华永道）：《泰国税务手册》（2022/23），https://www.pwc.com/th/en/services/assets/cdb/thai-tax-2022-23-booklet-cn.pdf。

规范汉字。根据刘华对新加坡、马来西亚、泰国7种华文媒体用字情况的统计，繁体字字种比例占到10.18%；对于印度尼西亚华语景观的调查表明，繁体字种比例为14.55%，繁体字在华文媒体和华文招牌中的字种比例较为一致。①

（三）变异性中伴有创造性

东南亚华人社会语言景观中存在各种各样的华语变异。就语言层面来看，有汉字变异、词语变异、语法变异和篇章风格变异。按照变异的原因和来源，有方言变异、传承变异、接触变异、社区变异等。不同国家华人社会语言景观中的华语变异类型略有不同，变项数量更是迥异。我们在邱克威例示的30条马来西亚华语变异词的基础上，又发现了70条。② 这里根据变异来源分类再举一些典型词语。

方言词语：头手、中工、生果、西果、擂茶、到会、饱饺
接触词语：咕呻、巴刹、大埃、摩多/嚤哆、萨骑马
传承词语：金碹、神料、佛缘、公市、济阳堂
社区词语：肉骨茶、什饭、万字票、学院、栀轮、大衣、药剂所/医务所、男女发廊

这些词基本上是东南亚华语的共用词。但是比较而言，马来西亚华语景观中的变异现象最为丰富，类型最多。就商业招牌而言，马来西亚华语景观中还存在"数字+类名""类名+类名""类名+通名""单音节+类名"等几类特色组合形式，例如"10百货商店""药行酒庄""布庄有限公司""江药房"。泰国、菲律宾华语景观中的传承变异较多，也有不少习得变异。对待这些不同类型的语言变异，语言规划应该持有不同的处理策略。

---

① 刘华：《东南亚华人社区华语生活状况研究》，暨南大学出版社2021年版，第234页。
② 邱克威：《马来西亚华语研究论文集》，马来西亚华社研究中心2018年版。

语言变异的数量和种类对于华语生态来说有着不同的意味。方言是华语形成和发展的重要源泉，方言变异项目居多，说明汉语方言在海外华人社会仍有一定的使用活力，这也进一步说明华语的活力。而传承变异是来自华语历史的遗留，很多在现实生活中口语已经不再使用，不能完全反映语言生活的现实。词语和语法接触方面的变异，则体现了华语的兼容性。事实上，普通话中的不少外来成分正是通过华语接触而引入的。

语言景观创新是社会文化活力的表征。特别是在商业领域，如果没有活跃的市场经济，从业者难有动力花费代价去设计创意广告招牌。招牌所有者未必要像设计者那样深谙语言景观创造原理，但华语使用者或潜在的消费者能够懂得语言景观的创意之妙，更能启动注意力，激发消费欲望。在新马华语景观中，利用谐音手法制造招牌语，例如"车镜 e 生"（汽车配件招牌）；援引古诗词元素制造招牌语，如"将进酒卡拉 OK"；或利用汉字字形制造艺术字招牌语，等等。

相比于中国，东南亚华人社会语言景观模式的特色还体现为"我多彼少"。华人社会语言景观富有韵味的华语表达较少，装饰性标识有限；较少使用"你、我"等人称代词，文本吸收口语成分有限，标识语较少态度与情感，类似"我在××很想你""在广州 CBD，我要向你告白""我们如此热爱罗浮山"等广告语非常少见。语言景观是提升社群区分度和形象值的可用资源，东南亚华人社会需要提高语言景观意识，积极利用本地文化元素，打造富有本土特色的创意标识，以吸引更多的顾客关注。

## 二 东南亚华语景观的分布样态

跟传统方言学所不同的是，社会语言学特别是城市社会语言学认为，语言变体的分布可从地理、社会、语体三个维度进行观察。同理，东南亚华语景观的分布情况，也可从空间、语类、设立群体三个方面来看。空间代表华语景观分布的地理广度，语类代表华语景观介入生活的深度,设立群体代表华语景观分布的高度,综合这三个方面大概可以描摹出华语景观的立体分布样貌,为将来绘制东南亚华语景观地图集奠定基础。

(一) 空间分布呈"点块状"

东南亚华语景观的空间分布跟东南亚华语的分布存在着一致关系。徐大明、王晓梅以认同和使用华语为标准,将全球华语社区结构分为内圈、中圈和外圈,认为新加坡、马来西亚华人社会属于华语内圈。① 这种认识和一般以"语言规范"为标准将新马华语列为中圈的看法不同,强调了新马华语在整个南洋地区的独特性和主体性。确实,若以华人人口比例、华语地位、华语生活和华语资源(包括华语文献、华语媒体、华语文学艺术、华文教育资源)等指标来衡量,新加坡、马来西亚可谓是东南亚华语地图上的"一环",泰国、印度尼西亚、菲律宾等国则只能排在一环之外。

根据前面的调查,东南亚华语景观在空间上主要是分布在新马地区,呈块状分布,而在其他国家则主要分布在部分城市的唐人街、旅游景点或华人商铺,呈点状分布。点块状分布形态也是东南亚地区华语景观最为基本的两种类型,唐人街和"中国城"是块状分布的典型,但也有呈现点状分布甚至濒临消失之虞。例如,印度尼西亚雅加达、泗水、棉兰等唐人街,菲律宾马尼拉唐人街,泰国曼谷、清迈、南邦唐人街等,华语景观相对集中多见。但东南亚有些国家唐人街难觅华语景观,也是现实,例如印度尼西亚万隆、泗水唐人街、菲律宾达沃唐人街等。在发展旅游经济的驱动下,这些地方的唐人街有望得到重整,华语景观也会随之而复兴。

除了唐人街,城市里的中式餐厅、中药店、中华会馆、华人博物馆、华文学校、华人义山等华人生活场景也会零散地分布着华语景观。很显然,华语景观的点块状分布跟华人的居住模式变化有一定的关系。移民融入主流社会漫长而波折,华人从早期的扎堆聚

---

① 徐大明、王晓梅:《全球华语社区说略》,《吉林大学社会科学学报》2009 年第 2 期。

居，到逐渐分散而居，华语景观的地理密度也在弱化。华语景观的点块状空间分布格局，颇类似于生态学中的集群分布。自然界中，种群个体的分布极不均匀，常成群、成簇、成块或斑点地密集分布，称集群分布。集群分布现象是植物、动物界广泛存在的分布形式，例如红蟹、大班蝶等物种就是集群存在。

华语景观的集群分布有利有弊。优势在于：一是以点到块及片的分布样态，凸显、增强地区语言文化的多样性。二是以稍成规模的华语视觉符号，能够加速华语使用的变异，提升华语群体的祖语意识，形成种群的认同边界。三是有利于祖语传承，延缓语言转用的速度。少数民族语言唯有抱团使用才能形成气候，分散则会消弭于无形。其弊端也不可不察，特别是大量显眼的华语景观容易遭到政治化操控，成为社会事件的替罪羊。就语言治理角度而言，这需要华人个体增强语言法治意识，在法律的框架下制作、竖立标牌，增加语言多样性，设计华语景观以带动地区经济发展，实现文化保持与经济发展的双赢。

(二) 语类分布偏向商业化

通俗来说，语类就是语言应用目的和场景的种类。例如，演讲、学术论文、诗歌和说明书就是用以不同场景和目的的语类。按照道格拉斯·比伯和苏珊·康拉德的定义，语类（genres）"是与特定的情景和交际目的相联系的变体"。[①] 语言景观作为话语或语篇，其存在一般是有相应的情景或带有特定的目的，即是为了"以言行事"。随着社会的发展，语言景观在生活中可以有多样化的应用场景，相应的就有很多语类，例如路牌、建筑名、招牌、广告牌、宣传单、菜单、说明书、包装设计、告示、警示、装饰牌、涂鸦、车贴、文化衫、网站等，不一而足。观察特定语言景观的语类分布，能够看出这种语言介入和适应现代社会生活的程度。

从东南亚五国华人社会语言景观类型来看，华语景观常见于建

---

① ［美］道格拉斯·比伯、［美］苏珊·康拉德：《语体、语类和风格》，赵雪译，商务印书馆2022年版，第38页。

筑牌、店名招牌、广告牌、菜单、包装设计、装饰牌、网站等十来种语类当中，其中尤以"招牌、广告牌、菜单、装饰牌"等商业招牌居多，而其他语类，如路牌、警示告示、宣传单、说明书、涂鸦、车贴、文化衫等标识则比较少见，显示语类分布的商业化取向。这种商业化取向在广告牌中也体现得非常明确：绝大部分都是商业广告语，而公益广告语极少。路牌、警示告示带有公共服务信息，可以作为言语社区的基础设施，也是建构族群空间和文化认同的重要元素。这两种语类，在印度尼西亚、泰国、菲律宾印度尼西亚语言景观当中数量很少，马来西亚地方政府也在不断地拆除中文路牌，这样的行为类似于印度尼西亚政府强迫华人使用印度尼西亚文姓名，其对华人身份认同的影响将是深远的。

历史地看，唐人街本是华人集商业与生活于一体的空间，华语景观如路牌、招牌主要就是为了确定空间、招徕顾客。但是，伴随着当今东南亚政府的各种政治和商业操作，唐人街的生活意义逐渐弱化，商业色彩得到增强。为了打造新式唐人街，商业化华语景观语类有增无减，有的地方甚至出现"语境超越"现象，文化类标识语也是为了商业目的而设计。商业化的华语景观去语境化置放，典型地表现为一些国际化程度较高的华人公司招牌。如在东南亚大城市普遍开设的中式餐厅"鼎泰丰"，各国的华语招牌设计几乎完全一致，呈现语言景观的复制特点。

（三）设立主体以私人标牌居多

招牌设立主体一般分为官方和私人两类，或者是官方、机构和私人三类。二分还是三分取决于"机构"站在哪一边，如果机构只是私人的组合，不是官方意志的代表，不妨将机构和私人合并，取二分法。例如，华语路牌在东南亚大部分都是私人所设，官方路牌极少，马来西亚华人社会所设的中文路牌时常面临拆除的风险。官方路牌在新加坡主要以四语或"英—华"双语组合出现。新马泰印菲五国中华总商会都是以华语多语书写。

商业类的华语标牌基本上都是私人标牌居多。无论是个体户的商业招牌，还是华人社团的建筑招牌，都不能违背国家语言法律。以中华总商会为例，各国的建筑招牌上都有华语，也同时列有国语或英语。

事实上，不仅是华语，包括国语在内的语言标牌也都是以私人标牌居多。不过事实的另一面是，华语在官方语言标牌中能见度相对的就要少得多。

华语进入官方标牌的情况是比较少见的。根据第二章的调查结果，我们知道，新加坡将华语列为官方语言之一，华语因而可以出现在政府所设的路牌、警示牌、公益广告牌当中，但是在政府办公场所，华语标识仍然少见。根据第三章的调查结果，我们可以知道在东马部分城市，如古晋、诗巫等地，华语可以出现在政府建筑名以及城市街道地名当中，这是当地华语生活历史的遗存，也得益于东马相对宽松的政治生态。相对来说，在印度尼西亚、泰国、菲律宾，官方标牌中出现华语的情况则非常罕见，除了一些吸引中国游客的景点信息牌以外，基本很难看到政府所设的华语标牌。对比历史上的华语景观盛况，可以发现在华语遭受限制的国家，华语甚至出现从公共空间退守到家庭私密空间再逐渐公开化的过程。

从华语传播的角度来说，我们把华语进入当地国民教育体系作为一项重要的指标。那么，华语进入官方语言标牌的情况，也应该是华语地位提升的一个参数。从家庭领域到公共领域、教育领域再到政府领域，华语标牌领域拓展仍有巨大的提升空间。

此外，华语景观的材质分布也是一个值得关注的课题。私人标牌大部分是华人社会自己所做。同样是路牌，华人可能多是手写华语，官方是刻印官方语言，权威性不同。国语或官方语言景观分布的材质可以从纸片到塑料、亚克力板、金属、电子显示屏等任何生活中的材质，相对来说，华语标识的材质可能就未必如此广泛。

### 三 东南亚华语景观的价值维度

据不完全统计，东南亚有 350 多个民族、1200 多种语言，可以说是世界上民族、语言、文化最为多样的地区之一。在语言生态如此多样的地区，大部分语言只以口语形态存在，公共空间出现的书面语言文字不过10多种。在这10多种语言中，华语能够拥有一席之地是非常不易的。这是因为，公共空间是语言的角斗场，只有价值高、竞争力强的语言才有机会高频出现。华社语言景观中华语的凸显存在，说明了华语景观的多重价值。认识它的多重价值维度，有利于科学地开展华语维护和传承事业，提升地区语言文化多样性。

（一）华语景观是地区华语生态的窗口

华语是东南亚语言生态的重要部分，它给这一地区纷繁多样的语言文化系统增添了勃勃生机。如果将东南亚各国语言生态比作一棵棵大树，各个国语或通用语自然是这棵大树的主干，大大小小的各种语言和方言就是大树上的枝杈，而华语可谓是嫁接在这棵大树上的一枝次干，它们共同决定了大树的生命和样态。对于枝繁叶茂的华语来说，由于是移植嫁接而来，根系不足，向上生长始终伴有存亡之虞。有鉴于此，观测华语生态，及时应变发展，保持华语活力，乃是华人社会代代不息的工程。

准确地评价某种语言的活力并不容易。联合国教科文组织发布的《语言活力与语言濒危》文件，设定"代际语言传承、语言使用者绝对人数、使用者人口比例、语言使用域走向、新语域和媒体反应、语言教育与读写材料"6项主要指标来评估语言活力。[①] 在这套复合指标体系内，语言景观尚没有明确的位置。可以说，很长一段时间，公共空间的语言使用在语言活力评估中的价值并没有受到重视，直到 Landry 他们奠基性论文发表之后，人们才开始认真考虑语言景观对于观察语言生态的作用，出现了系列实证研究成果。

从这个角度来说，华语景观是观察地区华语生态的重要窗口。华语景观比较丰富、多样的地区，华语活力就稍强，华语生态相对

---

① 联合国教科文组织濒危语言问题特别专家组：《语言活力与语言濒危》，范俊军、宫齐、胡鸿雁译，《民族语文》2006年第3期。

良好。不过,这样的境况仍然充满着变数,东南亚国家所谓的语言多样性,受到民族主义国家语言政策和英语全球化的双重影响。同时,我们还要清醒地认识到,在东南亚语言生态圈中,华语生态位的获得不是天然的,它不是国家语言规划的自然产物,而是华人社会长期以来自下而上、反复协商、不断拼争的结果,其中凝结着华人多少艰辛和血泪!华人社会的努力表明,在语言维持运动当中,公共空间的语言景观绝不是可有可无的,而是发挥着不可替代的作用。

如前文所述,华语景观在东南亚不同国家、不同华人社会、不同场景的分布是不均衡的。应该说,华语景观的地理空间和场景语类分布是不同国家和地区语言生态的真实反映。尽管这些国家都是多语、多文化的,但国家语言政策重心不同,华人社会对于政策的反应不同,造成华语地位和功用存在差异。马来西亚华语景观之所以能够独树一帜,是因为官方语言政策的空间,更源于当地华人社会不懈地坚持和拼争。可以看到,针对马来西亚华语不利的政策出台总是会引起相当地反弹,华人社会保护祖语的决心更加坚强。相反,在无心或无力争取的国家和地区,华语景观相对有限,例如印度尼西亚、菲律宾、泰国等,包括华语媒体、华语作品、华语艺术等华语生活比较沉寂。民族主义国家如果奉行"一个民族一种语言"的意识形态,那么推行国语、压制其他祖语几乎是不可避免的,所有祖语的关联物都有可能受到波及。例如,"东南亚华语戏剧的问题不是戏剧,而是华语。在东南亚华语戏剧史上,最大的问题或最敏感的问题是本土化与中国化的冲突,这个问题的核心是语言,背景是现代民族主义意识形态"。[①] 华语戏剧如此,华语景观也不例外。在强有力的国家框架之内,华语景观能否得到保持,根本上只能取决于华人社会自身。

(二)华语景观是宝贵的语言文化资源

对于华人社会来说,华语景观的首要功能无疑是传递信息。从

---

[①] 周宁主编:《东南亚华语戏剧史》,厦门大学出版社2007年版,第23页。

一份华语菜单的提供到一块华语路牌的设立,莫不是为了能够满足华人的信息获取需求。但仅仅把华语景观限定为信息工具价值,这是远远不够的,无论对华人还是华人所在国,华语景观还具有多方面的象征和资源价值。

首先,华语景观具有文化认同价值。华语景观是华人族群的象征,它的去留和增删,总是会牵动华人的身份认同和情感心理。2017年新加坡南洋理工大学上演中文招牌的拆除风波,2018年马来西亚雪兰莪州发生华文路牌撤销事件,这些都引起华人社会的强烈反应,根本原因在于有关方面试图利用华语景观来削减华人身份认同。

其次,华语景观还是华族文化遗产,具有集体记忆和教育价值。印度尼西亚中华文化公园、马来西亚古晋的华人文化博物馆都设计了不少华语景观,以此凝结和唤醒华人的文化记忆。同理,三语学校的华文经典语录以及街面上的华文招牌都有不同程度的教育功能。

更为重要的是,随着中国国际影响力的提升,华语的商业经济价值也愈益彰显。在商业利益的促动下,印度尼西亚、泰国、菲律宾等国家都在打造唐人街旅游经济,其中华语景观成为开发唐人街、吸引游客的重要元素和资源。这几个国家政府和新加坡、马来西亚政府对于华文招牌的态度和管理似乎形成了鲜明的对比。其实质,还在于人们看重的是华语景观的哪一种资源价值,如果政府过于强调其认同价值,就可能会设置政治议题或政策障碍,如果重视其经济价值,就会出台政策刺激和商业配套计划。李嵬认为,当代应用语言学的主要成就之一是批判性地认识现实生活语境中的语言实践,特别聚焦于语言资源是怎样被媒介、政府、法律这些不同机构所利用和操控的。[①] Ruiz 也指出工具导向语言资源观的问题,只把族裔语看作谋利的语言资源,则可能会导致该语言脱离族群文化

---

① Li Wei ed., *The Routledge Applied Linguistics Reader*, Routledge, Taylor & Francis Group, 2011, p. 8.

基础。① 因此,华语景观被政治操控或者商业开发,其前提在于它有着多重的资源价值,但仍需要辨析它是"谁的资源、为谁的资源"的问题。

这些不同维度的资源价值彼此之间并不矛盾,而是相互促进的关系。华语景观商业价值的提升,可以增强华族认同感和自豪感;反之,对于本族华语景观的认同,也可以进一步促进华语商业价值的挖掘。华语景观资源的开发和利用,可以成为华语规划新的生长点。经过数百年的发展,东南亚华语景观具有共性,但各地也有各自的个性,"和而不同、各美其美"的华语景观是所在地区城市形象的名片,它不是一个孤立的商品符号,所以围绕华语景观资源的开发和利用,应在住在国法律框架内有序、有质地进行,只有既规范又有韵味的"造景"才能恰如其分地发挥华语的价值。在这方面,华人社会自身需要担负责任,也大有可为。

(三) 华语景观是中华语言文化的重要载体

中华文化绵延悠长,内涵丰富,与时俱进。中华文化有着不同的维度和面向,可以从宏观和微观两个角度来把握中华文化。从宏观角度来说,中华文化包括农耕文化、商业文化、海洋文化、制度文化、语言文明等。其中,语言文明是中华文明的重要组成部分,语言文字记录了中华文明,也建构了中华文明。可以说,语言文明和中华文明是同构关系。

首先,从宏观来看,华语景观生动地记录了中华文明中的汉字文明、家族文化、商业文明以及崇文重教的优良传统。

华语景观是用汉字写就,汉字之于中华文明的伟大意义,赋予了华语景观别样的光环。我们知道,汉字是中华文明的标志,也是中华文明的载体。汉字伴随着华人漂洋过海,成为中华文明海外传承传播的符号。因为汉字是超方言和超历史的,汉字构成的华语景

---

① Ruiz, Richard, "Reorienting Language-as-resource", in J. E. Petrovic ed., *International Perspectives on Bilingual Education: Policy, Practice, and Controversy*, NC: Information Age, 2010, pp. 155 – 172.

观便具有了同样的效力，能够在不同方言群、不同时空之间践行中华文明的传承，唤起和凝聚海外华人的文化认同，汉字使用越是密集、华语景观越是丰富的地区，中华文化认同感便越强烈。王汉卫认为，海外华族聚居区出现了一系列"华"字头的词儿，但迄今为止还没有"华字"这个概念，这从一个侧面证明了海外华裔对汉字的执着；汉字在南洋，可用"汉字情结"四个字来概括。[1] 薛莉清认为，南洋华人对于汉字符号有着近乎宗教般的崇拜，即便是那些不讲中国话、不识中国字的土生华人，其家宅装饰仍悬挂堂号堂名、堂联、匾额、神位、灯笼。[2] 南洋华人对于汉字符号的保留，进一步催生了对土生华人"再华化"的教育观念，并赋予南洋华校一种族群以及国家的责任感和使命感。从这个意义说，华语景观对于族群的整体民族意识乃至中华文明传承都具有再激励的价值。在第五章当中我们可以看到，21世纪后印度尼西亚华人社会建设华人文化公园及华人文化博物馆，即是利用华语景观资源来实现身份认同的"再华化"，有没有汉字及其相应的文化内容陈设其中，这是关乎"中华文化"的本质问题。

汉字成就华语景观，汉字乃是华语景观的灵魂。华人社会用汉字进行书写，是用华文文本进行华人社会内部的沟通，这种行为本身就是在不断地传承中华文明。中华文明博大精深，家文化可为根本之一，华语景观中的对联、喜福、贴画、碑铭、姓名、侨批等标识鲜明地表达了华人对家族文化的坚守。侨批是海外华人寄给国内家乡亲人的信件，是特殊的华语景观。侨批之价值在于"桥"，它一头连着海外华人，一头连着国内家眷，是海内外华人家族沟通的桥梁，也是华人社会联通国内社会经济的桥梁，更是中华文化血脉相连的见证。至于华人在报刊刊登丧礼讣告告知亲友，使用"亲视含殓、遵礼成服"等古语，则是以华文传统语类在公共空间传达华

---

[1] 王汉卫：《论"华语测试"的三个基石》，《华文教学与研究》2009年第1期。
[2] 薛莉清：《晚清民初南洋华人社群的文化建构：一种文化空间的发现》，生活·读书·新知三联书店2015年版。

人遵守中华古礼、重视家族的文化传统。① 由家族血缘联结而成的大大小小的会馆堂号，则是中华家族文明的域外表现。

华文景观也是在展示和传播中华文化中的商业文明。华人善于经商，东南亚各国街道上不时可见的华人商号、招牌、广告等，很多仍然是用华语书写，或是保留方言拼音，这是华人商业文化的体现。在措辞用语层面，华人多用趋吉雅致的字眼儿来给商号、招牌命名，它们的命名方式、命名心理也都是中华文化的表现。商号荟萃的唐人街，以其符号集中展示了中华文化。由此可见，华文景观对于华人内部来说可以联结彼此，对外有利拓展发展空间，具有内联外拓之功能。面向未来的华语规划，就需要进一步发挥华语景观内联外拓的价值。

东南亚华语景观是华语传承的结果，也是华语传承的路径和方式。华语景观记载了中华语言文明域外传承的历史，也展示了华人崇文重教的优秀传统。华校是华语景观的典型场所。1690年，印度尼西亚华侨兴办第一所海外华文学校明城书院，之后有新加坡的崇文阁、萃英书院，马来西亚的英华学校、五福书院，菲律宾中西学院，泰国学岛华文学校等。这些华侨学校后来又衍变出数以千计的华文学校，如"印尼八华学校、新加坡立化中学、马来西亚吉隆坡中华独立中学、菲律宾中西书院、泰国北榄公立培华学校"等名校，很多校名、校训、校歌都具有浓厚的中华文化色彩。仅以菲律宾华校校名为例，就有"培元、培德、培信、培青、培基、培贤"等，华校愿景可见一斑。华文媒体也是华语景观的重要场景。从最早的华文报纸《察世俗每月统记传》到如今声名卓著的《联合早报》《国际日报》《光华日报》《世界日报》《暹罗日报》等，华文报刊既展示了华人的语言生活，也培育了一代代华语读者，华校和华媒双轮驱动，延续推进了中华文明的域外传承。

其次，中华文明也是非常具体的存在，它体现于一人一物、一

---

① 冯尔康：《当代海外华人丧礼文化与中华家族文化的海外生根》，南开大学历史学院编《冯尔康文集·近现代海内外宗族史研究》，天津人民出版社2019年版，第256页。

言一行，它的传承与发展离不开海外华人个体层面的践行和努力。郭熙谈到中华语言文明的生生不息，在我们看来，异域中华文明能够生生不息的根基就在于每一位华人个体。① 华人在本可以选择完全融入主流社会的关头，同时选择坚守族群根性，不忘华语，不忘书写和使用华文，用华语景观的设计、布置、展示来践行对中华文化的认同，实际上就是用一张张华文标识来对中华文明进行跨时空的传承和传播。中华文化素有敬纸惜字的传统，对于文化的敬重和传承，由此形成泛亚性的汉字文化圈，南洋汉字文化圈和东亚汉字文化圈可比作"花开两朵、各表一枝"，在东南亚这一边，华人社会的华语景观是一大特色。

与其他语言文明不同的是，华人社会在从单语走向多语的过程中，总是时时处处展现出包容和谦让的精神，并没有发生华语跟其他语言的冲突。"泰山不让土壤，故能成其大；河海不择细流，故能就其深。"东南亚华人社会语言景观中的多语并置，充分展现了中华文明突出的兼容性、开放性、和合性。

**四 余论**

以一本书来领略东南亚华人社会语言景观的方方面面，可谓是一次并不轻松的"文字旅行"。本书虽然尝试根据各国语情，以点带面，以五个国家华人社会语言景观来重点把握东南亚华人社会，但限于篇幅和学力，仍然留下很多进一步开拓的空间。

一是扩大调查范围。东南亚华人社会非常多元和复杂，各地语言景观存在着很大的多样性和不均衡性，不实地走访，不扩大调查范围很容易以偏概全，也不足以谈得上真正了解。国内部分学者在东南亚走马观花之后就对当地华文教育发表意见，或者鼓吹根本不用做调查也可以开展研究，已经引起了一些批评。这是我们的前车之鉴。在我们现有的东南亚华人社会语言景观资源库中，越南、老

---

① 郭熙：《华语文明 生生不息》，《语言战略研究》2023年第1期。

挝、缅甸、柬埔寨、文莱、东帝汶等国家的语言标牌数量还很少，印度尼西亚、马来西亚一些中小城市和偏远地区尚没有覆盖，今后需要继续展开调查，收集数据，充实资源库。

二是加强研究深度。首先，东南亚华人社会不同历史时期的语言景观能够反映东南亚华人社会语言演变，应该通过各种渠道收集历史语言景观的材料，细致地开展共时与历时对比研究，拓宽研究的深度。其次，不同华人社会语言景观的设立有着不同的背景、动机和过程，也会对受众和社会产生不同的效应，需要就这些问题对标牌的设立者和社区相关人员进行民族志的深度访谈调查，以增强解释的说服力。

三是增加横向比较。本书各章独立地对各国华人社会语言景观进行描写和解释，尽管我们已经注意到在一些地方要加强国与国、地区与地区之间的比较。例如，在论述新加坡情况时，我们会和邻近的马来西亚以及情况类似的菲律宾加以比较，在全书中也随时注意跟中国汉语景观加以比较，强调我有彼无的情况。但总体上而言，由于材料欠缺，横向的比较还远远不够。东南亚华人社会语言景观研究，要获得更为透彻深入的理解，需要放在整个中华语言文化传承和国际移民语言景观的全局坐标下，增加横向比较的参照点。

从华语规划的角度而言，东南亚华人社会语言景观跟中华语言文化传承具有割舍不断的关联，这是由中华文化突出的连续性、创新性和包容性所决定的。

国弱，文脉亦不可断。1891年，即那个列强环伺、积贫积弱的晚清末代，时任新加坡总领事、被誉为"近代中国走向世界第一人"的黄遵宪，在南洋聚贤兴文，取庄子"大鹏南图"之意成立图南社。在《图南社序》里，他这样写下对南洋华人社会语文的观察和冀望[①]：

---

① 龙扬志编：《黄遵宪集》，广东人民出版社2018年版，第64页。

> 南洋诸岛，自海道已通，华民流寓者甚众，远者百数十年，颇有置田园，长子孙者。大者言华言，服华服，俗华俗。豪富子弟，兼能通象寄之书，识佉卢之字，文质彬彬，可谓盛矣！夫新嘉坡一地，附近赤道，自中国视之，正当南离。吾意必有蓄道德能文章者应运而出，而寂寂犹未之闻者，则以董率之乏人，而渐被之日尚浅也。首领事左子兴观察，究心文事，创立社课，社中文辞，多斐然可观。遵宪不才，承乏其间，尤愿与诸君子讲道伦德，兼及中西之治法，古今之学术，窃冀数年之后，人材蔚起，有以应天文之象，储国家之用，此则区区之心，朝夕引领而企者矣。

上述文字可以看出两点：其一，当时南洋大部分华人即便是富豪子弟，兼通外邦语言，都仍然坚持说华语、穿华服、用华俗，言行举止保留着浓厚的中华特质，盛况动人；其二，以黄遵宪、左秉隆为首的一批文化精英为了国家储备人才，以融通中西的视野在海外结社讲学办报，自发地发扬和提升中华文化，并开辟华语传承的多条道路。

这一百多年来，国际和地区形势风云变幻，东南亚华人社会也发生了巨大变化。华人身份认同经历了从落叶归根到落地生根，语言生活逐渐英语化和当地化，华语景观已不复曾经盛况。但是，在这个曲折激荡的过程中，华人社会无数杰出有为的先辈，始终胸怀民族文化大义，前仆后继，犹如沙漠植树，寸土必争，在遏制祖语文化流失的道路上不屈不挠、艰苦拼搏，方才造就如今南洋中华语言文化一块块或大或小的绿洲，创造出世界范围内祖语传承的一大奇迹。

今天，一个强大自信、蒸蒸日上的中华民族重新走回世界舞台中央，我们当然比以往更有理由期待，也更有信心去推动中华语言文化的域外传承与复兴。实现这一宏伟目标，根本上还有赖于全球华人同心协作，共同奋斗，特别需要海外华人社会对于中华语言文化具体而微的践行,从学华语文到用华语文①,过好华语生活,并进而谱写华人社会语言生活的新篇章——由此,4100万人口构成的东南亚华人社会语言景观,作为海外华人社会语言生活中最为重要而华彩的一章,应该值得更多的人去关注、去续写!

---

① 祝晓宏:《多方助力海外华语传承》,国家语言文字工作委员会组编《中国语言生活状况报告(2022)》,商务印书馆2022年版,第158页。

# 附录 I

# 认识语言景观的多重功能[①]

语言景观正成为学术领域中的风景胜地，吸引着越来越多学者的目光。仅中国知网"学术趋势搜索"就显示：以"语言景观"为主题的研究，近五年的发文量呈现井喷式增长，有理由相信其热度仍会持续不减。

当然可以说，这其中体现了某种学术风向的转变。但个中原因，却是值得深究。

其一，语言景观研究拓展了广告语、招牌语、店名、路名等一些传统社会语言学研究领域。语言景观，作为一个学术概念，引用最广泛的当属以色列社会语言学家的界定："出现在公共路牌、广告牌、街名、地名、商铺招牌以及政府楼宇的公共标识牌之上的语言共同构成某个属地、地区和城市群的语言景观。"[②] 这个概念本身就包括了过去广告语、招牌语的大部分研究内容。随着时代与技术的进步，语言景观涵盖的内容愈广，还包括电子屏幕、移动广告

---

[①] 本文删节版曾发表在《中国社会科学报》2017年10月25日，收入本书有所增扩。

[②] Landry R., Bourhis R. Y., "Linguistic Landscape and Ethnolinguistic Vitality: An Empirical Study", *Journal of Language and Social Psychology*, Vol. 16, No. 1, 1997, pp. 23–49.

牌、文化衫等流动载体，介质的更新赋予了语言景观更多的形态。相对于传统的公共广告语、招牌语等，语言景观的概念包容性更强。按照 Gorter（2006）的说法，语言景观涉及社会学、符号学、多语研究等层面，需要跨学科的探索。因此，语言景观的研究也就更容易吸引不同学科的参与。

其二，语言景观在现代语言生活中拥有多重功能，功能的多重性吸引着不同学科的关注。

语言景观乃是由语言构成的可视化标识。人们创造、接受语言景观，主要是构思、涵泳当中的语言。也正是源于由语言构成，语言景观便拥有了与语言几乎一致的功能。当今世界，人们对语言的功能有了更多的认识。语言具有信息、交际、服务、资源、认同、教育、审美等多重功能，语言景观同样也有这些功能。

**一 语言景观的信息功能**

语言是人类最重要的交际工具，是因为语言可以传递信息。语言景观传递信息，具有长久性、一对多的特点。这些特点要求语言景观的制作必须准确、力求生动，信息不得失真、失范。传统广告语、招牌语研究主要致力于此，研究当中的规范问题，涉及外语翻译，还要考虑译写规范问题。近日发布的《公共服务领域英文译写规范》就是这方面的努力。这些工作对于确保语言景观的信息准确无疑具有重要的推动作用。

中国是一个多语多方言的国家，这在城市语言景观中也有所体现。除了民族地区汉民双语景观，还有各大城市的汉英双语景观。多语种出现在语言景观之中就是要发挥标识的服务功能，满足不同国籍、不同民族、不同语言能力背景人群的需求。2007 年，Backhaus 对日本东京语言景观的调查也发现，日本不再是传统意义上的单语国家，而是拥有英语、汉语、韩语的多语社会。北京、上海、广州、乌鲁木齐以及其他小城市的调查也同样发现，英语在语言景观中的扩散已经远远超过人们的想象。社会语言学家海然热在《反对单一语言：语言和文化多样性》一书中对英语的全球传播提出过激烈批评。对于中国而言，语言景观中的英语主导现象和使用规范问题同样亟待引起有关方面的注意。

另外一个值得注意的是，城市语言景观的同质化现象，突出体现于一些城市政务部门发布的语言景观中。据调查，多个城市都出现同样内容的"办事忌语"标识（如"老头儿、你有完没完、听见没有、长耳朵干吗使"等）。细究其中的语言表达，应出自北方人之手，有些南方城市不加改造照搬套用是否合适，应该值得语言景观发布者深思。标牌语的复制虽然保证了信息的一致，但却罔顾接收方的背景，如果接收方不能理解，也就无法有效发挥语言景观的服务功能。

Backhaus 提出语言景观研究涉及三个问题：设计者是谁、为谁设计以及语言使用状况。就设计者而言，一般由政府或私人创设，即自上而下和自下而上两种；就为谁设计而言，像新加坡某些医院全是英语标识，一些华人老者看不懂，导致就医不便，也就谈不上语言景观的服务功能。就后者而言，海外华人社会语言景观中的华语使用更加多样和复杂，通过调查语言景观来观察华语生态、保护华语资源当是一项重要的工程。

## 二 语言景观的象征功能

在信息功能之外，语言景观还拥有象征功能。所谓象征功能，是指景观中语种的大小、数量、位置甚至载体材质等情况，还能折射出一个国家或社会的语言政策、语言生态或民间的语言意识形态。

中国各个城市中的汉语、汉英、民汉等语言景观可以反映出中华多元一体的语言格局，而各大旅游区和商业区招牌语中日益增多的英语或民族语言，除了服务国际游客，也能传递出语言景观设计者的语言意识，即通过英语来建构国际化形象，即使它的游客主要是国内游客。这在客观上助推了英语的强大。中国台湾有学者研究说明，英语、法语语言招牌能让消费者获得国际化体验，拉近和法国巴黎和美国纽约的情感距离，并进而和其他单语招牌区的消费者区分开来，赢得身份感。就汉语而言，语言景观中的汉字及其内容还能传达出中华民族的审美情趣和群体认同。但是，不同于信息功能，这些内容并非受众可以直接解码的，而是需要人们通过大规模调查定量分析才能揭示的。换言之，语言景观既需要打量观察，也需要定量分析。

此外，语言景观的制作或生产不完全是政府语言政策管理的产物，它也是民间语言意识的结果。许多研究表明，语言景观所能揭示的官方语言政策和民间语言意识是有差距的，两者不易等同。例如，法国1994年出台《图邦法》，以语言立法规定城市公共空间广告语的语言使用，限定语言景观中英语的使用来保护法语，但实际上英语景观的出现是在逐渐增多。加拿大法语区的语言景观也是如此。在乌克兰，政府试图通过限制俄语来摆脱苏联的影子，但是俄语在城市语言景观中仍是大行其道。认真分析语言景观实践，实际上是官方语言政策和民间意识互动的结果。

最近，新加坡南洋理工大学校园内的华语景观风波是一个很好的案例。校方下令校园食阁招牌上撤销华语，只准使用英语，此举引起华人社会轩然大波，事件愈演愈烈。随后校方改口说从未有过此令，只是强调招牌上必须保证英语的使用。这是一例典型的因语言景观而引发的语言事件。众所周知，新加坡政府将"英语+族语"的双语政策作为建国方略。但是实际上英语却是官方、行政、工作甚至生活语言，在语言政策的调整下，华语生存的空间越来越狭窄。这次事件中，语言标牌上撤销华语后又复位华语，不过是华语在新加坡起起伏伏、民间和政府互相博弈的一个缩影。

人是符号的动物。不同于自然景观，人类所创制的语言景观最重要的作用在于能够构建符号化的公共空间，使公共场所具有人文意味。因此，语言景观还具有文化教育功能。在外语课堂中，发挥语言景观的教育作用，或者是编纂语言标识学外语的教材，当是未来语言景观研究可以着力的方向。

  总而言之,语言景观的功能是多重的:信息功能之下有交际、服务等功能,象征功能之下又包括认同、文化、教育等功能。我们需要认识语言景观的多重功能,发挥它在构建和谐语言生活中的作用。

# 附录 Ⅱ

# 关于语言景观研究若干问题的思考[①]

因为全球化,世界范围内公共场所的英语使用急剧增多,进而引发持续不断的讨论;也正是因为全球化,兴起于西方的语言景观研究引起世界各地学者的关注,成为当前社会语言学领域方兴未艾的话题。

## 一 语言景观的定义及研究价值

语言景观译自英文 linguistic landscape,也有人称作语言风貌,台湾也叫作语言地景。不管如何翻译,语言景观都是由语言形成的、具有语言学意义的实物性景观。关于语言景观的界定,引用最广的莫过于以色列社会语言学家 Landry 和 Bourhis[②] 的定义:指的是特定领域、地区或城市公共或商业标牌上的语言。他们用举例的形式罗列出了常见的语言景观形态,如街牌、路牌、广告牌、商业招牌、海报等。随着时代的发展,语言景观有了更新的语言介质,也包括涂鸦、电子广告牌、移动广告牌、网络视频广告等。因此,

---

[①] 本文删节版曾发表在《中国社会科学报》2017 年 4 月 17 日。
[②] Landry R., Bourhis R. Y., "Linguistic Landscape and Ethnolinguistic Vitality: An Empirical Study", *Journal of Language and Social Psychology*, Vol. 16, No. 1, 1997, pp. 23–49.

我们应该抓住语言景观的语言学特质，从更概括的层面上界定语言景观，只有这样才能赋予该领域更广阔的学术空间和更大的学术价值。

语言景观研究有多方面的价值和意义。首先是方法论上的，它为研判语言生态、透视语言政策提供了一个视窗。一个国家和地区的语言生态、语言政策和语言实践的关系往往是很复杂的。我们可以借由语言标牌中目标语言的数量、频次、序位、大小等信息来描写公共场所的语言使用情况，从而揭示这种关系。其次是语言观上的，它打破了语言的口语和书面二维对立关系，提醒人们注意语言的多维存在形式。人们日常生活都会面对或者遭遇语言景观，要么是注意其上的语言错误，要么是习焉不察。语言景观研究唤醒了我们对视觉化语言符号资源的重视，拓宽了语言研究的范围。

## 二 当前语言景观研究的成就与不足

短短几年，语言景观研究迅速崛起，发表了大量的成果，还诞生了各类专题会议和专业期刊 *Linguistic Landscape：An international journal*（《语言景观国际杂志》），为该领域的发展提供了制度化的支撑。国内语言景观研究也在奋力追赶，在两个方面做出了成绩：一是介绍、评述国际语言景观研究的兴起背景、研究目标、方法和代表性观点以及最新进展，例如赵守辉、尚国文、李丽生、梁斯华等学者的评述性成果。这些研究为国内迅速了解西方社会语言学前沿打开了一扇窗口。二是立足中国展开了一些实证调查。例如杨永林、田飞洋、张维佳、俞玮奇、祝晓宏、杨金龙、梅德明等学者对北京、上海、广州、乌鲁木齐等地的调查，研究范围还延展到境外华人社会，例如张媛媛、张斌华、刘慧等对中国澳门、中国香港、印度尼西亚的调查。前者多是评估公共领域的语言文字使用，以便更好地建设和谐语言生活；后者则是研究华语的能见度和显著度，衡量华语和其他语言的关系，促进语言认同与构建和谐语言生态。

这些研究具有较强的问题意识和应用倾向，有助于弥合社会语言学领域内语言使用和宏观语言政策研究脱节的情况。

语言景观研究存在的问题主要还是研究方法上的。目前对于拍摄到的语言标牌还没有达成标准化的标注意见，因为缺乏一致的编码框架，资源库搭建的基础工作也只能各自为政，这也限制了大规模比较研究的开展。另外，当前调查对象主要集中在一线城市，小城市极少，农村地区尚属空白。

### 三 语言景观研究展望

语言景观研究还在升温，可以预见更多学科背景的学者将会关注这一领域。为凸显语言景观的应用品位和交叉属性，研究视角还需要进一步拓展。

首先，需要思考语言景观与母语教育、外语学习的关系。语言景观研究兴起于多语社会，也适合于多语社会研究。中国社会公共场合主要还是汉语主导，外语和民族语言使用仍然有限，在这样的环境下如何开展语言景观研究，避免重走传统招牌语或广告语研究的老路，确实还是个问题。在中华多元一级的语言格局下，如何利用汉语/华语景观资源提升母语教育的水平以及如何利用语言景观资源开展面向外国人的汉语国际教育都是值得探索的。

其次，也应该考虑语言景观与语言经济的关系。目前已有人探讨云南民族地区如何利用民族语言景观吸引游客、创收获利。商业区的语言景观，其经济价值如何衡量、创造？我们的初步观察是，语言标牌的密度似乎与商品的价格呈现某种对应关系。例如越是昂贵的地段或商品，标牌的数量越少，景观密度越低，而越是平民廉价的地段和商品，景观密度越高。是否可以说，价格高的地方，语言景观主要发挥象征功能，以吸引同类消费者；而在价格低洼区，需要更多的语言指示以发挥语言景观的信息功能？这些都是饶有趣味的课题。

总而言之，语言景观与语言资源、语言生活的关系非常密切。最新一期《语言战略研究》2017年第2期以"语言景观研究"为专题，专刊发起了系列语言景观的讨论，就是有意识地在这方面进行一些尝试。

# 参考文献

一　著作

《胡乔木传》编写组编：《胡乔木谈语言文字》，人民出版社2015年版。

《林语堂全集》，东北师范大学出版社1994年版。

查雯：《迟到的东南亚》，中国社会科学出版社2022年版。

陈达：《南洋华侨与闽粤社会》，商务印书馆2011年版。

陈恒汉：《南洋纵横——文化接触和语言教育研究》，中国言实出版社2008年版。

陈恒汉：《语言的流播和变异：以东南亚为观察点》，社会科学文献出版社2016年版。

陈嘉庚：《陈嘉庚回忆录》，北京联合出版有限责任公司2021年版。

陈晓锦：《东南亚华人社区汉语方言概要》，世界图书出版公司2014年版。

陈依范：《美国华人史》，世界知识出版社1987年版。

杜忠全：《老槟城路志铭：路名的故事》，大将出版社2009年版。

古小松主编：《东南亚——历史、现状、前瞻》，世界图书出版公司2013年版。

古小松主编：《东南亚文化》，中国社会科学出版社2015年版。

顾燕：《中国家谱堂号溯源》，上海古籍出版社 2015 年版。

郭熙：《华语研究录》，商务印书馆 2012 年版。

郭熙主编：《华文教学概论》，商务印书馆 2007 年版。

郭熙主编：《全球华语语法·马来西亚卷》，商务印书馆 2022 年版。

韩娟编著：《华人聚居代名词——唐人街》，天津科学技术出版社 2013 年版。

胡培安、陈旋波：《华文教育与中华文化传承》，社会科学文献出版社 2018 年版。

贾益民主编：《华侨华人研究报告（2014）》，社会科学文献出版社 2014 年版。

教育部语言文字信息管理司组编：《语言文字规范标准手册》，商务印书馆 2015 年版。

教总、林连玉基金、校友联总联合整理：《马来西亚华教常识手册》（第九版），林连玉基金出版 2017 年版。

李洪彩：《店名文化传播研究》，知识产权出版社 2018 年版。

李炯才：《大使的历程　出使八国记》，国际文化出版公司 1991 年版。

李如龙主编：《东南亚华人社会语言研究》，北京语言文化大学出版社 2000 年版。

李宇明主编：《全球华语词典》，商务印书馆 2010 年版。

李宇明主编：《全球华语大词典》，商务印书馆 2016 年版。

梁英明：《战后东南亚华人社会变化研究》，昆仑出版社 2001 年版。

廖建裕总编辑：《华人在印尼民族建设中的角色和贡献》，张蔚、肖莉娴等译，生活文化基金会 2018 年版。

刘华等：《东南亚华人社区华语生活状况报告》，暨南大学出版社 2021 年版。

龙扬志编：《黄遵宪集》，广东人民出版社 2018 年版。

吕必松：《华语教学讲习》，北京语言学院出版社 1992 年版。

罗福腾：《新加坡华文教材研究新视角》，八方出版社 2012 年版。

梅彬主编：《世界唐人街》，广东人民出版社 2015 年版。

聂平俊:《国际化社区语言景观研究》,河海大学出版社 2020 年版。
邱克威:《马来西亚华语研究论集》,马来西亚华社研究中心 2018 年版。
曲彦斌主编:《中国招幌辞典》,上海辞书出版社 2002 年版。
施雪琴:《菲律宾华侨华人史话》,广东教育出版社 2019 年版。
孙德金:《现代书面汉语中的文言语法成分研究》,商务印书馆 2012 年版。
谭天星:《历史的思考》,清华大学出版社 2015 年版。
王保华、陈志明编:《唐人街:镀金的避难所、民族城邦和全球文化流散地》,华东师范大学出版社 2019 年版。
王春法主编:《行远同梦:华侨华人与新中国》,北京时代华文书局 2019 年版。
王辉主编:《"一带一路"国家语言状况与语言政策》(第一卷),社会科学文献出版社 2015 年版。
王晓梅:《马来西亚华人社会语言研究》,商务印书馆 2021 年版。
王晓梅、庄晓龄、汤志祥编著:《马来西亚华语特有词语词典》,联营出版社 2022 年版。
王振总主编:《"一带一路"国别研究报告:菲律宾卷》,中国社会科学出版社 2022 年版。
韦树关等:《东南亚语言汉语借词研究》,上海辞书出版社 2020 年版。
魏明枢、韩小林编:《客家侨商》,暨南大学出版社 2015 年版。
吴文焕:《华社正道是沧桑——漫步菲华百年史》,陈明玉文教基金会、菲律宾华裔青年联合会 2021 年版。
吴元华:《务实的决策——新加坡政府华语政策研究》,当代世界出版社 2008 年版。
鲜丽霞、李祖清:《缅甸华人语言研究》,四川大学出版社 2014 年版。
邢欣主编:《都市语言研究新视角》,北京广播学院出版社 2002 年版。
徐大明:《新加坡华社语言调查》,南京大学出版社 2005 年版。

徐复岭：《泰国华语特有词语例释》，泰国留中大学出版社 2007 年版。

徐茗：《北京市语言景观调查研究》，上海三联书店 2020 年版。

薛莉清：《晚清民初南洋华人社群的文化建构：一种文化空间的发现》，生活·读书·新知三联书店 2015 年版。

杨宏云：《印尼棉兰华侨华人史》，厦门大学出版社 2016 年版。

姚楠等：《东南亚历史词典》，上海辞书出版社 1995 年版。

张斌、于漪等：《给城市洗把脸》，上海文化出版社 2004 年版。

赵清慎：《聚落名地名新探》，中国社会出版社 2017 年版。

赵振祥、郭志菊：《菲律宾华文报刊与中国文化传播》，人民出版社 2018 年版。

郑一省：《印度尼西亚华人民间信仰研究》，中国社会科学出版社 2021 年版。

郑一省、邱少华、李晨媛：《印尼美达村华人》，中国社会科学出版社 2019 年版。

周宁主编：《东南亚华语戏剧史》，厦门大学出版社 2007 年版。

周秋光编：《熊希龄集》，湖南人民出版社 1996 年版。

周巍：《马来西亚、印度尼西亚与泰国华人的语言问题研究》，九州出版社 2020 年版。

祝晓宏：《新加坡华语语法变异研究》，世界图书出版公司 2016 年版。

邹嘉彦、游汝杰编著：《汉语与华人社会》，复旦大学出版社、香港城市大学出版社 2001 年版。

［澳］米尔顿·奥斯本：《东南亚简史》，杨浩浩、曹耀萍译，华中科技大学出版社 2021 年版。

［比］扬·布鲁马特：《全球化的社会语言学》，赵芃、田海龙译，商务印书馆 2022 年版。

［德］弗洛里安·库尔马斯：《文字与社会导论》，阎喜译，外语教学与研究出版社 2018 年版。

［法］海然热：《反对单一语言：语言和文化多样性》，商务印书馆2015年版。

［荷］艾布拉姆·德·斯旺：《世界上的语言——全球语言系统》，乔修峰译，花城出版社2008年版。

［美］M. 莱恩·布鲁纳：《记忆的战略：国家认同建构中的修辞维度》，蓝胤淇译，商务印书馆2016年版。

［美］本尼迪克特·安德森：《比较的幽灵：民族主义、东南亚与世界》，甘会斌译，译林出版社2012年版。

［美］道格拉斯·比伯、［美］苏珊·康拉德：《语体、语类和风格》，赵雪译，商务印书馆2022年版。

［美］克利福德·格尔茨：《地方知识：阐释人类学论文集》，商务印书馆2016年版。

［美］孔飞力：《他者中的华人：中国近现代移民史》，李明欢译，江苏人民出版社2016年版。

［美］罗伯特·卡普兰、［澳］小理查德·巴尔道夫：《太平洋地区的语言规划和语言教育规划》，梁道华译，外语教学与研究出版社2014年版。

［美］罗伯特·库珀：《语言规划与社会变迁》，赵守辉、钱立锋译，商务印书馆2021年版。

［美］托马斯·李圣托：《语言政策导论：理论与方法》，何莲珍、朱晔译，商务印书馆2016年版。

［美］托马斯·索威尔：《移民与文化》，刘学军译，中信出版社2020年版。

［日］桥本万太郎：《语言地理类型学》，世界图书出版公司2015年版。

［以色列］艾拉娜·肖哈米：《语言政策：隐意图与新方法》，尹小荣译，外语教学与研究出版社2018年版。

［以色列］博纳德·斯波斯基：《语言管理》，张治国译，商务印书馆2016年版。

［以色列］博纳德·斯波斯基：《语言政策：社会语言学中的重要论题》，张治国译，商务印书馆2011年版。

［英］迈克·克朗：《文化地理学》，杨淑华等译，南京大学出版社2005年版。

［英］苏·赖特：《语言政策与语言规划——从民族主义到全球化》，陈新仁译，商务印书馆2012年版。

Alina Bako, *Spatial Readings and Linguistic Landscapes*, Cambridge Scholars Publishing, 2022.

Backhaus, P., *Linguistic Landscapes: A comparative study of urban multilingualism in Tokyo*, Clevedon, UK: Multilingual Matters, 2007.

Bernard Spolsky & Robert L. Cooper, *The Languages of Jerusalem*, Oxford: Clarendon, 1991.

Blommaert J., *Ethnography, superdiversity and linguistic landscapes: Chronicles of complexity*, Multilingual Matters, 2013.

Caroline Chia and Tom Hoogervorst, *Sinophone Southeast Asia: Sinitic Voices across the Southern Seas*, Leiden&Boston: BRILL, 2021.

Cooper, R., *Language Plannning and Social Change*, Cambridge: Cambridge University Press, 1989.

Daniela Francesca Virdis, Elisabetta Zurru and Ernestine Lahey, eds., *Language in Place: Stylistic perspectives on landscape, place and environment*, John Benjamins Publishing Company, 2021.

David Malinowski, Hiram H. Maxim and Sébastien Dubreil, eds., *Language Teaching in the Linguistic Landscape: Mobilizing Pedagogy in Public Space*, Springer, 2020.

Gorter, Durk, ed., *Linguistic landscape: A new approach to multilingualism*, Multilingual Matters, 2006.

Greg Niedt and Corinne A. Seals, eds., *Linguistic Landscapes Beyond the Language Classroom*, Bloomsbury Academic, 2020.

Haugen, E., *The Ecology of Language*, Standford: Standford University Press, 1972.

Hoogervorst, Tom G., *Language Ungoverned: Indonesia's Chinese Print Entrepreneurs*, 1911–1949, New York: Cornell University Press, 2021.

Jan Blommaert, Ethnography, *Superdiversity and Linguistic Landscapes: Chronicles of Complexity*, Multilingual Matters, 2013.

Kees de Bot, *A History of Applied Linguistics: from 1980 to the present*, Routeledge, 2015.

Kompák, E., Fernández-Mallat, V. and Meyer, S., eds. *Linguistic landscapes and educational spaces*, Multilingual Matters, 2021.

Li Wei ed., *The Routledge Applied Linguistics Reader*, Routledge, Taylor & Francis Group, 2011.

Lionel Wee, *The Communicative Linguistic Landscape: Production Formats*, Routledge, 2021.

Lionel Wee, Robbie B. H. Goh, *Language, Space and Cultural Play: Theorising Affect in the Semiotic Landscape*, Cambridge University Press, 2019.

Lou Jia, *The Linguistic Landscape of Chinatown: A Sociolinguistic Ethnography*, Multilingual Matters, 2016.

Mesthrie Rajend, *Introducing Sociolinguistics*, Edinburgh University Press, 2009.

Mooney, A., Stilwell Peccei, J., Labelle, S., Henrikson, B. E., Eppler, E. and Irwin, A., *Language, Society and Power: An introduction* (5th edition). Routeledge, 2011.

Nikolas Coupland ed., *Sociolinguistics: Theoretical debates*, Cambridge University Press, 2016.

Pauwels, Anne, *Language Maintenance and Shift*, Cambridge University Press, 2016.

Peter Backhaus. *Linguistic Landscapes: A Comparative Study of Urban*

*Multilingualism in Tokyo*, Multilingual Matters, 2007.

Robert Blackwood and John Macalister eds., *Multilingual Memories: Monuments, Museums and the Linguistic Landscape*, Bloomsbury Academic, 2021.

Scollon, Ron and Scollon, Suzie Wong, *Discourses in Place: Language in the Material World*, Routledge, 2003.

Seyed Hadi Mirvahedi, *Linguistic Landscapes in South-East Asia: The Politics of Language and Public Signage*, Routledge, 2022.

Simons, G. F. and C. D. Fennig eds., *Ethnologue: Languages of the World* (20th edition), Dallas: SIL International, 2017.

Spolsky, B., *Language Management*, Cambridge: Cambridge University Press, 2009.

## 二 期刊论文

卜玉梅:《虚拟民族志:田野、方法与伦理》,《社会学研究》2012年第6期。

蔡惠名:《东南亚国家政策与华人语言发展之影响:以菲律宾咱人话为例》,《国立彰化师范大学文学院学报》(台湾)2019年第20期。

蔡明宏:《基于语言生态平衡考量的新加坡华语升沉探微》,《东方论坛》2014年第3期。

陈保亚:《语势、家庭学习模式与语言传承——从语言自然接触说起》,《北京大学学报》(哲学社会科学版)2013年第3期。

陈睿:《城市语言景观和谐六维透视》,《江淮论坛》2016年第5期。

陈睿:《论语言景观研究热点的多维取向》,《江淮论坛》2021年第6期。

陈卫恒:《美国华语"景观语言学"初探》,《语言规划学研究》2016年第1期。

陈友明：《印尼三语学校华文教学考察探析》，《汉语国际传播研究》2014 年第 2 期。

陈志明：《博物馆、文化遗产与华侨华人研究》，《西北民族研究》2016 年第 2 期。

陈志明：《华裔族群：语言、国籍与认同》，《广西民族学院学报》（哲学社会科学版）1999 年第 4 期。

陈志明：《族群的名称与族群研究》，《西北民族研究》2002 年第 1 期。

代帆：《菲律宾中国新移民研究——马尼拉中国城田野调查》，《太平洋学报》2009 年第 10 期。

代帆：《融合与维持：菲律宾华人的认同——基于在菲律宾马尼拉的田野调查》，《世界民族》2021 年第 3 期。

刁晏斌：《东南亚华语早期样貌考察与分析——以〈新国民日报〉为例》，《语言文字应用》2022 年第 2 期。

杜克·戈特：《西方语言景观研究学术简史》，方小兵译，《语言战略研究》2020 年第 4 期。

杜忠全：《从乔治市中文街道的中文命名窥探：槟城市华人的"乔治市中心"意识》，《马来西亚华人研究学刊》2014 年第 17 期。

杜忠全：《乔治市中文路名争议课题：市民社会的初步形成》，《华研通讯》（马来西亚）2010 年第 5、第 6 期。

方清明、温慧雯：《泰国华语"增降"类动词变异考察》，《华文教学与研究》2017 年第 4 期。

方小兵：《多语环境下"母语"概念的界定：困境与出路》，《语言文字应用》2015 年第 2 期。

关世杰：《中国核心价值观的世界共享性初探》，《国际传播》2019 年第 6 期。

郭熙：《多元语言文化背景下母语维持的若干问题：新加坡个案》，《语言文字应用》2008 年第 4 期。

郭熙：《汉语、汉字和汉语现行记录系统运用中的一些问题及对策》,《语言文字应用》1992年第3期。

郭熙:《论华语视角下的中国语言规划》,《语文研究》2006年第1期。

郭熙:《论华语研究》,《语言文字应用》2006年第2期。

郭熙:《马来西亚:多语言多文化背景下官方语言的推行与华语的抗争》,《暨南学报》(哲学社会科学版)2005年第3期。

郭熙:《马来西亚槟城华人社会的语言生活》,《中国社会语言学》2013年第1期。

郭熙:《新加坡中学生华语词语使用情况调查》,《华文教学与研究》2010年第4期。

郭熙:《华语文明 生生不息》,《语言战略研究》2023年第1期。

郭熙、李春风:《东南亚华人的语言使用特征及其发展趋势》,《双语教育研究》2016年第2期。

郭熙、刘慧、李计伟:《论海外华语资源的抢救性整理和保护》,《云南师范大学学报》(哲学社会科学版)2020年第2期。

郭熙、祝晓宏:《语言生活研究十年》,《语言战略研究》2016年第1期。

郭振羽:《新加坡华语再生的契机》,《联合早报》2013年10月12日。

郝时远:《代价与转机:印尼华人问题辨析》,《世界民族》1998年第4期。

黄端铭:《华校何位 华校何为——以菲律宾华校为例》,《世界华文教学》2018年第1期。

黄昆章:《重视海外华侨华人历史文献的搜集与整理——以中国名人关注印尼华侨教育为例》,《八桂侨刊》2006年第2期。

孔远志:《文化交流的历史见证——从闽南方言借词看闽南华侨与印尼、马来西亚人民的友好关系》,《华侨华人历史研究》1986年第Z1期。

孔珍:《国际语言景观研究现状与发展趋势分析》,《中南大学学报》（社会科学版）2018 年第 2 期。

李计伟、张翠玲：《传承语的保守性与东南亚华语特征》，《华文教学与研究》2019 年第 3 期。

李丽生、夏娜：《少数民族地区城市语言景观中的语言使用状况——以丽江市古城区为例》，《语言战略研究》2017 年第 2 期。

李如龙：《闽南方言和印度尼西亚语的相互借词》，《中国语文研究》1992 年第 10 期。

李小云：《语言文字与乡村振兴》，《语言科学》2022 年第 5 期。

李宇明：《城市语言规划问题》，《同济大学学报》（社会科学版）2021 第 1 期。

李宇明：《世界汉语与汉语世界》，《中山大学学报》（社会科学版）2021 年第 3 期。

李宇明：《语言功能规划刍议》，《语言文字应用》2008 第 1 期。

李宇明：《语言竞争试说》，《外语教学与研究》2016 年第 2 期。

李宇明：《语言生活与语言生活研究》，《语言战略研究》2016 年第 3 期。

李宇明：《中国语言资源的理念与实践》，《语言战略研究》2019 年第 3 期。

李宇明、王春辉：《论语言的功能分类》，《当代语言学》2019 年第 1 期。

李宇明、王春辉：《全球视域中的汉语功能》，《云南师范大学学报》（哲学社会科学版），2018 年第 5 期。

李志凌：《泰国汉语快速传播对汉语成为全球性语言的启示》，《汉语国际传播研究》2012 年第 1 期。

联合国教科文组织濒危语言问题特别专家组：《语言活力与语言濒危》，范俊军、宫齐、胡鸿雁译，《民族语文》2006 年第 3 期。

梁英明：《从东南亚华人看文化交流与融合》，《华侨华人历史研究》2006 年第 4 期。

刘华、郭熙：《海外华语语言生活状况调查及华语多媒体语言资源库建设》,《语言文字应用》2012年第4期。

刘慧:《印度尼西亚华族集聚区语言景观与族群认同——以岑淡、坤甸、北干巴鲁三地为例》,《语言战略研究》2016年第1期。

卢日明:《谢绝唐人街!——吉隆坡的种族、身份认同与后殖民记忆抗争》,《当代评论》(马来西亚)2013年第4期。

吕叔湘:《歧义的形成和消除》,《中国语文》1984年第5期。

聂鹏、木乃热哈:《西昌市彝文语言景观调查研究》,《语言文字应用》2017年第1期。

潘玥、肖琴:《东南亚华人文化的"政治化"探析》,《华侨华人历史研究》2021年第3期。

单韵鸣、杜金凤、张启雅:《泰国旅游区语言景观调查研究——以普吉岛景点为例》,《中国语言战略》2022年第1期。

尚国文:《语言景观的语言经济学分析——以新马泰为例》,《语言战略研究》2016年第4期。

尚国文:《语言景观与语言教学:从资源到工具》,《语言战略研究》2017年第2期。

尚国文、赵守辉:《语言景观的分析维度与理论构建》,《外国语》(上海外国语大学学报)2014年第6期。

尚国文、赵守辉:《语言景观研究的视角、理论与方法》,《外语教学与研究》2014年第2期。

沈立新:《马尼拉唐人街的历史变迁》,《史林》1992年第4期。

沈玲:《认同转向之下菲律宾华人家庭民族语言文字使用研究——基于500多名新生代华裔的调查分析》,《华侨华人历史研究》2016年第4期。

沈玲:《印尼华人家庭语言使用与文化认同分析——印尼雅加达500余名新生代华裔的调查研究》,《世界民族》2015年第5期。

施春宏:《从泰式华文的用词特征看华文社区词问题》,《语文研究》2015年第2期。

施雪琴:《文化传承与集体记忆构建:当代印尼华人历史纪念馆的

功能分析》,《八桂侨刊》2016 年第 3 期。

施雪琴:《印尼华文教学的发展现状:基于雅加达三语学校的调研分析》,《八桂侨刊》2015 年第 2 期。

石琳:《旅游语言景观的设计与规划——基于文化资本论视角》,《社会科学家》2021 年第 2 期。

唐根基:《印尼语中汉语借词的种类研究》,*Journal Cakrawala Mandarin* 2017 年第 1 期。

田飞洋、张维佳:《全球化社会语言学:语言景观研究的新理论——以北京市学院路双语公示语为例》,《语言文字应用》2014 年第 2 期。

王桂兰:《马来西亚槟城的语言景观——趣味的路边招牌》,《台湾教会公报》2014 年第 5 期。

王汉卫:《论"华语测试"的三个基石》,《华文教学与研究》2009 年第 1 期。

王霞:《小议量词"匹"和"疋"》,《中国研究》(韩国)2021 年第 89 卷。

王晓梅:《马来西亚的多语景观——华裔景观阅读者的视角》,《中国语言战略》2022 年第 1 期。

王晓梅:《马来西亚华人社会的交谈用语现状探析》,《八桂侨刊》2012 年第 1 期。

王晓梅:《马来西亚雪兰莪州万津华人的语言保持和语言转用》,《中国社会语言学》2005 年第 1 期。

王晓梅:《全球华语国外研究综述》,《语言战略研究》2017 年第 1 期。

王晓梅:《语言景观视角下的海外华语研究》,《云南师范大学学报》(哲学社会科学版)2020 年第 2 期。

王晓梅:《语言变异视角下的华语景观研究》,《通化师范学院学报》2023 年第 1 期。

王晓梅、邹嘉彦:《马来西亚柔佛州客家人的语言转用》,《中国社会语言学》2006年第2期。

文秋芳：《中文在联合国系统中影响力的分析及其思考》，《语言文字应用》2015年第3期。

巫喜丽、战菊：《历史文化街区语言景观研究——以店名标牌为例》，《中国外语》2022年第4期。

巫喜丽、战菊：《全球化背景下广州市"非洲街"语言景观实探》，《外语研究》2017年第2期。

吴礼权：《口号标语的政治修辞学分析》，《江苏师范大学学报》（哲学社会科学版）2021年第1期。

吴文芯：《马来西亚"槟城福建话"特征词研究》，《泉州师范学院学报》2014年第1期。

吴应辉、央青、梁宇等：《泰国汉语传播模式值得世界借鉴——泰国汉语快速传播模式及其对汉语国际传播的启示》，《汉语国际传播研究》2012年第1期。

吴应辉、杨吉春：《泰国汉语快速传播模式研究》，《世界汉语教学》2008年第4期。

吴英成、邵洪亮、杨延宁：《"老外"教汉语：经验与启示》，《国际汉语》2012年第1期。

徐大明：《言语社区理论》，《中国社会语言学》2004年第1期。

徐大明、王晓梅：《全球华语社区说略》，《吉林大学社会科学学报》2009年第2期。

徐红罡、任燕：《旅游对纳西东巴文语言景观的影响》，《旅游学刊》2015年第1期。

徐茗：《国外语言景观研究历程与发展趋势》，《语言战略研究》2017年第2期。

徐新伟：《"钻石"与"碴石"的名物之争》，《语言研究》2017年第3期。

徐新伟：《新马泰主要华文媒体非通用规范汉字略论》，《语言文字应用》2018年第2期。

许丽珊、赵亮：《马来西亚槟城州华人青少年语码转换之社会表现研究》，《南洋问题研究》2011年第1期。

许云樵：《〈开吧历代史记〉校注》，《南洋学报》1953年第9卷第1辑。

颜清湟：《一百年来马来西亚华社所走过的道路》，《南洋问题研究》2005年第3期。

杨金龙、梅德明：《新疆双语教育模式的理性选择与过渡——一项基于语言景观的实证研究》，《语言文字应用》2016年第4期。

杨荣华：《英国华人言语社区的结构模式研究》，《华文教学与研究》2011年第3期。

杨迎楹：《北马福建话言语社区》，《中国语言战略》2019年第1期。

杨永林、程绍霖、刘春霞：《北京地区双语公共标识的社会语言学调查——理论方法篇》，《语言教学与研究》2007年第3期。

杨宗翰：《菲律宾华文学校的四大病灶》，《中原华语文学报》（台湾）2009年第6期。

俞玮奇、王婷婷、孙亚楠：《国际化大都市外侨聚居区的多语景观实态——以北京望京和上海古北为例》，《语言文字应用》2016年第1期。

曾嘉慧：《日惹几日几人》，《田野调查》2021年第1期。

曾少聪：《明清海洋移民菲律宾的变迁》，《中国社会经济史研究》1997年第2期。

张蔼恒、孙九霞：《语言景观研究进展：地方主体的空间实践》，《人文地理》2019年第4期。

张天伟：《语言景观研究的新路径、新方法与理论进展》，《语言战略研究》2020年第4期。

张学谦：《语言景观与语言保存规划》，《台东师院学报》1999年第10期。

张媛媛、张斌华：《语言景观中的澳门多语状况》，《语言文字应用》2016年第1期。

赵世举:《"一带一路"建设的语言需求及服务对策》,《云南师范大学学报》(哲学社会科学版)2015年第4期。

赵守辉、刘永兵:《新加坡华族社群家庭用语的社会语言学分析》,《社会科学战线》2008年第8期。

赵永华:《印度尼西亚近百年来的新闻传播业:1615年至21世纪初》,《新闻界》2012年第18期。

郑梦娟:《当代商业店名的社会语言学分析》,《语言文字应用》2006年第3期。

周明朗:《语言意识形态和语言秩序:全球化与美中两国的多语(教育)战略》,《暨南学报》(哲学社会科学版)2009年第1期。

周南京:《"泗水"小考》,《中国东南亚研究学会通讯》1996年第3期。

周清海:《"大华语"的研究和发展趋势》,《汉语学报》2016年第1期。

周清海:《从"大华语"的角度谈语言融合、语文政治化与语文教学》,《中山大学学报》(社会科学版)2021年第3期。

周秀杰、彭雨晴:《海上丝绸之路的闽南语出版物:溯源、传承、流播》,《出版发行研究》2019年第4期。

朱东芹:《菲律宾华侨华人社团现状》,《华侨大学学报》(哲学社会科学版)2010年第2期。

祝晓宏、周同燕:《全球华语国内研究综述》,《语言战略研究》2017年第1期。

庄国土:《略论东南亚华族的族群认同及其发展趋势》,《厦门大学学报》(哲学社会科学版)2002年第3期。

庄国土:《论东南亚的华族》,《世界民族》2002年第3期。

Adam, A. W., "The Chinese in the Collective Memory of the Indonesian Nation", *Kyoto Review of Southeast Asia*, Vol. 3, No. 2, 2003, pp. 1 – 7.

Amos H. W., "Chinatown by Numbers: Defining an Ethnic Space by Empirical Linguistic Landscape", *Linguistic Landscape*, Vol. 2, No. 2, 2016, pp. 127 – 156.

Amos, H., William, "Chinatown by Numbers: Defining an Ethnic Space by Empirical and National Language Policy in Malaysia: A Linguistic Landscape Approach", *Kajian Malaysia*, Vol. 36, No. 1, 2016, pp. 105 – 125.

Androutsopoulos J., Chowchong A., "Sign-genres, Authentication and Emplacement: The Signage of Thai Restaurants in Hamburg, Germany", *Linguistic Landscape*, Vol. 7, No. 2, 2021, pp. 204 – 234.

Arifin E. N., Hasbullah M. S. and Pramono A., "Chinese Indonesians: How Many, Who and Where?", *Asian Ethnicity*, Vol. 18, No. 3, 2017, pp. 310 – 329.

Bararatin, Kirami and Etty Agustin, "Revitalization Strategy of Kembang Jepun Surabaya in Supporting Sustainable Urban Development", *Procedia-Social and Behavioral Sciences*, Vol. 179, 2015, pp. 70 – 79.

Ben-Rafael E., Shohamy E., Hasan Amara M, et al. "Linguistic Landscape as Symbolic Construction of the Public Space: The Case of Israel", *International Journal of Multilingualism*, Vol. 3, No. 1, 2006, pp. 7 – 30.

Bernardo-Hinesley S., "Linguistic Landscape in Educational Spaces", *Journal of Culture and Values in Education*, Vol. 3, No. 2, 2020, pp. 13 – 23.

Blackwood, Robert. "LL Explorations and Methodological Challenges: Analysing France's Regional Languages", *Linguistic Landscape*, Vol. 2, No. 1, 2015, pp. 38 – 53.

Bolton, Kingsley., "World Englishes and Linguistic Landscapes", *World Englishes*, No. 1, 2012, pp. 30 – 33.

Cenoz, Jasone and Durk Gorter. "The Linguistic Landscape as an Additional Source of Input in Second Language Acquisition", *International Review of Applied Linguistics in Language Teaching*, Vol. 46, No. 3, 2008, pp. 267-287.

Coluzzi P., Kitade R., "The Languages of Places of Worship in the Kuala Lumpur Area: A Study on the 'religious' Linguistic Landscape in Malaysia", *Linguistic landscape*, Vol. 1, No. 3, 2015, pp. 243-267.

Coluzzi P. "The Linguistic Landscape of Brunei", *World Englishes*, Vol. 35, No. 4, 2016, pp. 497-508.

Curdt-Christiansen, Xiao Lan, "Planning for Development or Decline? Education Policy for Chinese Language in Singapore", *Critical Inquiry in Language Studies*, Vol. 11, No. 1, 2014, pp. 1-26.

Delos Reyes, R. A., "Language of 'Order': English in the Linguistic Landscape of Two Major Train Stations in the Philippines", *Asian Journal of English Language Studies*, No. 2, 2014, pp. 24-49.

Dressler R., "Sign Geist: Promoting Bilingualism through the Linguistic Landscape of School Signage", *International Journal of Multilingualism*, Vol. 12, No. 1, 2015, pp. 128-145.

Gonzales W. D. W., "Language Contact in the Philippines: The History and ecology from a Chinese Filipino Perspective", *Language Ecology*, Vol. 1, No. 2, 2017, pp. 185-212.

Gonzales W. D. W., Filipino, "Chinese, Neither, or Both? The Lannang Identity and its Relationship with Language", *Language & Communication*, Vol. 77, 2021, pp. 5-16.

Gonzalez, Andrew, "Language Use Surveys in the Philippines (1968-1983)", *International Journal of the Sociology of Language*, Vol. 55, 1985, pp. 57-77.

Gorter D. and Cenoz J., "Knowledge about Language and Linguistic

Landscape", *Encyclopedia of Language & Education Edition*, Vol. 6, 2007, pp. 2090 – 2102.

Gorter, D., "Linguistic Landscapes in a Multilingual World", *Annual Review of Applied Linguistics*", Vol. 33, 2013, pp. 190 – 212.

Wu Hongmei and Sethawut Techasan, "Chinatown in Bankok: The Multilingual Landscape, Manusya", *Journal of Humanities*, *Special Issue*, Vol. 22, 2016, pp. 38 – 52.

Huebner T., "Bangkok's Linguistic Landscapes: Environmental Print, Codemixing and Language Change", *International Journal of Multilingualism*, Vol. 3, No. 1, 2006, pp. 31 – 51.

Huebner T., "Linguistic Landscape: History, Trajectory and Pedagogy", *Manusya: Journal of Humanities*, Vol. 19, No. 3, 2016, pp. 1 – 11.

Jazul, Ma E. M. and A. J., Bernardo, "A Look into Manila Chinatown's Linguistic Landscape: The Role of Language and Language Ideologies", *Philippine Journal of Linguistics*, Vol. 48, 2017, pp. 75 – 98.

Landry, R. and Bourhis, R. Y, "Linguistic Landscape and Ethnolinguistic Vitality", *Journal of Language and Social Psychology*, Vol. 16, No. 1, 1997, pp. 23 – 49.

Lee J. W. and Lou J. J., "The Ordinary Semiotic Landscape of an Unordinary Place: Spatiotemporal Disjunctures in Incheon's Chinatown", *International Journal of Multilingualism*, Vol. 16, No. 2, 2019, pp. 187 – 203.

Leeman, J. and Modan G., "Commodified Language in Chinatown: A Contextualized Approach to Linguistic Landscape", *Journal of Sociolinguistics*, Vol. 13, No. 3, 2009, pp. 332 – 362.

Leimgruber J. R. E., "Itineracy Immobilised: The Linguistic Landscape of a Singaporean Hawker Centre", *Linguistic Landscape*, Vol. 4,

No. 2, 2018, pp. 178 – 199.

Liang, Z. and Li, X., Robert, "What is a Theme Park? A Synthesis and Research Framework", *Journal of Hospitality & Tourism Research*, Vol. 47, No. 8, 2023, pp. 1343 – 1370.

Lu Riming, "No Chinatown, Please!: Contesting Race, Identity and Postcolonial Memory in Kuala Lumpur", *The Journal of Architecture*, Vol. 17, No. 6, 2012, pp. 847 – 870.

Magno, J. M., "Linguistic Landscape in Cebu City Higher Education Offering Communication Programs", *Asia Pacific Journal of Multidisciplinary Research*, Vol. 5, No. 1, 2017, pp. 94 – 103.

Manan S. A. and David M. K., "Politics, Economics and Identity: Mapping the Linguistic Landscape of Kuala Lumpur, Malaysia", *International Journal of Multilingualism*, Vol. 12, No. 1, 2015, pp. 31 – 50.

Mühlhäusler. P., "Language Planning and Language Ecology", *Current Issues in Language Planning*, Vol. 1, No. 3, 2000, pp. 306 – 367.

Nash J. "Is Linguistic Landscape Necessary?" *Landscape Research*, Vol. 41, No. 3, 2016, pp. 380 – 384.

Ng, Chin Leong Patrick, "Mother Tongue Education in Singapore: Concerns, Issues and Controversies", *Current Issues in Language Planning*, Vol. 15, No. 4, 2014, pp. 361 – 375.

Paolo Coluzzi and Rie Kitade, "The Languages of Places of Worship in the Kuala Lumpur Area: A Study on the 'Religious' Linguistic Landscape in Malaysia", *Linguistic Landscape*, Vol. 1, No. 3, 2015, pp. 243 – 267.

Reh, M., "Multilingual Writing: A Reader-oriented typology—with Examples from Lira Municipality (Uganda)", *International Journal Sociology of Language*, Vol. 170, 2004, pp. 1 – 41.

Rowland L., "The Pedagogical Benefits of a Linguistic Landscape Project in Japan", *International Journal of Bilingual Education and Bilin-

*gualism*, Vol. 16, No. 4, 2013, pp. 494 – 505.

Said S. B. and Teresa Wai See Ong, "Creative Language Forms on Signboards in Singapore and Malaysia", *Interface*, Vol. 9, No. 1, 2019, pp. 1 – 30.

Sakhiyya, Zulfa and Nelly Martin-Anatias, "Reviving the Language at Risk: A Social Semiotic Analysis of the Linguistic Landscape of three Cities in Indonesia", *International Journal of Multilingualism*, Vol. 20, No. 2, 2020, pp. 1 – 18.

Savski, Kristof, "Language Policy and Linguistic Landscape: Identity and Struggle in two Southern Thai Spaces", *Linguistic Landscape*, Vol. 7, No. 2, 2021, pp. 128 – 150.

Shang G., Guo L., "Linguistic Landscape in Singapore: What Shop Names Reveal about Singapore's Multilingualism?", *International Journal of Multilingualism*, Vol. 14, No. 2, 2017, pp. 183 – 201.

Siemund, P., Schulz, M. E. & Schweinberger, M., "Studying the Linguistic Ecology of Singapore: A comparison of College and University Students", *World Englishes*, Vol. 33, No. 3, 2014, pp. 340 – 362.

Song, H., Yang, H. and Ma, E., "Restaurants' Outdoor Signs Say more than You Think: An Enquiry from a Linguistic Landscape Perspective", *Journal of Retailing and Consumer Services*, Vol. 68, 2022, 103054.

Soria C., Calzolari N and Monachini M., "The Language Resource Strategic Agenda: The FLaReNet Synthesis of Community Recommendations", *Language Resources & Evaluation*, Vol. 48, No. 4, 2014, pp. 753 – 775.

Tan, Charlene, "Change and Continuity: Chinese Language Policy in Singapore", *Language Policy*, Vol. 5, No. 1, 2006, pp. 41 – 62.

Tan, Peter K. W., "Singapore's Balancing Act, from the Perspective of the Linguistic Landscape", *Sojourn Journal of Social Issues in South-*

east Asia, Vol. 29, No. 2, 2014, pp. 438 – 466.

Tang H. K. , "Linguistic Landscaping in Singapore: Multilingualism or the Dominance of English and Its Dual Identity in the Local Linguistic Ecology?" *International Journal of Multilingualism*, Vol. 17, No. 2, 2020, pp. 152 – 173.

Taylor-Leech K. J. , "Language Choice as an Index of Identity: Linguistic Landscape in Dili, Timor-Leste", *International Journal of Multilingualism*, Vol. 9, No. 1, 2012, pp. 15 – 34.

Troyer, Robert. A. , "English in the Thai linguistic Netscape", *World Englishes*, Vol. 1, 2012, pp. 93 – 112.

Tupas R. , "Inequalities of Multilingualism: Challenges to Mother tongue-based Multilingual Education", *Language and Education*, Vol. 29, No. 2, 2015, pp. 112 – 124.

Woldemariam H. , Lanza E. , "Imagined Community: The Linguistic Landscape in a Diaspora", *Linguistic Landscape*, Vol. 1, No. 1, 2015, pp. 172 – 190.

Xiao R. , Lee C. , "English in the Linguistic Landscape of the Palace Museum: A Field-based Sociolinguistic Approach", *Social Semiotics*, Vol. 32, No. 1, 2022, pp. 95 – 114.

Xiaomei, Wang. "Family Language Policy by Hakkas in Balik Pulau, Penang", *International Journal of the Sociology of Language*, Vol. 244, 2017, pp. 87 – 118.

Y. , Leung Genevieve and Ming-Hsuan, Wu, "Linguistic Landscape and Heritage Language Literacy Education", *Written Language & Literacy*, Vol. 15, No. 1, 2012, p. 1.

Zhao, S. , "Home Language Shift and Its Implications for Language Planning in Singapore: From the Perspective of Prestige Planning", *The Asia-Pacific Education Researcher*, Vol. 16, No. 2, 2007, pp. 111 – 125.

### 三 论文集论文、报告

冯尔康:《当代海外华人丧礼文化与中华家族文化的海外生根》，载南开大学历史学院编《冯尔康文集：近现代海内外宗族史研究》，天津人民出版社2019年版。

黄端铭:《菲律宾华侨华人的留根工程：菲律宾华文教育》，载丘进主编《华侨华人蓝皮书：华侨华人研究报告（2013）》，社会科学文献出版社2014年版。

黄年丰、林如珍:《广州中餐店名的语言学分析》，载中山大学南方学院编《南方论丛》第1辑，中山大学出版社2011年版。

李秀珍:《印度尼西亚泗水华人社团的现状与展望》，2014年，未刊稿，http://repository.petra.ac.id/16664/1/Publikasi1_02053_1535.pdf。

李勇:《语言、历史、边界：东南亚华人族群关系的变迁》，载丘进主编《华侨华人蓝皮书：华侨华人研究报告（2012）》，社会科学文献出版社2012年版。

廖建裕:《重访雅加达唐人街》，载骆明主编《新加坡作家散文选》，河北教育出版社1999年版。

刘文正、王永光:《二十一世纪的东南亚华人社会：人口趋势、政治地位与经济实力》，载丘进主编《华侨华人蓝皮书：华侨华人研究报告（2013）》，社会科学文献出版社2014年版。

潘露莉:《菲律宾华校的华语教学》，载洪历建主编《全球语境下的汉语教学》，学林出版社2011年版。

饶宗颐:《星马碑刻铭文系年·引言》，载《饶宗颐东方学论集》，汕头大学出版社1999年版。

邵岑:《马来西亚华人人口变动历程、现状与趋势分析》，载贾益民、张禹东、庄国土主编《华侨华人研究报告（2018）》，社会科学文献出版社2018年版。

沈玲:《泰国新生代华裔的国家认同与文化认同研究》，载贾益民主编《华侨华人蓝皮书：华侨华人研究报告（2015）》，社会科学文献出版社 2015 年版。

威廉·斯金纳：《印度尼西亚华人少数民族》，载姚楠主编《中外关系史译丛》（第 5 辑），上海译文出版社 1991 年版。

许安敏：《论菲华幼儿学习闽南话——对菲华华文教育改革的思考》，载黄鸣奋主编《海外教育五十年》，厦门大学出版社 2006 年版。

杨静林：《固守与传承：论新世纪以来菲律宾华文教育的契机与困境》，载郑一省、吴小玲主编《互动与网络：多维视野下的海外华人与中国侨乡关系研究》，世界图书出版公司 2016 年版。

郑军：《印尼棉兰华文牌匾语言调查分析》，载郑继娥、胡明亮主编《汉语国际教育研究》，暨南大学出版社 2013 年版。

周南京：《泗水唐人街白皮书》，载北京大学亚洲—太平洋研究院编《亚太研究论丛》（第一辑），北京大学出版社 2004 年版。

朱东芹：《菲律宾华侨华人新移民：历史、现状与前景》，载贾益民主编《华侨华人蓝皮书：华侨华人研究报告（2016）》，社会科学文献出版社 2016 年版。

祝晓宏：《多方助力海外华语传承》，载国家语言文字工作委员会组编《中国语言生活状况报告（2022）》，商务印书馆 2022 年版。

祝晓宏、刘冬仪：《当前克里斯坦语保护现状》，载国家语言文字工作委员会组编《世界语言生活状况报告（2022）》，商务印书馆 2023 年版。

庄国土：《21 世纪前期世界华侨华人新变化评析》，载贾益民、张禹东、庄国土主编《华侨华人研究报告（2020）》，社会科学文献出版社 2020 年版。

Ben-Rafael, E., Shohamy, E. & Barni, M., "Introduction: An Approach to an 'Ordered Disorder'", in E. Shohamy, E. Ben-Rafael, & M. Barni eds, *Linguistic Landscape in the City*. Bristol, UK: Multilingual Matters. 2010. p. xix.

Brown, Kara D., "The Linguistic Landscape of Educational Spaces: Language Revitalization and Schools in Southeastern Estonia", *in Durk Gorter, Heiko F. Marten and Luk Van Mensel eds., Minority Languages in the Linguistic Landscape*, London: Palgrave Macmillan UK, 2012. pp. 281–298.

Cavallaro, F. & Chin, N. B., "Language in Singapore: From Multilingualism to English Plus", in Slaughter, Y. & Hajek, J., eds., *Challenging the Monolingual Mindset: A Book in Memory of Michael Clyne*, Bristol (UK): Multilingual Matter, 2014, pp. 33–48.

Franco-Rodriguez, J. M., "Linguistic Landscape and Language Maintenance: The Case of Los Angeles and Miami-Dade Counties", in Michael Morris, eds, *Culture and Language: Multidisciplinary Case Studies*, Frankfurt, Germany: Peter Lang, 2011, pp. 69–122.

Gorter D., "Methods and Techniques for Linguistic Landscape Research: About Definitions, Core Issues and Technological Innovations", in Martin Pütz &Neele Mundt. eds. *Expanding the Linguistic Landscape: Multilingualism, Language Policy and the Use of Space as a Semiotic Resource*, Bristol: Multilingual Matters, 2018, pp. 38–57.

Gorter, D. & Cenoz, J., "The linguistic Landscapes Inside Multilingual schools", in B. Spolsky, M. Tannenbaum, O. Inbar, eds. *Challenges for Language Education and Policy: Making Space for People*, New York: Routledge Publishers. 2015, pp. 151–169.

Gupta, A. F., "The Language Ecology of Singapore", in: Hornberger, N. H. (eds) *Encyclopedia of Language and Education*, Springer, Boston, MA, 2008, pp. 99–111.

Huebner T., "A Framework for the Linguistic Analysis of Linguistic Landscapes", in Shohamy, Elana and Durk Gorter, eds., *Linguistic Landscape: Expanding the Scenery*, Routledge, 2008, pp. 78–95.

Hult, F., "Language Ecology and Linguistic Landscape Analysis", in

Shohamy, E. & Gorter, D., eds., *Linguistic Landscape: Expanding the Scenery*, London: Routledge, 2009, pp. 96 – 144.

Jasone Cenoz, Durk Gorter, "Language Economy and Linguistic Landscape", in Shohamy, E. & Gorter, D., eds., *Linguistic Landscape Expanding the Scenery*, 2009. pp. 55 – 69.

Lou J. J., "Chinese on the Side: The Marginalization of Chinese in the Linguistic and Social Landscapes of Chinatown in Washington, DC", in Shohamy, Elana Goldberg, Eliezer Ben Rafael and Monica Barni, eds., *Linguistic Landscape in the City*, Multilingual Matters, 2010, pp. 96 – 114.

Lou J. J., "Linguistic Landscape and Ethnographic Fieldwork", in Mallinson, Christine, Becky Childs and Gerard Van Herk eds., *Data Collection in Sociolinguistics*, Routledge, 2017, pp. 94 – 98.

Malinowski D., "Linguistic landscape", in Phakiti, Aek, et al., *The Palgrave Handbook of Applied Linguistics Research Methodology*, Palgrave Macmillan, London, 2018, pp. 869 – 885.

Marten H. F., Van Mensel L., Gorter D., "Studying Minority Languages in the Linguistic Landscape", in Durk Gorter, Heiko F. Marten, Luk Mensel. eds., *Minority Languages in the Linguistic Landscape*, London: Palgrave Macmillan UK, 2012, p. 9.

Pavlenko A., "Linguistic Landscape of Kyiv, Ukraine: A Diachronic Study", in Elana Shohamy, Eliezer Ben-Rafael, Monica Barni, eds, *Linguistic Landscape in the City*, Multilingual Matters, 2010, 29: pp. 133 – 150.

Rosenbaum, Y., Nadel, E., Cooper, R. L., & Fishman, J. A. "English on Keren Kayemet Street", in Fishman, J. A, Gooper, R. L, & Conrad A. W. eds., *The Spread of English*, Newbury House, 1977. pp. 179 – 196.

Ruiz, Richard. "Reorienting Language-as-resource", in J. E. Fetrovik ed., Petroviced., *International Perspectives on Bilingual Education: Policy, Practice and Controversy*, NC: Information Age, 2010, pp. 155 – 172.

Sebba M., "Discourses in Transit", in C., Thurlow, eds., *Semiotic Landscapes: Language, Image, Space*, London: Continuum, 2010, pp. 59 – 76.

Shohamy, E., & Waksman, S., "Linguistic Landscape as an Ecological Arena: Modalities, Meanings, Negotiations, Education", in E. Shohamy & D. Gorter eds., *Linguistic Landscape: Expanding the Scenery*, New York, NY: Routledge. 2009, pp. 313 – 331.

Tan, Peter K. W., "*Subversive Engineering: Building Names in Singapore*", in Stanley D. Brunn ed., Engineering Earth, Springer, Dordrecht, 2011, pp. 1997 – 2011.

Teresa Ong and Selim Ben Said, "Language Policy Issues in the Linguistic Landscape of Penang, Malaysia: Top-Down Signs vs Bottom-Up Signs", Sociolinguistics Symposium 22, 2018 – 06 – 27, 28.

Thurlow C., Jaworski A., "Silence is Golden: The 'Anti-communicational' Linguascaping of Super-elite Mobility", in Jaworski, Adam, and Crispin Thurlow, eds., *Semiotic Landscapes: Language, Image, Space*, A&C Black, 2010, pp. 187 – 218.

Trumper-Hecht, N., "Linguistic Landscape in Mixed Cities in Israel From the Perspective of 'Walkers': The Case of Arabic", in E. Shohamy, E. Ben-Rafael and M. Barni, eds., *Linguistic Landscape in the City*, Bristol: Multilingual Matters, 2010, pp. 219 – 234.

Tupas, R., "Anatomies of Linguistic Commodification: The Case of English in the Philippines vis-à-vis Other Languages in the Multilingual Marketplace", in P. Tan and R. Rubdy, eds., *Language as Commodity: Global Structures, Local Marketplaces*, London: Continuum Press. 2008, pp. 85 – 105.

Vaish, V., "The Linguistic Ecology of Singapore", in Vaish, V., ed., *Translanguaging in Multilingual English Classrooms: An Asian Perspective and Contexts*, Singapore: Springer, 2020, pp. 11 – 29.

Van Mensel L., Vandenbroucke M., Blackwood R., "Linguistic Landscapes", in Garcia, O., Flores, N., & Spotti, M. eds., *Oxford Handbook of Language and Society*, Oxfonl University Press, 2016, pp. 423 – 449.

Wafa, Ali and Sheila Wijayanti, "Signs of Multilingualism at Religious places in Surabaya: A linguistic Landscape Study", in Deny Arnos Kwary, Tomas Petru & Ni Wayan Sartini eds., *Proceedings of the International Conference on Language Phenomena in Multimodal Communication* (KLUA 2018), Atlantis Press, 2018, pp. 34 – 41.

Wang Xiaomei, Chen K. Y., Riget P. N., et al., "From Monolingualism to Multilingualism: The Linguistic Landscape in Kuala Lumpur Chinatown", in Li Wei ed, *Multilingualism in Chinese Diaspora World wide*, Routledge, 2015, pp. 177 – 195.

Wang Xiaomei, Patricia Nora Riget, "Supramani Shoniah and Koh Yi Chern, Constructing Identities through Linguistic Landscape: A Comparison between Chinatown and Little India in Kuala Lumpur", in Asmah O. H. and Norazuna Norahim, eds., *Linguistic Minorities: Their Existence and Identity in Larger Communities*, Kuching: University of Sarawak Malaysia Publisher, 2018, pp. 126 – 148.

## 四 学位论文

陈宝云:《泰国曼谷华人聚集区语言景观调查》,学士学位论文,暨南大学,2018年。

陈创荣:《泰国汉语使用及发展状况调查》,硕士学位论文,黑龙江大学,2011年。

高承:《印尼三语学校微观华语环境建设的特色分析》,硕士学位论文，华侨大学，2016年。

梁震牧：《跨文化情境下的读写实践：以曼谷耀华力周遭的汉字为例》，硕士学位论文，台湾大学，2014年。

汤梦华：《印尼雅加达汉语语言景观考察》，硕士学位论文，华侨大学，2019年。

王桂兰：《马来西亚槟城福建话研究》，博士学位论文，台湾师范大学，2017年。

袁婉秋：《泰国中东部地区华裔青少年汉语使用情况的调查与分析》，硕士学位论文，郑州大学，2016年。

章石芳：《族群文化认同视野下菲律宾华族移民母语教育发展及方略研究》，博士学位论文，福建师范大学，2011年。

Hoa, Tang, *Linguistic Landscaping in Singapore：The Local Linguistic Ecology and the Roles of English*, Master's Programme：Language and Linguistics, Lund University, 2016.

Ngampramuan, Wipapan, *Linguistic Landscape：A Case Study of Signs in Major Transport Hubs in Thailand*, Open University (United Kingdom) Dissertations & Theses, 2010.

Tunas D., *The Chinese Settlement of Bandung at the Turn of the* 20*th Century*, Master Thesis of National University of Singapore, 2008.

## 五 报纸文章

陈爱梅：《集体记忆获认同——槟城中文路牌之争》，《星洲日报》2009年11月18日。

郭振羽：《新加坡华语再生的契机》，《联合早报》2013年10月12日。

黄印华：《唐人街牌楼落成有感》，《国际日报》2022年6月29日。

林行健：《继马尼拉王彬街之后 菲律宾第二座华人区渐成型》，《中国侨网》2008年1月28日。

林永传：《印尼雅加达老城唐人街牌楼重建落成》，《中国新闻网》

2022年7月1日。

林友顺、余歌沧：《印尼华文教育事业浴火重生 将迎新一轮飞跃发展》，《中国新闻网》2010年7月29日。

林子涵：《菲律宾华文教育界为菲律宾华教事业注入新动力》，《人民日报·海外版》2022年8月19日。

马多佳：《版筑传芳》，《中国青年报》2016年1月14日。

欧贤安：《马来西亚警方严阵以待"红衫军"唐人街集会》，《环球时报》2015年9月26日。

施文志：《谈说菠菜》，《菲律宾商报》2019年4月30日。

王桂茹：《李光耀：汉语绝不成为新加坡通用语言》，《光明日报》2015年4月5日。

王海波：《印尼华人文化公园感恩堂落成 凸显华族地位提升》，《中国新闻网》2009年8月10日。

小兵：《泗水市政府重新开启Kya Kya街成为旅游景点》，《千岛日报》2022年8月12日。

徐健境：《泗水加巴山唐人巷景区正式向游客开放》，《千岛日报》2020年11月11日。

杨宁、张小林：《历史见证者：马尼拉华侨义山》，《人民日报·海外版》2017年6月21日。

杨莹慧、来仪：《新加坡推动各民族互嵌式社区建设的经验与启示》，《中国社会科学报》2021年3月16日。

张柳昆：《再现1950—1960年的印尼华侨社会》，《千岛日报》2020年10月2日。

祝晓宏：《认识语言景观的多重功能》，《中国社会科学报》2017年10月25日。

# 后 记

本书是2015年度国家语委重点项目"东南亚华社语言景观调查及资源库建设"的后期成果之一。自从立项以来,语言景观就成为我的学术生活中日思夜想的话题。2019年结项后,我仍然继续追踪这方面的动态,搜集整理材料,为出书而准备着。去年国庆假后,王春辉教授来电告知国家语委要组织推出一套"国家语言治理研究丛书",希望我的书稿能够加入。自此,我开始认真从国家的视野思考海外华社语言景观的事儿,并鼓足马力,加快步伐推进写作。熬过漫长的疫情,现在终于完稿了,心里不免有一些感慨和感谢的话要说。

"一点一横长,一撇到南洋。两个小木匠,坐在石头上。"儿时的这首字谜,在本书将要杀青的时候,竟然时不时浮现于脑海。小时候的我,做梦也不会想到,遥不可及的"南洋"会再次以这么一大段的时长填充自己的生命。距离上一次写作博士学位论文《新加坡华语语法变异研究》,倏忽已过去15个春秋!记忆中的许多感触一下子奔涌而来。

这15年来,我数次深入南洋这片迷人而又浓郁的热土,得以领略此间的风土人情和语言风貌。2007年,正在踌躇博士论文如何开张的时候,当时客座南洋理工大学讲学的郭熙老师邀我去新加坡短暂调查一周,这是我跟南洋的第一次亲密接触。毕业之后,

2009年受学校委派我去印尼棉兰苏北大学中文系支教一年，这一年得以真正沉浸式地观察本地和华人社会的语言生活。每到周末，吴祖桥、尤芳美、黄世平、叶华蒂、黄援朝、Masito等老师会有意带我去参加华人的一些婚礼、升职和节庆活动。也是在这里，我第一次听说了关于苏哈托取缔街头中文景观的一些逸闻。2011年之后，陆续多次去东南亚进行华文教育专业本科函授教学，先后访问印尼雅加达、万隆、巨港、邦加、道坊以及新加坡、泰国曼谷等地。2012年7月，我还和李计伟、赵敏、王彩云几位同好，在槟城宝清、木锦夫妇和王晓梅老师的帮助下，调查了槟城、吉隆坡、马六甲华社的语言生活。2018年8月，为了摸底海外华语资源，郭熙老师又带我和晓梅老师用两周的时间，深入地调查了北马、中马、南马和东马以及新加坡等十个城市。数次往返出入，让我对南洋格外多了一份关注，一份牵挂。那里的学生对华文学习的热诚，那里的华人前辈对华语传承的忠诚，那里的街头市井，蕉风椰雨班兰婆娑，凡此都让我感动和着迷，让我对南洋研究充满热情。

东南亚语言生态之丰沛，正如这里广袤密植的热带雨林，研究语言景观，南洋或是不二之选。但是，我对东南亚语言景观的真正关注，差不多是我踏上这片热土十年之后。2007年我第一次来到新加坡的时候，尚沉迷于华语口语和书面语材料的搜集，对于街头的语言景观并没有注视。从乌节路"扫街"到牛车水，我惊诧于这座花园城市的外在整洁，对于城市语言的内在肌理几乎毫无思考。那时候拍照手机还未流行，对于语言景观的木然固然可以归咎为技术限制了眼光，但扪心自问，关键还是自己少了学问的一些心智品质，借用米尔斯的话来说，"社会学的想象力"有限，缺乏习惯性转换视角的能力，不懂得要把个体言语现象跟更为广阔的社会背景联系起来加以思考。以佛教的比方来说，或许还是处在禅修的初级阶段——见山是山，见水是水。在广泛阅读了国内外很多相关著作之后，才慢慢觉知到语言景观能折射出许多社会维度，这才明白"见山不是山，见水不是水"所指为何。这本书中的不少思考便是学习前贤时作一个阶段的心得笔记。

在本书中，我基本上是将语言景观视作一扇窗口，以此来管窥东南亚各国的语言政策、语言生态、语言变异、语言认同、语言传承、语言经济等课题，并上升到中华语言文明传承的角度来作出一些发挥。这是一种以小见大的研究范式。运用这种范式如果不加节制，不注意跟多重证据互证，容易流于游谈无根，隔靴搔痒。艾拉娜·肖哈米认为，"公共空间就像其他机制一样，也存在一些问题，例如这些视觉语言对事实语言使用的效果如何，这些语言的缺失会对事实语言使用产生何种作用，等等。"多年前，一位圈外人也曾颇有微词地指出："你们搞学术的就喜欢上纲上线！"是的，上纲上线可以站得高看得远，但也容易不恰当地拔高，阐释过度。但是，不上纲上线，个体性、偶然性的现象和事件又有什么意义呢？对于学者来说，探幽发微、升堂睹奥总是充满着无法抵挡的诱惑。65年前，人类学家格尔茨深入印尼巴厘岛，从原住民的斗鸡游戏中窥探到其背后的文化象征意义，从而使得地方性知识获得了一种普遍性关注。一幅华语招牌的树立、更改或拆迁，或许无关大局，但是其背后也可能牵扯到复杂的语言意识形态，蕴涵着理论和现实的张力，吸引着人们见微知著。可以说，在"见微"方面，语言学人已经取得了米雕般令人惊叹的成就，而在"知著"方面，奋起直追的马蹄已经扬起，从语言基站出发，脚踏实地，登高望远，辐射辽阔，是时代向我们发出的召唤。

能够出版本书，首先要感谢很多老师和朋友的帮助。书还没有完稿时，郭熙老师就已慷慨应允作序，这是老师对于学生无限的信任和支持。本书部分内容曾跟郭老师有过交流，得到许多有益的启示，郭老师对于我的一些灵光乍现的想法总是予以鼓励式的反馈，让我感动，催我奋进。毕业之后，还能常常得到老师的亲身教诲，这是天底下做学生最幸福的事！还有一直以来，徐大明老师及付义荣、郭骏、王玲、蔡冰、方小兵等学长也对我多有关心和帮助，让我感到同门友谊的温馨和珍贵。

海外田野调查不易，没有当地华人的指引和帮助是很难展开的。在这里要特别向很多华人前辈和朋友表达感谢，他们是马来西亚槟城张宝清和黄木锦夫妇，吉隆坡王晓梅老师，马六甲罗沁仪老师，新山郑文龙兄，沙巴甲必丹张景程先生，古晋郭景盛和陈中兴先生，麻坡杨顺平先生，居銮孙福盛先生，泰国曼德琳教育集团董事长符和南先生，印尼雅加达佘娇娜老师、巨港和谐文化教育基金会唐建源主席、棉兰张弘毅老师、道坊黄思渊老师。文龙兄和弘毅老师还就书中涉及的一些华社语言情况，向我赐教。

感谢王春辉教授邀约将本书纳入"语言治理与国家治理研究"丛书。春辉教授一直很关心书稿的进度，但从未向我施以任何形式的压力，无奈阳康之后身心疲乏，写作一度停滞，春辉教授叮嘱我先调养好身体再说，使我倍感体贴。

感谢学院领导和同事对本书出版所给予的关心和支持，还有暨南大学出版社杜小陆老师所提供的技术援助。感谢责任编辑李沫和单钊老师，在扫平出版障碍和提高书稿质量方面，他们既耐心又专业，前前后后付出了很多精力。我的研究生杨凯茹和吴春萍同学对书稿格式和文字表达方面也提出不少修改意见。

最后要感谢的是家人。每在关键时候，他们都会给我以各种理解和支持，让我重获力量。女儿在我伏案时，时常爬到我的腿上，叫嚷着要看着我工作，这使我能在长时期的脑力激荡中稍稍得到放松。学术是一场长跑，仅靠"自我赋能"是不够的。我会带着所有的这些正能量，继续向前奔跑。

2023 年 7 月初稿于暨南大学羊城苑